# 신묘장구대다라니는 힌두교 신 예찬문인가?

*The Dharani Chanting the Hindu Trimurti*

# 신묘장구대다라니는
# 힌두교 신 예찬문인가?

*The Dharani Chanting the Hindu Trimurti*

초판 1쇄 펴낸 날    2017. 11. 7

| | |
|---|---|
| 지 은 이 | 法眞(李進雨)·이원일 |
| 펴 낸 이 | 이진우 |
| 편    집 | 허조행·이일지 |
| 교    정 | 이문수 |
| 마 케 팅 | 조관세·이수월 |
| 디 자 인 | 박채은 |
| | |
| 펴 낸 데 | 도서출판 블루리본 |
| 등 록 번 호 | 제18-49(98.1.21) |
| 주    소 | 서울시 강남구 역삼동 837-11 Union Ctr 1888 |
| 전    화 | (02) 3442-0256(대표) |
| 팩    스 | (02) 512-0256 |
| 전 자 우 편 | brbooks@hanmail.net |

Copyright ⓒ 2017 Blue Ribbon Books Publishing Co.

이 책의 저작권은 도서출판 블루리본에게 있으므로 이 책에 실린
글·사진·편집형태등을 무단으로 복사·복제할 수 없습니다.

값 18,000원

ISBN 978-89-88185-18-6 03220

*서점에서 책을 사실 수 없는 분들은 전화로 주문(02-3442-0256) 하시면
서점에 가시지 않고도 전국 어디서나 1-2일내 받아 보실 수 있습니다.

| | |
|---|---|
| 농    협 | 352-0902-3937-63 (예금주: 허영신) |
| 국민은행 | 818502-04-152931 |
| 제일은행 | 441-20-165120 |

# 신묘장구대다라니는 힌두교 신 예찬문인가?

*The Dharani Chanting the Hindu Trimurti*

라싸만뜨라연구학회 감수
법진(法眞)·이원일 공저

도서출판 **블루리본**

# 이 책을 내며

　신묘장구대다라니神妙章句大陀羅尼; 천수다라니/千手陀羅尼는 천수경의 요체이다. 그럼에도 불구하고, 신묘장구대다라니가 이 땅에 전해진 이래로 단순히 독송만을 반복하는 관행이 이어져 왔을 뿐 원문에 다가서려는 시도는 충분치 못하였다.

　물론 거기에는 그간 5종불번五種不飜; 진언이나 다라니 등 주문을 번역하지 않는 5가지 이유 등으로 다라니에 대한 번역이 제대로 이루어지지 않은 것도 사실이다.

　그 뿐만 아니라 범어梵語; Sanskrit/산스크리트로 되어있는 이 다라니가 중국에서 한문으로 음역音譯; phonetic translation되는 과정에서 그 음가音價가 달라졌고, 그것이 다시 우리나라에 들어와서는 우리 식 발음으로 거듭 변형을 겪었다.

　그 결과, 오늘날 우리가 독송하는 신묘장구대다라니는 띄어 읽기의 잘못, 단어와 단어 사이의 연음현상과 그에 따른 발음의 변이, 왜곡 또는 누락 등으로 원래의 범음梵音과는 심각한 차이를 보이고 있는 실정이다.

　이것은 다라니의 대비신력을 발휘케 하고 가피력을 위해서는 그 신통묘용을 담고 있는 원음 그대로 발음해서 독송해야 한다는 원칙에도 위배되는 것이다.

　그러나 현실적으로 우리 불제자들 대부분은 신묘장구대다라니의 각 문장이 어디에서 시작하여 어디에서 끝나는지조차 분간하지 못하고 있으며, 다라니의 뜻 또한 어림짐작조차 하지 못하는 채 단순히 독송만을 반복하고 있는 딱한 실정이다.

　아무리 신통묘용의 주문이라 할지라도 이런 식으로 맹목적 독송 내지는 염송만 한다면, 비록 신심은 있다하되 무명은 피할 수 없을 것이며 그 신심마저 무지에 바탕을 둔 위태한 것이라 하지 않을 수 없을 것이다.

인간이 달에 가면서 달에 살던 옥토끼는 사라졌다. 그러나 사실은 본래 있었던 옥토끼가 사라진 것이 아니라, 옥토끼가 있다는 환상이 사라지고 진실이 드러난 것이다.
　우리는 달의 계수나무 아래서 떡방아 찧는 옥토끼가 살고 있다는 낭만을 위해 사실에 눈감고 진실을 외면해야 할 것인가? 그냥 설화를 믿고 고집하며 살아가야 할 것인가?

　그동안 불교계에서는 신묘장구대다라니의 번역이나 해석에 달갑지 않아하며 소극적 분위기로 일관하여 왔다.
　그러나 과거와 달리, 오늘날은 교통과 정보통신의 발달로 세계가 글로벌화 되어 신묘장구대다라니의 어구가 낱낱이 번역되고 그 뜻이 완전히 밝혀지는 것을 피할 수 없게 되었다.

　신묘장구대다라니는 명백히 힌두교 신들을 찬양하는 예찬문이자, 귀의문이자, 발원문이다. 신묘장구대다라니에는 부처님이나 천수관음을 언급하거나 찬양하는 어구는 어디에도 없다.
　힌두교의 시바 신, 비슈누 신, 인드라 신을 예찬하고 그들의 위업을 찬양하며 간구의 기도를 올리는 신묘장구대다라니의 내용에는 눈을 감은 채, 단지 과거로부터 이어져온 관행 탓으로 돌리고 계속 염송하는 것이 과연 옳은 것인가?
　부처님의 성전에서 힌두교 신 예찬문인 신묘장구대다라니를 소리 높여 독송하고 있는 이 기막힌 상황이 언제까지 계속되어야 하는가! 부처님 전에서 부처님께서 혁파하고자 하셨던 외도 힌두교 신들을 찬앙하는 신묘상구대다라니를 소리 높여 독송하는 것은 부처님에 대한 불경不敬이요, 모독이 아닌가!

　우리가 석가모니 부처님의 원음을 가리고 오도하는 무지, 아집, 탐욕의 먼지와 때를 걷어내면 비로소 진정한 부처님의 원음을 접할 수 있게 된다.

이에 본 저자는 오로지 진리를 추구한다는 일념으로 신묘장구대다라니의 번역에 임하였다. 저자의 역할은 불제자의 한 사람으로서 불교의 발전을 위해 이러한 화두話頭를 던지는데 있으며, 판단은 전적으로 독자 여러분과 범불교계 모두의 몫이다.

이 책에서 밝히기 전까지는 신묘장구대다라니의 위신력과 가피력만 강조하였을 뿐, 정작 이러한 중대한 사안에 대해서는 논의조차 없었다는 점은 참으로 아쉬운 일이 아닐 수 없다.

물위에 던져진 작은 돌 하나가 일으킨 파동이 일파만파를 일으키며 퍼져나가듯이, 이 책의 출간으로 시작된 신묘장구대다라니에 대한 논의가 불교의 발전을 위하여 범불교적인 진지한 논의를 촉발케 하는 계기가 되리라 기대해 본다.

이 책은 이미 10여 년 전 도서출판 블루리본에서 발간한 《천수경》의 부록 성격으로 나왔던 것인데, 이번에 많은 독자 여러분들의 뜨거운 격려와 요청에 부응하여 그 내용을 대폭 증보하여 별책으로 발간하게 되었다.

이 책의 출간은 전국 각지의 스님들, 특히 그간 국내 및 해외포교에 애써 오신 로터스국제포교회 법성 회장님, 또한 금산스님, 묘광스님, 원광스님, 월산 스님, 지관스님, 심관 법사님, 월관 법사님 등과 불제자님들의 격려에 힘입은 바가 크다.

석가모니 부처님, 십대제자, 십육성, 역대조사님들과 선지식들의 가르침을 찬하며 이 책을 삼가 삼보 전에 바치나이다.

세존 응화 2561년 음력 9월 19일
저자 법진 法眞

# 천수경 신묘장구대다라니 해제(解題)

신묘장구대다라니神妙章句大陀羅尼: 천수경/千手經에 나오는 긴 주문의 문자 그대로의 뜻은 '신묘한 힘을 가진 긴 다라니'이다.

불교에서는 다음과 같이 말한다.

"신묘장구대다라니를 수지독송하고 지키면 시방세계의 불보살님들이 와서 증명하여 일체의 업장이 소멸되고, 일체의 악업 중죄와 모든 장애를 여의케 하며, 일체의 청정한 법과 공덕을 증장시키고, 이롭고 안락하게 하며, 모든 병과 두려움을 없애주고, 모든 일을 성취하게 하며, 구하는 바를 얻게 하고, 장수와 풍요와 복덕을 얻게 한다."

이 정도면 천수다라니는 그야말로 만병통치약이라 할만하다.

어쨌든 '신묘장구대다라니'라는 명칭은 불교에서 붙인 것이기는 하지만, 사실 그 속을 들여다보면 불교와는 아무런 관계도 없는 힌두 신들의 덕과 위업을 찬양하는 내용 일색이다.

이 신묘장구대다라니의 힌두교에서의 본래의 명칭은 《닐라칸타다라니Nilakantha Dharani: 청경다라니/青頸陀羅尼》이다.

이것은 중생을 구원하고자 자기희생적 행동을 취하였던 주主: Lord 시바 신의 중생을 위한 자비심과 연민을 우러러 기리며 예찬하는 다라니라는 뜻이다.

닐라칸타Nilakantha; 청경/青頸; 푸른 목구멍라는 시바 신의 명호가 말하여주고 있듯이, 신묘장구대다라니는 명백히 성관자재 청경관음 시바 신을 중심으로 하는 비슈누 신, 인드라 신 등의 힌두 신들에 대한 귀의문이자, 예경禮敬; 경건한 마음으로 예배함을 드리고 찬양하는 예찬문이자, 간구의 발원문이다.

간단히 신묘장구대다라니의 내용 전개를 보자면, 먼저 힌두 삼신에게 귀의하고, 그 다음 관자재보살, 즉 비슈누 신과 시바 신에게 탐진치 삼독을 소멸해 주십사 기도하며, 이어서 자신의 소망을 발원하고, 끝으로 다시 한 번 힌두 삼신에게 귀의함을 밝히며 마무리 짓는 형식으로 되어있다.

산스크리트 Sanskrit; 梵語/범어 원어로는 Mahakaruna Dharani 마하카루나 다라니; 大悲呪/대비주 또는 Mahakarunikacitta Dharani 마하 카루니카시타 다라니; 大悲心呪/대비심주 라고 한다.
영어로는 the Great Compassion Dharani로 번역된다.

우리나라에서는 신묘장구대다라니가 천수경의 핵심을 이루는 다라니라 하여 통칭 천수다라니로 불린다.
이 신묘장구대다라니를 중심으로 하여 그 앞뒤에 여러 경에서 발췌한 송구頌句들을 첨가하여 독송이나 예불의식에 알맞게 편집한 한국의 독자적인 경전이 바로 《천수경》이다.

이 책을 읽고 나서 독자들은 3번 놀란다고 한다.
우선, 뜻을 알 수 없는 주문인줄로만 알고 있던 신묘장구대다라니가 해석 가능한 주문이었다는 사실에 놀라며, 두 번째는 그 내용이 부처님에 대한 예찬문이 아니라 힌두교 신들에 대한 예찬문이라는 사실을 알고 놀라게 되며, 세 번째는 그럼에도 불구하고 부처님 전에서 힌두교 신들을 예찬하는 신묘장구대다라니를 독송하고 있는 현재의 관례에 새삼 놀라게 된다는 것이다.

다람살라 불교역사학회에서
世界佛敎弘法院長 이원일

# '신묘장구대다라니'는 힌두교 神 예찬 기도문!

우리나라 각 사찰에서 불공을 드리며 기도를 시작할 때 독송하는 경전이 있다. 부처님께 마지(摩旨)를 올릴 때도 반드시 독송하는 《천수경》이다.

《천수경》은 관세음보살의 6변화신 중 천수천안관세음보살을 신앙하는 경전이다.

《천수경》의 중심이라고 할 수 있는 '신묘장구대다라니'가 힌두교 신인 시바(Shiva) 신과 비슈누(Vishnu) 신에 대한 예찬 기도문이기 때문에 《천수경》에서 삭제해야 한다는 주장이 제기됐다.

최근 도서출판 블루리본에서 발간된 《신묘장구대다라니는 힌두교 신 예찬문》이라는 책에서다.

저자들의 연구에 따르면, 원래 관세음보살은 페르시아 조로아스터교의 성스러운 물의 여신 아나히타(Anahita)에서 기원했다. 이 여신이 2세기 경 간다라에 들어와서 성관음(聖觀音)으로 형성됐으며, 6세기 경 인도를 거치면서 브라만교의 영향으로 7관음으로 발전했다. 특히 인도를 거치는 동안 시바 신과 비슈누 신도 신묘장구대다라니에 불교의 관세음보살로 수용됐다는 것이다.

왼쪽 위: 페르시아 아나히타 여신상 관세음보살상의 원형. 왼손에 들고 있는 물병에서 물이 흘러내리고 있다.

오른쪽 위: 간다라 나나야 여신상 물병, 나뭇가지, 연화대까지 그대로 관세음보살상으로 옮겨갔다.

왼쪽: 관세음보살상 물병과 버드나무가지를 들고 연화대 위에 서있다.

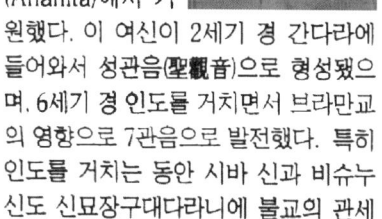

그는 관세음보살이 머리 위에 화불(化佛)을 얹고 있거나 천관(天冠)을 쓴 것이 아나히타 상의 특징과 일치한다는 것을 근거로 내세웠다. 아나히타가 왼손에 물병을 들고 있으며 물병에서 물이 흘러내리는 것, 오른손에 있는 버들가지 역시 아나히타상 장식문양과 일치한다고 설명했다.

《관련기사 뒷면에 계속》

# '신묘장구대다라니'는 힌두교 神 예찬 기도문!

저자는 책에서 '신묘장구대다라니' 원문(산스크리트어)을 함께 싣고 한글로 해석하면서 자신의 주장에 신빙성을 더했다.

그는 신묘장구대다라니 중 '니라간타'가 산스크리트어 닐라깐타(nila-kantha)인데, 푸른(nila) 목(kantha)을 지닌 시바 신을 뜻한다고 설명했다. 시바 신은 108가지 호칭으로 불리는데 그 중 하나가 닐라깐타다. 푸른 목[靑頸]의 연원은 독사 바수키가 세상을 파괴하기 위해 맹독을 뿜어내자 시바 신이 세상을 구원하기 위해 독을 마셨고, 해를 입지는 않았지만 목에 푸른색이 남았다는 것에 기원한다. 저자는 "세상을 구원하려는 이타적 행위와 희생정신을 불교적으로 해석해 관세음보살의 대자비심이라는 틀 속에서 수용한 것"이라고 해석했다.

그는 '헤헤하레' 중 '하레'는 산스크리트어 하레(hare)인데, 이것은 하리(Hari, 관자재) 즉 비슈누 신이라고 주장했다. 하리는 비슈누 신의 별칭으로 갱신과 성장을 의미한다. 베다(Veda) 원전에서 관자재(觀自在)의 문자 그대로의 뜻은 '세상을 굽어 살피시며 스스로 계시는 절대자, 즉 하느님'이라는 뜻이다. 원래 인도 고대종교인 브라만교에서는 시바 신과 비슈누 신에 대한 통칭으로 이슈와라(Isvara, 하느님), 로께슈와라(Lokesvara), 아왈로끼테슈와라(Avalokitesvara)라는 예경(禮敬)의 뜻을 담은 호칭을 사용했다. 관자재는 이 말의 의역(意譯)으로, 특히 힌두교에서는 시바 신과 비슈누 신의 호칭이다.

**성 관세음 비시누 신**

'관세음'이란 불교의 '관세음보살'이 아닌 힌두교 비시누 신에 대한 예경의 존칭이다.
- 관세음, 즉 아왈로끼테슈와라(Avalokitesvara)는 힌두교 비시누 신에 대한 예경의 존칭이다. 불교의 '관세음보살'이라는 용어는 바로 이 힌두교의 예경 존칭어를 가져다 쓰고 있는 것이다.

저자는 '바마사간타 이사시체다 가릿나 이나야 사바하'와 '마갸라 잘마 이바사나야 사바하'도 시바 신을 예찬

# '신묘장구대다라니'는 힌두교 神 예찬 기도문!

하는 구절이라고 주장했다. 이 두 구절을 산스크리트어로 해석하면 '왼쪽 어깨에 흑사슴 가죽을 걸치신 분께 경배하옵니다, 성취케 하소서'와 '호랑이 가죽 옷을 두른 분께 경배하옵니다, 성취케 하소서'라는 뜻이다.

인도 고대종교에서 호랑이는 칠정오욕(七情五慾)을 상징하기도 하는데, 호랑이 가죽위에 앉아 있는 시바 신의 모습이 그가 모든 정욕을 정복했음을 나타낸다. 시바 신이 사슴 가죽을 어깨에 걸치거나 허리에 두르고 있는 것은, 그가 사슴이 뛰듯이 동요하는 마음을 극복했음을 나타낸다. 이와 관련 저자는 "사바세계 모든 중생들의 고통을 들으시고 일체의 고통에서 구해내시는 대자대비하신 관세음보살님이 동물의 생명을 빼앗고 그 가죽을 벗겨 입고 깔개로 사용한 것은 있을 수 없다"

이 외에도 '다린나례 새바라(대지를 지탱하는 신=비슈누 신)', '바나마 나바(배꼽에서 연꽃이 피어나신 분=비슈누 신)', '싯다 유예새바라(요가를 성취하신 분=시바 신)' 등에서도 시바 신과 비슈누 신을 예찬한다는 것이다.

저자는 "신묘장구대다라니는 본래 시바 신과 비슈누 신을 예찬하는 다라니였다"며 "이 다라니가 불교에 수용될 때, 그 속에 들어있던 시바 신과 비슈누 신을 예찬하는 내용조차 수정되지 않은 채 그대로 받아들여 천수경으로 자리 잡게 된 것"이라고 설명했다.

성 시바 신 예찬

'왼쪽 어깨에 흑사슴 가죽을 걸치신 분께 경배하옵니다, 성취케 하소서'
(='바마사간타 이사시체다 가릿나 이니야 사바하')

'호랑이 가죽 옷을 두른 분께 경배하옵니다, 성취케 하소서'
(='마갸라 잘마 이바사나야 사바하')

- 관세음, 즉 아왈로끼떼슈와라(Avalokitesvara)는 힌두교 비시누 신에 대한 예경의 존칭이다. 불교의 '관세음보살'이라는 용어는 바로 이 힌두교의 예경 존칭어를 가져다 쓰고 있는 것이다.

# contents 차례

| | |
|---|---|
| 이 책을 내며 | 4 |
| 신묘장구대다라니 해제 | 7 |
| 신문특집기사:《신묘장구대다라니는 힌두교 신 예찬문인가?》 | 9 |

## 제1부 이것이 바로 신묘장구대다라니가 나온 힌두 창조신화이다

### 1장 《신묘장구대다라니》의 출발지, 힌두 창조신화

| | |
|---|---|
| ● 고대 인도인의 우주 창조관 | 16 |
| ● 신묘장구대다라니는 어디서 왔나? | 24 |
| ● 힌두 창조신화《사무드라 만탄》의 줄거리 | 26 |

### 2장 힌두 창조신화《사무드라 만탄》     29

## 제2부 힌두교 창세신화가 동남아시아에 있는 이유는?

### 3장 동남아시아의 문화적 기반은 힌두교이다

| | |
|---|---|
| ● 동남아시아 문화의 모태 힌두교 | 86 |
| ● 앙코르와트 등 사원 부조물에 묘사된 힌두 창조신화 | 90 |

### 4장 불교의 옷을 입은 힌두교 국가, 태국

| | |
|---|---|
| ● 힌두 창세신화가 불교국가인 태국에 있는 이유는? | 111 |
| ● 왜 태국 왕가는 힌두교에 기반을 두고 있는 것일까? | 114 |
| ● 태국 국왕의 호칭은 힌두교 비슈누 신 화신의 이름 | 119 |
| ● 힌두 식으로 이름 붙여진 동남아시아의 도시들 | 121 |

## 제3부 신묘장구대다라니 본문해석 및 상세해설

### 5장 《신묘장구대다라니》란 무엇인가?
- 《신묘장구대다라니》의 정체는 무엇인가?   128
- 《신묘장구대다라니》의 관자재 시바신이
  불교에 수용되어 관자재보살로 둔갑된 과정   132
- 다라니란?   138
- 《신묘장구대다라니》에 등장하는 힌두 3신   140

### 6장 신묘장구대다라니 본문해석 및 상세해설
- 《신묘장구대다라니》의 우리말·영문산스크리트 원문 보기   142
- 《신묘장구대다라니》본문해석 및 상세해설   154

## 제4부 신묘장구대다라니에 나오는
       불교에 수용된 힌두교 신들과 용어·상징들

### 7장 《신묘장구대다라니》에 나오는 불교에 수용된 힌두교 신들
- 힌두교 신들의 불교수용에 따른 신격의 격하와 변질   211

### 8장 《신묘장구대다라니》에 나오는
     불교에 수용된 힌두교 용어와 상징들   278

## 제5부 불교의 불편한 진실, 《신묘장구대다라니》

### 9장 《신묘장구대다라니》의 불편한 진실
- 《신묘장구대다라니》, 불편한 진실을 넘어 배신감으로   296
- 석가모니 부처님께서도 배격하셨던 신묘장구대다라니   302
- 뜻에 무지한 상태로 다라니를 외워온 관행의 폐해들   306
- '아버지 가방에 들어가신다' 식의 신묘장구대다라니 독송   310
- 신묘장구대다라니는 부처님 성전에서는 도저히 독송할 수 없는 불경한 내용   312
- 신묘장구대다라니는 벌거숭이 임금님   314

참고문헌   316

# 제 1 부

## 이것이 바로 신묘장구대다라니가 나온 힌두 창조신화이다

# 1장

## 《신묘장구대다라니》의 출발지, 힌두 창조신화

 **고대 인도인의 우주 창조관**

신묘장구대다라니 神妙章句大陀羅尼; 천수다라니/千手陀羅尼가 나온 출발점은 힌두 창조신화이다.

그러나 대부분 신묘장구대다라니를 단순히 독송하기만 할 뿐, 그 뜻을 아는 사람들은 드물다. 또한 신묘장구대다라니가 힌두 창조신화에서 나온 사실을 아는 사람들은 더욱 드물다.

신묘장구대다라니는 힌두 창조신화에 나오는 이야기에 힌두3신에 대한 찬양과 기도를 덧붙인 힌두 신 예찬문이다. 그러므로 힌두 창조신화를 알지 못하고서는 신묘장구대다라니는 그 해석조차도 난해하고 기괴한 이야기로 들릴 뿐이다.

힌두 창조신화를 읽고 나서 보면, 신묘장구대다라니가 너무나 쉽고 명확하게 그 뜻이 속속들이 가슴에 와 닿는다.

여기서 우리는 신묘장구대다라니의 출발지인 힌두 창조신화에 들어가기에 앞서, 고대 인도인의 우주창조관을 먼저 간단히 살펴보기로 하자.

인도의 고대종교문헌 푸라나Purana: '고대의 전설', 또는 '오래된 이야기'라는 뜻에 따르면, 우주는 생성-유지-소멸의 과정을 끝없이 반복한다. 이렇게 우주가 2천4백만 년을 주기로 성주괴공成住壞空을 반복하며 끝없이 생성, 소멸하는 가운데 삼계의 중생들은 온갖 희로애락을 겪으며 살아가게 된다.

비슈누Vishnu: Narayana/나라야나 신은 생성된 세계의 유지기에는 거대한 뱀 셰샤 나가Shesha naga를 타고 누운 채 우주의 망망대해 우유의 바다 위를 떠돌며 휴식을 취한다. 그는 자신의 배우자 여신 락슈미Lakshmi의 시중을 받으며 혼돈의 바다를 떠돌며 다음에 창조할 새로운 세계를 꿈꾸며 잠을 잔다.

▲ 비슈누 신이 배우자이자 부·행운·미의 여신인 락슈미와 함께 거대한 뱀을 타고 우주의 바다를 떠돌며 휴식을 취하고 있다.

바다는 모든 생명의 근원인 원초적 물을 상징한다. 마치 태아가 어머니 자궁 속 양수에 떠 있으며 새로운 세상으로의 탄생을 기다리듯이, 비슈누 신도 그렇게 우유의 바다 위에 떠 있으며 새로운 세상의 창조의 시기를 기다리는 것이다.

이윽고 새로운 창조의 시기가 도래하면, 비슈누신은 창조주로서의 의지가 자극되어 그의 배꼽에서 연꽃이 솟아 피어오른다. 그리고 그 연꽃 속에서 창조의 신 브라흐마Brahma; 불교에서는 범천/梵天이라는 이름으로 수용함가 탄생한다.

비슈누 신의 배꼽에서 창조의 신 브라흐마가 태어날 때, 비슈누 신의 이마에서는 시바 신이 태어난다.

이것은 비슈누 신에 의한 원초적 창조Primodial Creation이다.

그리고 창조의 신 브라흐마가 새로운 세상을 창조한다. 브라흐마 신에 의해 본격적인 창조가 이루어지는 것이다.

◀ 비슈누 신에 의한 원초적 창조

비슈누 신의 배우자 락슈미 여신이 그의 발을 마사지하는 동안, 비슈누 신의 배꼽에서 피어난 연꽃 속에서 창조의 신 브라흐마가 탄생하고 있다.

이 극적인 원초적 창조의 장면이 신묘장구대다라니에 그대로 묘사되어 있는데, "[하례 바나마 나바], 즉 배꼽에서 연꽃이 피어나는 연화성존 하리 비슈누 신이시여!" 라는 부분이다.

브라흐마 신에 의해 창조된 우주는 그 후 2천4백만 년이라는 한 주기 동안 유지되다가 이윽고 주기가 끝나면 파괴되어 소멸된다.

그러나 그 파괴는 창조를 위한 파괴, 즉 새로운 우주창조를 위한 준비과정인 것이다.

▲ 창조의 신 브라흐마

 신묘장구대다라니에 나오는
"배꼽에서 연꽃이 피어나는 연화성존(蓮花聖尊) 하리 비슈누 신"

17 「호로호로 마라 호로 하례 바나마 나바」
『후루 후루 말라 후루 하레 빠드마 나-브하-』
Huru huru mala huru Hare Padma-nabha

《번뇌를 없애주소서!
배꼽에서 연꽃이 피어나는 연화성존 하리[비슈누 신]시여!》

· 빠드마 나-브하 ; padma-nabha;「padma 연꽃」+「nabha 배꼽, 중심」
: 배꼽에서 연꽃이 피어나는 분, 연화성존; 비슈누 신

비슈누 신이 누워 쉬고 있을 때 창조를 꿈꾸면 그의 배꼽에서 연꽃이 피어난다. 그리고 그 연꽃 속에서 창조의 신 브라흐마(Brahma가 태어난다.
이런 연유로 브라흐마 신은 배꼽에서 태어났다는 의미인 나브히자(Nabhija)라는 별칭으로도 불리다 배꼽에서 태어난 분이 불교에 있는가?

이처럼 힌두 창조신화를 알지 못하면 '배꼽에서 연꽃이 피어나는 분'이라는 말은 괴상망측하게만 들릴 뿐이다. 도대체 무슨 소린지 짐작조차 할 수 없는 것이다. 이처럼 [빠드마 나-브하]를 [바나마 나바]로 읽는 현 실태는 말할 것도 없고, 도무지 불교와는 하등의 관계도 없는 것이다.

비슈누 신과 그의 배우자 락슈미 여신을 태우고 우주의 바다를 떠돌고 있는 셰샤 나가는 모든 뱀들의 왕nagaraja; naga「snake, dragon」+ raja「king」이다.

대서사시 마하바라타Mahabharata, Astika Parva 35절에 따르면, 셰샤가 태어난 후 그 뒤를 이어 바수키Vasuki; 창조신화의 유해교반에 등장하는 뱀 또는 용와 다른 뱀들이 태어났다고 한다. 푸라나Purana에 의하면, 셰샤 나가는 파탈라Patala라는 우주의 가장 깊은 곳에 살면서 그의 수 천 개의 머리로 우주의 모든 행성들을 떠받치고 있다고 한다.

셰샤 나가는 우주의 시간을 의미한다. 우주와 세상이란 시간 속에 존재하는 것이기 때문이다. 셰샤 나가가 똬리를 풀면 시간이 앞으로 가서 창조가 시작되고 다시 감으면 세상도 끝난다.

셰샤는 '끝까지 남는 것'이란 뜻으로, 한 우주기Yuga/유가의 주기가 끝나 우주가 멸망하여 모든 것이 소멸하여도 셰샤만은 다음의 창조

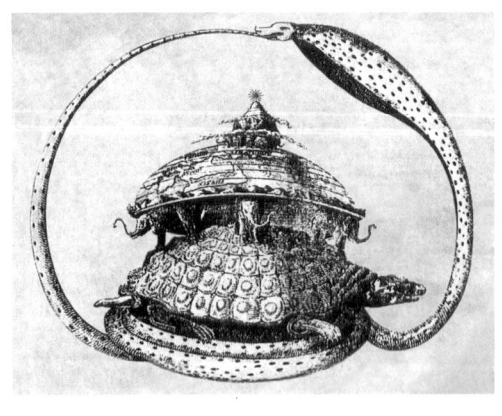

◀ 고대 인도인의 우주관

자신의 꼬리를 삼키는 뱀은 우주를 상징한다. 우주에서 비슈누 신의 아바타인 거북이 지구를 지탱하고 있다. 빛나는 태양 아래 두 겹의 구름을 뚫고 지구에서 가장 높이 솟아 있는 것이 메루산[수미산]이다.

우주는 뱀이 자신의 꼬리를 물고 삼키는 형상으로 원형을 이루고 있다. 뱀이 만드는 원형은 시작이 곧 끝이라는 의미를 지녀, 무한한 순환, 윤회 또는 영원을 상징한다. 뱀의 머리와 꼬리는 알파(A)이자 오메가(Ω)이다.

과업을 위해 남는다. 그 때문에 최초의 뱀이자 최후의 뱀인 셰샤는 아디 셰샤Adi-shesha; '가장 최초의' 셰샤 또는 아난타 셰샤Ananta Shesha; '무한한' 셰샤라고도 한다.

성관자재聖觀自在; Aryavalokitesvara/아리야아발로끼떼슈바라; 하느님; 구세주 비슈누 신은 세상이 위기에 처할 때마다 모습을 달리하며 지상으로 내려와 세상을 구한다.

힌두 신화에 따르면, 지금까지 세상에는 9번의 위기가 있었는데 그때마다 비슈누 신이 다른 모습으로 화현化現; avatar/아바타; 중생구제를 위해 여러 가지 모습으로 변하여 지상에 출현하는 것하여 세상을 구원하였다고 한다.

이러한 신화적 배경을 알고 힌두 창조신화를 보면 한층 이해가 쉽다.

### 아바타, 신의 화현(化現; incarnation of God)

아바타는 신의 화현(化現; incarnation)을 뜻하는 힌두교 용어이다. (육)화신(肉化身), 현신(現身), 화현(化現), 응신(應身), 권화(權化)라고도 한다.
아바타(avatar; avatara)는 산스크리트S(anskrit; 범어/梵語) 'ava'「down, 하강하다(descend)」 + 'tar-'「to cross 가로지르다」의 합성어로, '하늘을 가로질러 내려오신 신(descent of a deity from heaven)' 이라는 뜻이다.

힌두 성전에 따르면, 세상의 다르마(dharma; 법칙, 진리), 정의, 등의 질서체계가 무너지고 세상이 악에 빠지게 되면, 천상의 신이 악을 일소하고 정의를 회복하여 인류를 구원하기 위해 다양한 모습으로 지상에 화현, 즉 아바타로 출현한다고 한다.
아바타는 거대한 힘이나 초자연적인 힘을 가진 존재로서, 사람, 또는 반인반수, 때로는 동물의 모습으로 출현한다.
물론 시바 등 다른 신들에게도 아바타들이 있지만, 특히 우주의 유지와 질서수호의 기능을 담당하는 신인 비슈누에게 해당된다. 그리하여 비슈누 신의 10 아바타(Dashavatar/다쉬아바타; the 10 Avatars of Lord Vishnu)가 가장 잘 알려져 있다.

##  힌두교의 우주관에 나타나 있는 우주기(宇宙期) 유가(Yuga) & 비슈누 신의 10 아바타(avatars)

 힌두교의 우주관에 따르면, 브라흐마 신이 존재하는 한 사이클은 311조년이며, 브라흐마 신의 하루를 칼파(Kalpa; 겁/劫) 또는 한 주기라고 하는데 인간의 시간으로는 43억2천만년에 해당된다.
 또한 각 주기는 14 만반타라(manvantara; manuvantara/마누반타라)로 나뉘고, 한 만반타라는 3억672만년이다. 또 다시 각 만반타라는 71 디비야 유가(Divya yuga)로 나뉘는데, 각 디비야 유가는 4 유가(yuga; 우주기/宇宙期)로 구분된다.
 비슈누 신은 디비야 유가 동안 아바타로 10번 출현하여 인류를 구원한다.

◆ 제1우주기: 끄리따 유가(Krita yuga; 172만 8천년)
 진리시대(Satya Yuga; 황금시대)라고도 하며, 정의와 도덕이 바로 서고 세상은 평화로운 낙원이다. 이때의 인간 수명은 10만년이었다.
 비슈누 신은 ①물고기(Matsya) ②거북(Kurma) ③멧돼지(Varrha) ④반인-반사자(Narasingha)의 형상으로서 4번 화현한다.

◆ 제2우주기: 뜨레따 유가(Treta yuga; 129만 6천년)
 정의와 도덕이 부족하게 되어 의무가 생기고 제례가 생기게 되었다. 인간의 평균수명은 1만년이었다.
 비슈누 신은 ⑤난쟁이(Vamana) ⑥도끼 든 영웅 빠라슈라마(Parashurama) ⑦라마(Rama; Ramachandra)로 3번 화현한다.

◆ 제3우주기: 드와빠라 유가(Dvapara yuga; 86만 4천년)
 정의와 도덕이 쇠퇴하고 온갖 불균형과 악이 생겨나 리그베다와 같은 가르침이 등장하였다. 질병, 재해 등이 횡행하였다. 인간수명은 1천년이었다.
 비슈누 신은 ⑧끄리슈나(Krishna)로 1번 화현한다.

◆ 제4의 우주기: 깔리 유가(Kali yuga; 43만 2천년)
 세상에서는 정의와 도덕, 선, 자비심 등이 사라지고 돈과 욕망이 모든 것을 지배하는 시대이다. 전쟁과 반목, 기아와 재해가 끊이지 않고 사람들은 악에 물들어가는 말세이다. 인간의 평균수명은 1백년이 된다.
 비슈누 신은 ⑨붓다(Buddha) ⑩칼키(Kalki; 칼킨/Kalkin)으로 2번 화현한다.

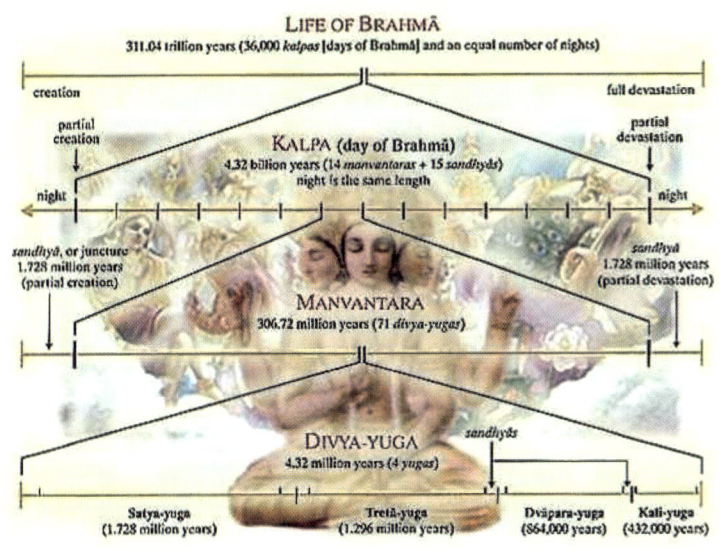

 힌두 캘린더의 기초를 이루는 천문서 수르야 시단타(Surya Siddhanta)에 따르면, 칼리 유가는 BCE 3102년 2월 18일 00:00에 시작되어 432,000년 지속되어 CE 428,899년에 끝난다.
 우리가 살고 있는 오늘날은 칼리 유가의 시대로서 약 5,000년 정도 지난 상태라고 한다. 칼리 유가의 말기에 비슈누 신은 10번째이자 마지막 화신인 칼리(Kalki)로 출현하여 백마를 타고 화염검을 휘두르며 세상의 모든 악과 사악한 자들을 멸한다.
 그리고 나서 다시 새로운 우주기가 시작된다.

† **구약성서 노아의 홍수 이야기로 차용된 힌두신화**
 각 만반타라 다음에는 대홍수가 이어져 지상에 다시 생명의 씨앗을 뿌리게 될 생물들만 제외하고 나머지 모든 생물들은 파괴된다. 마누(Manu; 인간이라는 뜻)가 인류의 시조이다. 이것이 노아의 홍수 이야기의 원전이다.
 디비야 유가의 4유가(yuga; 우주기/宇宙期) 동안 후대로 내려가면서 인간의 수명이 급격하게 줄어든다. 이 모티프가 구약성서에도 그대로 차용되었는데, 창세기에서는 인간의 나이가 후대로 내려가며 줄어드는 이야기로 각색되어 있다. 즉, 노아 950세에서 점차 줄어들어 셈 600세, 아브라함 175세, 야곱 147세, 요셉 110세로 각색되었다.《성서의 뿌리 참조》

## 《신묘장구대다라니》는 어디서 왔나?

힌두 창조신화에는 '사무드라 만탄'이라는 이야기가 반드시 나오는데, 여기서 그 의미를 알아보기로 하자.

힌두 창조신화, 힌두 창세기, 또는 힌두 창세신화는 산스크리트Sanskrit; 범어/梵語로 '사무드라 만탄Samudra Manthan'이라 하는데, '우유의 바다 휘젓기the Churning of the Ocean of Milk; Churning the Milky Ocean; Milk Agitation; 유해교반/乳海攪拌'라고 번역된다.

힌두 창조신화 '사무드라 만탄', 즉 '우유의 바다 휘젓기'란 선신善神; Deva/데바들과 악신惡神; 아수라/Asura; 악마들이 우유의 바다를 휘저어 영생불사永生不死의 음료인 암리타Amrita; 감로/甘露; ambrosia Gk를 얻게 되는데, 그 과정에서 세계를 창조하게 된다는 이야기이다.

힌두 창조신화 사무드라 만탄은 힌두 신화에서 가장 잘 알려져 있는 이야기로서 인도 대륙을 넘어 네팔, 스리랑카, 말레이시아, 싱가포르, 미얀마, 캄보디아, 라오스, 태국, 베트남, 인도네시아 발리, 몰디브, 필리핀 등 동남아시아 많은 나라에까지 널리 전파되어 종교, 사회, 문화 등에 큰 영향을 주었다.

힌두 창조신화 '사무드라 만탄', 즉 '우유의 바다 휘젓기'를 일컫는 여러 가지 명칭들이 있는데 그 의미를 살펴보면,

· 사무드라 만탄: Samudra 「바다」 + Manthan 「휘젓기」
· 사가르 만탄: Sagar(바다) + Manthan (휘젓기)

- 크시르사가르 만탄: Kshir(우유) + Sagar Manthan(바다 휘젓기)
- 간단히 크시로다Ksiroda; Ocean of Milk; Milky Ocean/우유의 바다 라고도 하며,
- 한문으로는 유해교반乳海攪拌이라 번역된다. 여기서 교반攪拌이란 '휘저어 섞음'이란 뜻이다.

힌두 창조신화가 나오는 원전으로는 어떠한 것들이 있을까?

저자는 독자들로부터 종종 신묘장구대다라니의 원전인 힌두 창세신화가 나오는 책을 한 권 소개해 달라는 요청을 받곤 한다.

그럴 때마다 저자는 다소 망설이게 되는데, 그 이유는 힌두 성전군 자체가 워낙 방대한데다가, 힌두 창세신화 사무드라 만탄Samudra Manthan; Ksiroda이 각종 힌두 성전에 여러 형태로 실려 있기 때문이다.

힌두 창세신화 사무드라 만탄을 담고 있는 대표적 힌두 성전의 이름을 들자면, 《바가바타 푸라나Bhagavata Purana; Srimad Bhagavatam/스리마드 바가바탐》, 《비슈누 푸라나Vishnu Purana》, 《시바 푸라나Shiva Purana》, 《아그니 푸라나Agni Purana》 등의 다양한 푸라나Purana; '고대의 전설', 또는 '오래된 이야기'라는 뜻의 힌두교 성전군와 대서사시 《마하바라타Mahabharata》, 《라마야나Ramayana》 등이 있다.

이들 힌두 성전에 나오는 힌두 창세신화 《사무드라 만탄》은 원전마다 주된 관심사와 목적 등에 따라 서술내용이나 세부사항에 있어서 조금씩 차이가 있다. 그러나 큰 맥락에서 보면 대체로 대동소이하다.

천수경 《신묘장구대다라니》의 원전이 되는 힌두 창세신화 《사무드라 만탄Samudra Manthan; Ksiroda; 우유의 바다 휘젓기; the Churning of the Ocean of Milk; 유해교반/乳海攪拌》은 다소 길고 복잡한 이야기로서, 자칫 이야기의 바다에서 방향을 잃기 쉽다.

그러므로 장황한 힌두 창조신화 《우유의 바다 휘젓기》의 본문으로 곧장 들어가기에 앞서 여기서 간단한 줄거리를 소개하고자 한다.

태초부터 데바Deva; 천신/天神; 선신/善神; 하위신/下位神들과 아수라Asura; 악마들은 서로 죽고 죽이는 선과 악의 투쟁을 벌였으나, 천신들이 약해져 아수라들에게 패하여 전멸 당할 위기에 처하게 된다.

데바들이 비슈누 신에게 도움을 청하자, 그는 우유의 바다를 휘저어 영생불멸의 영약 암리타Amrita, 감로/甘露를 생성하여 마시고 영생을 얻어 아수라들을 물리치는 아이디어를 낸다.

이때까지만 해도 하위의 신인 데바들과 아수라들은 영생하지 못하고 유한한 삶을 사는 존재들이었던 것이다.

그러나 데바들만의 힘으로는 거대한 우유의 바다를 휘젓기에 힘이 부족하자, 아수라들에게도 영생의 약인 암리타를 나누어주겠다고 속여, 함께 힘을 합쳐 바다를 휘젓게 된다.

이들은 만다라 산을 뽑아다 회전축으로 삼고, 거대한 뱀 바수키로 하여금 그 산을 휘감게 하고, 그 몸통을 밧줄 삼아 양쪽 끝에서 교대로 잡아당겨 산을 회전시켜 바다를 휘젓기 시작하였다.

이윽고 천년이 되자, 물결이 일면서 바다 속에서 과거의 우주가 소멸할 때 잃어버렸던 갖가지 동식물들, 여신들, 보물들이 나왔다. 이들로부터 수많은 생명체들이 탄생하게 된다.

그런데 이 과정에서 우주의 바다에서는 이로운 것들뿐만 아니라 치명적인 우주의 독 할라할라도 흘러나와, 모든 생명들이 전멸할 위기에 처하게 되었다.

이때 시바 신이 삼계의 중생들을 위한 대자대비한 마음에서 그 독을 마신다. 시바는 불멸의 신이므로 죽지는 않았으나 그 독으로 목이 시퍼렇게 물들었다. 이로 인해 시바 신은 푸른 목을 갖게 되었고, 시바 신의 이러한 중생을 위한 마음을 우러러 '닐라깐타Nilakantha; 푸른 목[청경]을 가진 관자재[하느님]; 청경관음/靑頸觀音'라 불리게 되었다.

드디어 갈망하던 영생불사의 영약 암리타가 나오자, 비슈누 신은 아수라들을 속여 데바들에게만 나누어 마시게 한다.

이렇게 하여 불사의 존재가 된 데바들은 악마들을 무찔러 지하세계로 몰아내고 신들은 밝은 세계에 거하게 된다.

◀ 우유의 바다 휘젓기
 … 이들은 만다라 산을 뽑아다 거대한 뱀 마수키로 하여금 산을 휘감게 하고, 그 몸통을 밧줄 삼아 잡아당겨 산을 회전시켜 바다를 휘저었다.
 이 과정에서 바다 속 깊은 곳에서 많은 생명체들과 보물들이 나왔다. …

**교유기(攪乳器; 우유교반기; churn)로 버터 만들기**

힌두 창세신화를 한문으로는 유해교반(乳海攪拌; 우유의 바다 휘젓기; the Churning of the Ocean of Milk)이라고 한다.

교반(攪拌)이란 '휘저어 섞음(churning)'이란 뜻으로, 우유의 성분들이 균일하게 혼합되도록 저어주는 것이다.

교유기[우유교반기]는 우유를 저어 버터로 만드는 기계이다. 우유를 교유기에 넣어 돌리면 유지방, 즉 지방질의 크림이 분리되면서 버터가 생성된다. 그러면 그 자체로 먹든지 이런저런 유제품으로 만든다.

교유기는 회전축을 우유 통 한 가운데에 세우고 끈으로 축을 감아 양쪽으로 번갈아 당겨 축을 회전시키는 장치이다. 오늘날에는 전기모터로 회전시키는 전기교유기가 일반적이다.

교유기는 우유를 많이 먹지 않는 동아시아의 농경민족 사람들에게는 생소한 기구이다. 그러나 유럽 유목민들은 물론, 인도, 네팔, 티벳, 몽골 등지의 목축민족들은 수천 년 전부터 교유기로 우유를 저어 버터를 만들어 이용해 왔다.

곧 이어 전개될 힌두 창조신화에서는 우유의 바다를 휘젓기 위한 거대한 교유기가 등장한다.

# 2장

## 힌두 창조신화 《사무드라 만탄》

이제 여기서 신묘장구대다라니의 원전이 되는 힌두 창세신화 《사무드라 만탄》의 본문으로 들어가 보기로 한다.

이야기는 다음과 같다.

### 🪷 이야기의 발단

아주 멀고 먼 옛날, 아직 세상이 다 만들어지기도 전이었다. 우주에는 몇 명의 주신主神; major Gods들과 데바와 아수라라 불리는 많은 수의 하위 신下位 神; demi-gods들이 살고 있었다.

태초부터 데바Deva; 천신/天神; 선신/善神; 하위신/下位神들과 아수라Asura; 악마들은 끊임없이 서로 죽고 죽이는 선과 악의 투쟁을 벌여왔다.

이들 하위 신들은 영생 불사하는 주신主神들과 달리, 유한한 운명을 가진 존재들이었다.

어느 날 데바들의 왕이자 천둥·번개의 신 인드라Indra: 帝釋天/제석천가 코끼리를 타고 천상을 산책하다가 현자賢子: Rishi: Muni 두르바사Durvasa: Durvasas/두르와사스를 만났다.

두르바사는 파괴의 신 시바Shiva를 섬기는 성자였는데, 그는 성격이 괴팍하고 불같이 화를 잘 내는 늙은이였다.

어쨌든 두르바사는 공경과 축복의 뜻으로 천상의 꽃으로 만든 화환을 인드라 신에게 바쳤다. 그 화환은 부와 행운의 축복이 깃들어 있는 귀한 공양물이었다.

그러나 술에 취해 들떠 있던 인드라 신은 무심코 그것을 자신이 타고 있던 코끼리 아이라바타Airavata의 코에 올려놓았다.

그러자 꽃향기가 코끼리 코를 자극하자 코끼리는 머리를 흔들었고 그 화환은 바닥에 내던져 짓밟히고 말았다.

이에 크게 화가 난 현자 두르바사는 천신天神:: Deva/데바; 선신/善神들에게 저주를 퍼부었다. 인드라가 천신들의 왕이기 때문이었다.

◀ 천신들의 왕 인드라에게 꽃을 바치는 현자 두르바사

"이제부터 천신들은 영생불사의 힘을 잃을 지어다! 그리고 저 화환이 내던져지듯, 인드라가 거느리는 모든 천신들은 삼계를 지배하는 지위에서 내던져지리라!"하고 저주하였다.

인드라 신은 즉시 사과하였으나 두르바사는 자신이 한 저주를 풀기를 거부하고 가버렸다.

이때부터 데바Deva들은 점점 빛을 잃고 약해지고, 상대적으로 아수라Asura들은 더 강해졌다. 데바들이 영생불사의 힘을 잃어 아수라들이 우위를 차지하자, 천상계 모두가 활력을 잃고 도덕이 무너지기 시작하였고 황폐하게 되었다.

 **데바(Deva)와 데비(Devi), 그리고 데바타(Devata)**

힌두교에서 데바(Deva)는 남성신(god), 여성형은 데비(devi; goddess)이다. 데바타(devata)는 이들 모두를 합하여 부르는 통칭이다.
데바는 힌두 삼주신(三主神; Trimurti; 브라흐마ㆍ비슈누ㆍ시바)과 같은 주요신(major Gods)들과는 구분되는 하위신(下位神)으로, 영어로는 god, demi-god, deity 등으로 번역된다.
데바라는 용어는 베다문헌에는 BCE 2000년경부터 발견되는데, 그 어원은 산스크리트 「div-; 천상의, 빛나는」이다.
데바에서 고대 인도의 '하늘의 신 디야우스(Dyaus; Father Sky)'가 파생되어 인도유럽어족 각국의 주신(主神; Lord God)으로 자리 잡게 되었다.
예를 들어, 그리스어로 신을 의미하는 'Dias', 'dios', 'thea'가 되었으며, 인도이 '하늘이 신 디야우스(Dyaus)'가 그리스 신들의 아버지 '제우스(Zeus)'가 되었다.
고대 라틴어에는 'deivos'로 자리 잡았다가 '데우스(deus; 신)'가 되었으며, 형용사로는 '디비우스(divus; 신성한)'가 되었다. 오늘날 영어에서 그리고 기독교에서 많이 쓰이는 'deity'나 'divine'은 이 라틴어의 번역이다.
또한 라트비아어로는 'Dievs', 독일어로는 'Deiwas'로 쓰이는 등 거의 모든 인도유럽어에 결정적인 영향을 주었다.

## 궁지에 몰린 천신들이 불사의 영약 암리타를 갈망하게 되다

천신들이 열세를 보이자, 아수라들은 이때를 놓치지 않고 대대적인 전쟁을 벌였다.

결국 인드라 신이 이끄는 데바들이 아수라들의 왕 발리Bali가 이끄는 아수라 군단과의 싸움에서 패배하면서 데바들은 자신들의 왕국도 잃어버리고 끝내는 몰살당할 위기에 처하게 되었다. 악마들인 아수라들이 우주를 지배하게 된 것이다.

그리하여 아수라Asura; demon; 악마들과의 잦은 전투 때문에 죽거나 부상으로 고통에 시달리게 된 데바들은 불사不死를 갈망하게 되었다. 이 점은 아수라들도 역시 마찬가지였다.

이때까지만 해도 하위의 신下位神; demi-gods인 데바들과 아수라들은 영생 불사하는 존재들이 아니었던 것이다.

▲ 신들의 전쟁, 마하바라타의 한 장면
흰 코끼리 아이라바타를 탄 신들의 왕 인드라가 천신들의 군대를 이끌고 아수라들의 왕 발리가 이끄는 아수라 군대와 격돌하고 있다.

데바들은 자신들의 왕 인드라 신에게 몰려갔다. 그러나 그는 마땅한 방법을 찾지 못하였다.

### 아수라(Asura),
### 조로아스터교 최고의 신이 힌두교에서 악마로 격하되다

　고대 페르시아(오늘날 이란)의 조로아스터교 최고신은 아후라 마즈다(Ahura Mazda; 지혜의 신; Ahura「신」+Mazda「지혜」)였다. 이 하느님이자 선신(善神)인 아후라 마즈다가 인도에 와서 악마로 격하된 것이다.

◀ 조로아스터교의 하느님
　　아후라 마즈다

　아리안족이 인도에 침입할 때 가지고 들어 온 그들 종교의 하느님 아후라 마즈다는 베다시대에도 이름만 아수라로 변형된 채, 지배계급 아리안족의 브라만교 최강의 힘을 지닌 최고신으로 숭배되었다.
　그러나 훗날 베다시대 후기에, 피지배계층이었던 토착세력 드라비다인들을 토대로 힌두교가 일어나면서 브라흐마, 비슈누, 시바 등의 토착 힌두 신들이 아수라를 밀어내고 최고신으로 승격하는, 이른바 '신들의 전쟁' 내지는 '신들의 계급이동'이 일어났다.
　이때 기존의 지배계급 아리안족의 최고신 아수라는 당연히 새로 힘을 얻은 피지배계층의 적이 되고 악신으로 격하될 수밖에 없었던 것이다.
　문헌상으로도, 초기의 리그베다에서는 아수라가 최고의 신으로 묘사되고 있지만 후기에 속하는 아타르바베다에서는 아수라의 위상이 다른 토착의 힌두 주신들보다 열등한 위치로 전락한 것으로 나타나있다.

　아수라는 불교에도 수용되어 팔부신중에 포함되어 있다.
　노내제 언세 석가모니 부처님께서 가본 적도 없는 페르시아제국의 국교 조로아스터교의 하느님을 때려잡아 불교의 호위신장으로 삼았는지는 참으로 모를 일이다.

◀ 창림사지 삼층석탑 아수라, 경주 서남산

▲ 비슈누 신이 구원을 청하는 소리를 듣고 가루다를 타고 당도하고 있다

데바들은 메루 산에 살고 있는 창조의 신 브라흐마Brahma; 불교에서는 범천/梵天으로 수용함를 찾아가 도움을 요청하였다.

그러나 브라흐마 신 역시 데바들을 도울 방법을 찾지 못하였다.

브라흐마 신은 명상에 들어갔다. 그리고 마침내 깨어나 말하였다.

"그대들은 주 비슈누 신을 찾아가 구원을 청하라. 그는 우주의 질서를 유지하는 분으로 마음을 다하여 그를 신봉하는 이들에게 틀림없이 나타나 도움을 주신다."

그들은 주 비슈누Lord Vishnu 신에게 바치는 연꽃을 두 손 높이 들어 올렸다. 그리고 주 비슈누 신을 찬양하는 송가頌歌를 합창하며 도움을 간구하는 기원을 올리기 시작하였다.

이윽고 관자재 비슈누 신이 자신의 바하나vahana; mount; 탈 것인 가루다 Garuda; 산스크리트로 '독수리(eagle)'라는 뜻; 비슈누와 그의 아내인 락슈미(불교에서는 길상천/ 吉祥天으로 수용함)이 타고 다니는 거대한 독수리로 용/龍을 잡아먹는다 함. 불교에도 수용되어 금 시조/金翅鳥라 함를 타고 하늘을 가로질러 날아와 브라흐마 신과 천신들 앞에 모습을 나타냈다. 비슈누 신이 그들의 찬양과 기원하는 소리를 들은 것이다.

천신들은 주 비슈누 신에게 아수라들과의 끊임없는 싸움으로 수많은 천신들이 희생되었으며 끝내는 몰살당할 위기에 처하게 된 자신들을 구원해 줄 것을 호소하였다.

천신들의 호소를 들고 난, 비슈누 신은 그들에게 수메루 산Parvat Sumeru Skt.; 간단히 Meru/메루 산이라고도 함; 고대 인도의 우주관에서 세계의 중심에 있다는 상상의 산; 불교에 수미산/須彌山으로 수용됨에서 집회를 열도록 하였다.

▲ 인드라 신이 다른 천신들과 함께 주 비슈누 신(누워 계신 분)에게 도움을 청하고 있다. 천신들의 합장한 모습이 간곡해 보인다.

## 🏵 불사의 영약 암리타를 얻기 위해 악마와 손을 잡다

아침 해가 떠올랐다.

신들은 금빛으로 빛나는 수메루 산에 모여 천상의 집회를 열고 있었다.

주 비슈누Lord Vishnu 신은 단 세 걸음으로 우주를 가로질러 신들이 모인 곳으로 왔다.

비슈누 신이 데바Deva; 천신/天神; 선신/善神들에게 말하였다.

"데바들의 쇠퇴해가는 힘을 회복해기 위해서는 불사不死의 영약인 암리타Amrita; 불교에도 '감로/甘露'로 수용됨; elixir of life; elixir of Immortality; immortal nectar ≪p69, p280 참조≫를 마셔야 한다.

신들이여, 우유의 바다Ksheer Sagar; the Ocean of Milk에 강력한 약초들을 던져 넣고 휘저어라. 그러면 거기서 암리타를 얻을 수 있을 것이다.

그것을 마시고 영생불멸하게 되면 아수라들을 물리치고 잃어버린 왕국을 되찾을 수 있다."

주 비슈누 신이 이어서 말하였다.

"그러나 이 거대한 우유의 바다를 휘저으려면 데바들의 힘만으로는 부족하다. 그러므로 적들인 아수라들의 협력을 얻어내야 한다.

아수라들에게 기만전술을 써라. 그들에게도 영원히 살 수 있는 불사不死의 영약 암리타를 나누어주겠다고 유혹하여, 그들의 힘까지 얻어 내 우유의 바다를 휘젓도록 해야 한다."

이리하여 비슈누 신의 중재로, 데바들은 아수라 측에게 일시적인 휴전을 제의하고 협력을 청하였다. 만약 데바들과 아수라들이 힘을 합쳐 영생불사의 영약 암리타를 얻게 되면 그것을 함께 나눠마시자고 제의하였다.

아수라들은 머리를 맞대고 심사숙고한 끝에, 마침내 모두 힘을 합쳐 우유의 바다를 휘젔는데 동참하기로 합의하였다. 이 영생불멸의 영약을 먹고 자신들도 영생을 누리게 된다는 생각은 너무나 거절하기 힘든 달콤한 유혹이기 때문이었다.

### ❀ 우유의 바다를 휘젓다

우유의 바다를 휘젓기 The Churning of the Ocean of Milk는 처음부터 힘든 일이었다.

한 통의 우유를 휘저어 버터를 만들기 위해서라면, 교유기<p28 사진 참조>에 회전축으로 쓸 적당한 길이의 막대기 하나 그리고 그 막대 축을 회전시키기 위해 끌어당길 적당한 길이의 노끈만 있으면 충분하다.

그러나 데바들과 아수라들이 끝없이 넓은 우유의 바다를 휘젓기 위해서는 회전축으로 쓸 거대한 기둥과 밧줄이 필요하였다. 그러나 그렇게 큰 기둥과 밧줄을 구할 수가 없었다.

비슈누 신은 그들에게 메루 산 동쪽에 있는 만다라 산 Parvat Mandara; 우주 법계의 진수를 그림으로 나타낸 불화의 하나인 만달라(mandala/曼茶羅)와 혼동하지 말 것, 철자에 유의을 뽑아다 회전축으로 삼아 바다를 휘저으라고 조언하였다.

데바들과 아수라들이 천계의 거대한 산 만다라 산을 뽑으려 하였으나 꿈쩍도 하지 않았다. 이를 보고 비슈누 신이 자신의 차크라Cakra: 회전톱날 무기를 날려 잘라내 주었다.

그러나 그들이 만다라 산을 들어 옮기려 하였으나 산이 너무나 거대하여 도저히 옮길 수 없었다.

그러자 이번에도 비슈누 신이 나서, 자신이 타고 다니는 독수리 가루다에게 산을 옮기는 것을 도와주라고 하였다. 결국 가루다에 의해 산은 무사히 우유의 바다로 옮겨졌다.

이번에는 만다라 산을 회전시키기 위한 거대한 밧줄이 필요하였으나 어디에서도 구할 수가 없었다.

결국 그들은 머리가 다섯 개 달린 거대한 뱀 바수키로 하여금 만다라 산을 휘감게 한 후, 그의 긴 몸통을 밧줄 삼아 양쪽에서 번갈아 잡아당겨 만다라 산을 회전시켜 우유의 바다를 휘젓게 되었다.

 **힌두 신화의 바수키(Vasuki) 역시 불교에 수용되었다**

힌두 창세신화에서 거대한 뱀의 왕(또는 용왕) 바수키는 우유의 바다 휘젓기에서 중요한 역할을 한다.

그런데 놀랍게도 이 바수키 역시 예외 없이 불교에 수용되어 있다. 법화경이나 화엄경에는 산스크리트 vasuki를 음역하여 화수길(和脩吉) 용왕이란 호칭으로 수용되어 있다. 외형을 의역하여 머리가 아홉 개라는 뜻으로 구두(九頭), 또는 많다는 뜻으로 다두(多頭)라고도 번역되어 있다.

더욱 놀라운 점은 불경에서 이 화수길 용왕을 읽으면서도 그 원전이 바로 힌두교 창세신화라는 사실을 전혀 개의치 않고 있는 현재의 실상이다.

◀ 화수길 용왕
보물1260호 공주 마곡사석가모니불괘불탱(부분)

이때 데바들과 아수라들은 서로 자신들이 뱀의 머리 쪽을 잡겠다고 우기며 옥신각신하기 시작하였다. 꼬리 쪽을 잡는 것은 아무래도 자존심이 상하는 문제라고 여겨졌던 것이다.

결국 데바들이 한발 양보하여 꼬리 쪽을 잡기로 하였다. 이것은 데바들이 비슈누 신의 충고를 받아들인 것인데, 그것은 대단히 현명한 선택이었다. (나중에 밧줄을 잡아당기는 과정에서 아수라들은 바수키가 입에서 내뿜는 불에 그슬리고 독기에 중독되었던 것이다.)

그들은 영생불사의 영약 암리타Amrita; 감로/甘露; ambrosia/암브로시아 Gk.; elixir of Immortality를 얻기 위해 강력한 효력을 가진 약초들을 우유바다에 집어넣었다.

드디어 88명의 데바들과 92명의 아수라들이 양쪽에서 바수키의 긴 몸통을 밧줄로 삼아 앞뒤로 끌고 당기고 하여 만다라 산을 빙빙 돌려 우유의 바다를 휘젓기 시작하였다.

그러나 산이 바다에 놓인 것이라서 그 육중한 무게 때문에 이내 바다로 가라앉기 시작하였다.

그러자 비슈누 신은 거대한 거북 쿠르마Kurma;비슈누신의 두 번째 화신/化身; avatar/아바타의 모습으로 변하여 그 산이 바다 속으로 가라앉지 않도록 등위에 올려놓고 물밑에서 떠받쳤다.

신묘장구대다라니에는 이 부분이

11  『다라다라 다린나례 새바라』
　　 Dhara dhara dharanimdharesvara

　　 (대지를 떠받쳐) 지지支持하소서, 지지支持하소서!
　　 대지를 떠받치고 있는 신비슈누 신이시여!』로 나와 있다.

또한 비슈누 신은 그 산이 너무 떠오르지 않도록 인드라 신에게 그 산꼭대기에서 누르고 있게 하였다.

데바들과 아수라들은 우유의 바다를 쉬지 않고 계속해서 휘저었다. 몹시 힘든 일이었지만, 그들은 영생불사의 영약 암리타를 얻겠다는 일념으로 젓고 또 저었다.

**비슈누 신의 10 화신(化身; Dashavatar)**

비슈누 신은 세상의 모든 생명을 구원하는 구세주로서 지상에 출현하는데, 그 화신(化身), 즉 아바타(avatar)는 초능력적 힘이나 초자연적인 힘을 가지고 그때그때 상황에 따라 사람, 반인반수, 또는 동물의 모습을 취한다.

… 그러자 비슈누 신은 거대한 거북 쿠르마Kurma; 비슈누신의 두 번째 아바타/avatar의 모습으로 변하여 … ≪본문 중에서≫

비슈누 신의 수많은 화신(化身; 아바타)들 중에서 보통은 10개의 화신(Dashavatar/다쉬아바타; the Ten Incarnations of Lord Vishnu)이 잘 알려져 있다. 이들 중 9개의 아바타는 이미 과거에 일어났으며 10번째 칼키(Kalki) 하나만이 미래에 일어날 것으로 믿고 있다.

그 중 가장 유명한 아바타는 라마(Rama)와 크리슈나(Krishna)이다. 서사시 《마하바라타》에서는 크리슈나로, 《라마야나》에서는 라마로 나온다.

힌두교에서는 불교의 교조 석가모니 부처님도 비슈누의 9번째 화신이라고 주장하고 있으며, 또 그렇게 믿고 있다.

◆ 비슈누 신의 10 화신(Dashavatar; the Ten Avatars of Lord Vishnu)
  ① 마트스야(Matsya; 큰 물고기)
    악마를 죽여 힌두성전 베다를 구해내고, 온 땅을 뒤덮은 대홍수로부터 최초의 인간 마누(Manu)를 구해낸다. 노아의 홍수의 원전.
  ② 쿠르마(Kurma; 거북)
    데바들과 아수라들을 도와 우유의 바다를 휘저어 불사의 영약을 얻게 함.
  ③ 바라하(Varaha; 멧돼지)
    멧돼지 모습으로 지구를 구하고 악마 히란약샤(Hiranyaksha)를 죽임.
  ④ 나라싱하(Narasingha; 반인-반사자)
    비슈누 신의 신봉자 프라흘라다(Prahalad)를 구해내고 반인반사자의 모습으로 아수라의 왕 히란약까시푸(Hiranyakashipu)를 죽인다.
  ⑤ 바마나(Vamana; 난장이)
    거인으로 변하여 방심한 아수라 왕 발리(Bali)에게서 세상을 구한다.
  ⑥ 파라슈라마(Parasrama; 전투용 도끼를 든 라마: 용사)
    적군을 물리치고 모든 무사와 장군들을 21차례나 죽인다.

▲ 비슈누 신의 10 화신(Dashavatar; the Ten Avatars of Lord Vishnu)

⑦ 라마(Rama; 라마 왕자; 대서사시 "라마야나"의 주인공)
아요디야(Ayodhya)의 왕으로 마왕 라바나(Ravana)을 죽인 영웅이다.

⑧ 크리슈나(Krishna; 검은 얼굴의 미청년; 실존인물)
폭군의 살해위협을 피해 유목 집안에서 길러짐. 힌두 신들 중 가장 대중적이면서도 가장 사랑 받는 신.

⑨ 붓다(Gautama Buddha; 실존인물인 불교의 교조)
카필라 성(Kapilavastu) 태생의 지혜의 왕자(Prince of wisdom)

⑩ 칼키(Kalki; 백마 탄 영웅; 비슈누 신의 10번째이며 마지막 아바타)
아직 도래하지 않은 묵시적 존재로서 세상이 무너지는 시대에 나타나 모든 악을 멸할 것이라 함.≪pp21-22, p176, p226 참조≫

데바들Devas; 하급신들; Gods과 아수라들Asuras; 악마들; Demons은 무려 1천 년 동안이나 우유의 바다를 휘저었다.

데바들과 아수라들이 그렇게 오랫동안 뱀 바수키Vasukii의 몸통을 양쪽에서 번갈아가며 잡아당겨 우유의 바다를 휘젓다 보니 용왕 바수키는 점점 지치고 자신의 몸통이 끊어지는 듯 한 고통을 느끼게 되었다.

마침내 바수키가 더 이상 고통을 참지 못하고 자신도 모르게 울부짖는 순간, 그의 입으로 시뻘건 화염을 내뿜었다.
꼬리 쪽의 데바들은 무사했지만 바수키 머리 쪽의 아수라들은 얼굴이 시커멓게 그슬렸다.
게다가 바수키의 입에서는 불꽃과 함께 검은 독기가 나왔는데, 이것은 아수라들을 더욱 지치게 만들었다. 그들은 바수키의 입에서 흘러나오는 독기에 중독되었던 것이다.

## 🪷 바다에서 생명체들이 나오다

데바들과 아수라들이 이렇게 우주에서 유유의 바다를 휘젓는 과정에서 새로운 생명체들이 탄생하였다.

또한 우유의 바다에서는 이전의 세계가 파멸될 때 사라졌던 14개의 보물들14 ratnas/라트나스도 다시 떠올라왔다. 그들은 많은 신, 여신들, 요정들, 진귀한 동식물들이었다.

(이 보물들의 목록 역시 푸라나(Purana)마다 조금씩 다르며, 대서사시 라마야나(Ramayana)와 마하바라타(Mahabharata)에서도 약간의 차이가 있다.)

마침내 천년 동안 우유의 바다를 저은 후, 최초로 떠오른 것은 흰 암소 카마드헤누Kamadhenu; Surabhi/수라비 여신이었다. 모든 생명들이 원하는 것은 무엇이나 제공해주는 이 '신성한 풍요의 암소' 여신은 나오자마자 비슈누 신의 눈을 기쁘게 하였다.

그녀는 자기 몸 안에 다양한 신들과 모든 생명체들을 포함하고 있었다. 그녀는 살아있는 모든 생명체의 어머니가 되었다.

◀ 카마드헤누[수라비],
  신성한 '풍요의 암소' 여신

▲ 신성한 흰 암소 카마데누[수라비] 여신

몸 안에 다양한 신을 포함하고 있다
비슈누 신이 이 흰 암소를 현자들에게 가져다주었다.
이 소의 우유에서 얻어진 버터기름은 희생제(Yajna/야즈나)에서 사용되었다.

그 다음에는 결코 꽃이 지거나 시들지 않는 신령스런 꽃나무 파리잣Parijat; Parijata/파리자타이 떠올랐다.

천신들이 이 꽃나무를 천상의 정원 인드라로카Indraloka; 인드라 신과 데바들이 거주하는 곳로 옮겨다 놓았다. 이 신령스런 꽃나무로 장식된 인드라로카는 언제나 꽃향기가 넘쳐흘러 천계의 기쁨이 되었다.

▲ 파리잣 나무
인도 우정성 발행, 1997년

◀ 신들의 처소, 인드라로카

이어서 바다 위 거품에서 우아한 몸매와 애교를 갖춘 무려 6억 명의 아름다운 천상의 여인들이 출현하였다. 이들 천상의 요정들은 '물 위apsu/압수에서 태어났다sara/사라'는 뜻에서 압사라Apsara; 물의 요정라고 불리게 되었다.
　그녀들은 신들을 위한 천상의 무희로서 인드라 신이 다스리는 천상에서 살게 되었다.

### 천상의 무희, 압사라(Apsara)

　압사라는 구름과 물의 요정(nymph/님프)이다. 압사라는 젊고 우아한 천상의 여인으로 춤에 예술적 소질이 있어서 고대 그리스의 뮤즈와 비교된다.
　리그베다에 따르면, 음악을 연주하는 간다르바(Gandharva/乾達婆; 놀고 먹는 건달이란 말은 여기서 기원함)들의 부인 압사라들도 있는데, 이들은 신들을 즐겁게 하기 위해 남편들이 만든 음악에 맞추어 춤을 춘다.
　힌두교의 창조신화에서 기원한 압사라는 태국과 캄보디아의 전통 춤과 여성들의 전통의상에 큰 영향을 주었다.
　또한 압사라 춤은 캄보디아 앙코르 유적 곳곳에 부조로 남아있으며, 크메르족의 전통 춤인 압사라 댄스는 세계문화유산으로 등록되어 있다.
　천상의 무희들의 춤 압사라 댄스는 오늘날까지도 전해져오고 있어 여행자들도 쉽게 접할 수 있다.

▲ 춤추는 압사라(Dancing Apsara)
풍만하면서도 유연한 몸매와 생동감이 넘치는 동작으로 관능미의 극치를 보이고 있다. 그녀의 풍만한 젖가슴과 잘록한 허리, 탄력감이 넘치는 엉덩이 부분은 농염하다 못해 도발적이기까지 하다.
Uttar Pradesh 출토, 사암, 12C

천상의 무희 압사라에 이어, 은은한 빛의 달의 신 찬드라Chandra the Moon God; Chandra;'빛나는'이란 뜻; Soma/소마가 나타났다.

◀ 달의 신 찬드라

찬드라는 열 마리의 백마 또는 사슴이 끄는 수레를 타고 매일 밤 하늘을 가로지른다.

시바 신은 이 달을 얼른 집어든 다음 자신의 머리에 꽂아 장식하였다.

시바 신의 머리에 꽂혀있는
달의 신 찬드라 ▶

맨 위의 입으로 물줄기를 길게 내뿜고 있는 여신은 강가(Ganga; 갠지스 강을 신격화 한 여신)이다. 여신이 뿜는 물줄기가 흘러 갠지스 강(Ganges)이 된다. 불교 경전 금강경 등에서 자주 언급되는 항하(恒河)가 바로 이 강이다.

이어서, 머리가 7개에 날개가 달려있는 신성한 순백의 천마 우치차이쉬라바스Uchchaihshravas; '우렁찬 말울음 소리'라는 뜻가 나왔다.

이 신성한 천마는 커다란 날개를 펼치고 하늘로 박차고 날아올라 구름까지 뚫고서 날아올랐다가 이윽고 지상에 내려앉았다.

신들의 왕 인드라가 이 말을 자신의 바하나vahana; 탈 것로 삼았다.

네 번째로 떠오른 것은 세상에서 가장 값진 마니Mani; 보석 카우스투바 Kaustubha였다.

이 아름다운 보석의 강력한 광휘光輝는 보는 이들의 탐진치를 녹여 없애는 힘이 있었다.

이 신비한 보석은 누구나 한 번 보기만 하여도 그에게 행운과 부, 심신의 치유력을 준다.

비슈누 신은 그 보석Kaustuba Mani/카우스투바 마니을 길게 늘어져 가슴까지 장식하는 자신의 영락瓔珞; mukta-ha-ra/묵타하라; string of jewels or pearls에 끼워 넣었다. 그의 광휘를 더하여 주게 된 것이다.

시바 신은 "비슈누 신 이외에는 아무도 이 마니의 광휘와 위대한 힘을 다룰 수 없다"라고 찬양하였다.

Kaustubh Mani

잠시 후, 머리가 3개 또는 5, 7개인 우윳빛 코끼리 아이라바타Airavata: 태국에서는 Erawan/에라완가 여러 마리의 코끼리들과 더불어 떠올랐다.

나중에 아이라바타는 천신들의 왕이자 천둥·번개의 신인 인드라Indra가 타는 신성한 코끼리가 된다. 인드라 신이 이 삼두육아삼두육아/三頭六牙: 머리3개에 어금니6개의 코끼리를 자신의 바하나vahana: 탈 것로 삼아 데리고 갔기 때문이다.

▲ 힌두교의 인드라 신이 타고 있는
상아 6개인 흰 코끼리

불교에는 보현보살님이 타고 있는
상아 6개의 흰 코끼리로 수용되어 있다. ▶

흰 코끼리의 출현은 락슈미 여신의 도래를 알리는 전주곡이다. 오늘날에도 코끼리는 행운과 부의 길을 열어주는 상서로운 존재를 상징한다.

행운과 성공, 부와 풍요, 번성함을 가져다주는 락슈미 여신의 길이 열리고 있는 것이다. 비슈누 신의 아내인 락슈미는 흔히 슈리 데비Shri Devi: 상서로운 행운의 여신; 불교에는 길상천/吉祥天이란 이름으로 수용됨라고도 불린다. 또한 정숙함, 덕스러움, 그리고 여성미를 상징하는 여신으로서 힌두교권 여성들이 이상적인 여신상이라 생각하여 가장 많이 숭배하는 여신이다.

곧이어 행운과 부 그리고 풍요의 여신이자 또한 미의 여신 락슈미
Lakshmi가 손에 파드마Padma: 붉은 연꽃를 들고 활짝 핀 커다란 연꽃을 타
고 빛을 내며 바다에서 떠올랐다.

그녀가 나타나자 천상에서 바다 위로 꽃송이들이 내렸다. 우유의
바다는 그녀를 위해 시들지 않는 꽃으로 된 화환을 띄워 보내 신성한
코끼리가 바치게 하였다.

락슈미는 너무나 아름다워 천상의 모든 시인들과 성자들이 그녀를
찬양하는 찬미가를 불렀다.

▲ 〈락슈미의 탄생〉의 이탈리아 버전 〈비너스의 탄생〉

① 바다 위 연꽃 위에 서있는 락슈미 – 조개껍질 위에 서있는 비너스
② 천상의 코끼리들이 성수를 뿜어준다 – 천사들이 바람을 뿜어준다
③ 두 여신 모두 탄생할 때 천상에서 꽃송이들이 떨어져 내린다
④ 락슈미는 압사라들처럼 바다를 휘저을 때 생긴 거품을 헤치고 나왔다.
　　이것은 그리스 신화의 미의 여신 아프로디테와 발생적 뿌리가 같다. Aphrodite는 'aphros
　　(바다거품; sea foam)'에서 유래한 것으로 '거품에서 태어났다(risen from the foam)'
　　는 뜻이다. 이 아프로디테의 로마식 이름이 바로 비너스(Venus)이기 때문이다.

이처럼 그리스의 아프로디테 탄생신화와 보티첼리(Sandro Botticelli)의 〈비너스의 탄생〉
은 모두 인도신화를 원형으로 한 변주곡과 같은 것이다.

천상의 코끼리들은 갠지스 강의 성수聖水; 힌두교의 신성한 물를 가져다 락슈미 여신의 머리 위에 뿜어주었다.

▲ 힌두교 신들이 불교에 얼마나 철저하게 수용되어 있는가!
  불교 묘탑인 산치 대탑(Sanchi Stupa)의 락슈미 부조(오른 쪽)

바다에서 나온 락슈미는 누구나 한 번만 보면 마음을 빼앗길 만큼 아름다워 많은 신들이 앞 다투어 락슈미에게 접근하여 말을 걸었다. 그러나 그녀는 눈길조차 주지 않았다.

락슈미는 곧장 비슈누 신에게 다가가 그의 팔에 안겼다. 비슈누 신을 자신의 영원한 배우자로 선택한 것이다.

락슈미는 비슈누 신에게 바르말라varmala; 결혼의 의미로 신랑과 신부가 서로의 목에 걸어주는 화환를 걸어주었다.

비슈누 신의 신부가 된 락슈미 여신은 그의 가슴에 자신의 몸을 맡기고 의지하며 새로운 부부를 축복하는 신들을 기쁨에 찬 눈으로 둘러보았다.

이때 락슈미는 '하리프리야Haripriya; 하리/Hari; Vishnu의 연인'라는 별칭을 얻었다.

좀 더 나중의 일이기는 하지만, 신들이 비슈누 신의 도움으로 마침내 영생불멸의 영약 암리타를 마시고 모든 것이 회복되어 이전과 같이 평온해지게 되었을 때였다.

이때 신들의 왕 인드라는 비슈누 신에게 입은 은공에 대해 어떻게든 고마움을 표현하고 싶었다. 그래서 그는 비슈누 신의 부인 락슈미 여신을 위한 찬가를 지어 불렀다.

이에 크게 만족한 락슈미 여신은 락슈미 찬가를 부르거나, 우유의 바다 휘젓기에 의해서 태어난 락슈미의 이야기를 읽거나 들은 누구라도, 또 이 이야기를 다른 이에게 전파하는 누구라도, 그 자신은 물론 그의 가족을 보호하고 불행한 일이 없게 하겠다고 약속하였다. 또한 그러한 이들에게는 행운과 부와 번영을 틀림없이 주겠노라 약속하였다.

(독자 여러분께서도 바로 이 락슈미 이야기를 읽었으니, 차후 여러분과 가족 모두에게는 락슈미 여신의 가호가 있어 불행한 일이 없게 되었으며, 행운과 부를 얻게 된 것이다.)

OM JAI
SHRI MAHALAKSHMI
MATA
NAMAH

부와 행운 그리고 미의 여신 락슈미 Lakshmi에 이어, 바다에서 떠오른 보물은 샹카Shanka; conch shell; 소라고둥이었다.

비슈누 신이 샹카를 집어 들어 입에 대고 불자, 태고의 깊고 신성한 에너지를 실은 파동이 온 우주로 퍼져 나가 신의 가호와 축복이 전해지고 사악한 기운을 몰아냈다.

바가바드 기타Bhagavad Gita에서는 크리슈나Krishna; 비슈누 신의 8번째 화신/化身; 아바타가 부는 소라고둥에서 나오는 태고의 신성한 소리를 옴Aum; Om; 唵 ≪p161, pp284-285 참조≫이라고 말하고 있다.

비슈누 신은 4가지 신성한 상징물 중의 하나로서 위쪽 왼손에 소라고둥 샹카Shankha; Panchajanya/판차자냐를 들고 있다.

샹카는 비슈누 신의 배우자이자 부와 풍요의 여신인 락슈미가 머무는 곳이라고도 한다.

샹카에 바로 이어, 비슈누 신의 활 샤랑가Sharanga; Saarnga/사른가가 바다에서 떠올랐다.

비슈누 신은 이 강력한 활로 악의 세력과 아수라의 호전성을 복속시키기 때문에 비슈누 신은 '샤랑가파니Sharangapani; 손에 활을 든 이; saranga 「bow」+pani 「hand」; one holing a bow in the hand'라고도 불린다.

 **비슈누 신의 활 샤랑가(Sharanga)**

샤랑가(Sharanga)는 비슈누 신의 활이다. 이 활은 우주의 건축가이자 무기 제조자인 비슈와카르마(Viswakarma; 그리스 신화의 기술·장인의 신 헤파이스토스/Hephaistos에 상응)에 의해 제작된 신궁(神弓)이다.

나중에 샤랑가는 비슈누 신의 6번째 화신 파라슈라마(Parashurama)의 소유가 되었는데, 그가 자신의 일생의 임무를 완수한 후 그것을 비슈누 신의 7번째 화신인 라마(Rama)에게 주었다. 대서사시 라마야나(Ramayana)에서는 라마 왕자가 마왕 라바나와 결전을 치를 때 샤랑가로 그를 물리친다.

라마는 그것을 물의 신 바루나(Varuna)에게 주었다. 대서사시 마하바라타(Mahabharata)의 불타는 칸다바 숲의 싸움(Khandava-dahana)에서는 바루나가 그것을 비슈누 신의 8번째 화신인 크리슈나(Krishna)에게 준다.

크리슈나는 죽기 직전, 그것을 바다 속으로 던져 물의 신 바루나에게 돌려주었다.(이 내용은 영국 켈트족의 아더 왕이 그의 전설적인 보검 엑스칼리버(Excalibur)를 물의 신에게서 얻었으며 또 물에 던져 물의 신에게 돌려주는 내용과 상당히 닮아있다. 문명의 교류와 공유를 시사하는 부분이다.)

샤랑가는 크리슈나와 마력을 지닌 악마 샤이바(Shalva)와의 결투에도 등장한다.

비슈누 신의 막강한 무기 샤랑가는 오늘날 컴퓨터 게임에서도 많이 등장하는 인기 아이템이다.

데바들과 아수라들은 계속 우유의 바다를 휘저었다.

그들이 몹시 지쳐갈 때, 그들 눈앞에는 소원을 이루어주는 나무 칼파브릭샤Kalpavriksha; 칼파타루/Kalpataru가 솟아올랐다.

이 신성한 나무는 소원을 이루어주고 원하는 물질은 모두 얻게 해준다. 또한 장수를 누리게 해주는 생명의 나무이기도 하다. 힌두 성전에 나와 있는 내용이다.

전설적인 장자 다르마사트야Dharmasatya도 이 나무에 소원을 빌고 무량한 부를 얻어 많은 이들을 구제할 수 있었다 한다.

신들의 왕 인드라가 이 신성한 나무를 천상의 낙원 인드라로카Indraloka; 인드라 신과 데바들이 거주하는 곳로 옮겨다 놓고, 긴나라Kinnara, 긴나리Kinnari, 하늘을 나는 천녀 압사라Apsara와 데바Deva들로 하여금 보호하게 하였다.

▲ 소원을 이루어 주는 신성한 나무 칼파브릭샤, 자바 Pawon 사원, 8C

보통 반얀(banyan) 나무의 형태로 수세기를 사는 이 거대한 나무에는 수많은 생명들이 깃들어 신이 자신의 숭배자들에게 내려 준 은신처로 비유되기도 한다. 이 신성한 나무는 영화 〈아바타〉에서 나비족들의 신목(神木)인 영혼의 나무(Tree of Souls)의 모티프가 되었다고 한다.)

다음으로 물의 신 바루나Varuna의 딸배우자라는 주장도 있음이자 취기로 가득 차, 반 쯤 감긴 그윽한 눈을 한 술의 여신인 바루니Varuni; Varunani/ 바루나니; Sura/수라; Gauri/가우리; 술의 창조자; Creator of Liquor가 나타났다.

그녀는 옷차림과 품행이 단정치 못하고 말싸움까지 하는 습성이 있어, 아수라들마저도 내키지 않아 하며 마지못해 데려갔다.

그러나 그녀는 아수라들보다 점잖고 고결한 데바들을 더 좋아하였다. 신들에게 바치는 제례의식인 야즈나Yajna; 공희/供犧; 버터나 떡 등의 공물을 불 속에 던져 넣어 천상의 신에게 바치는 제식나 호마Homa; 護摩; 가정에서의 소규모의 야즈나, 그리고 소마제/祭; 신성한 약초 소마(Soma)로 만든 소마 신주/神酒를 신에게 바치고 제 사에 참여한 사람들이 함께 나누어 마시는 제의에서 술을 사용하는 것은 이 때문이다.

▲ 품행이 단정치 못한 바루니

◀ 야즈나(Yajna) 또는 호마(Homa)

제물을 불 속에 던져 넣으면 그 화염이 하늘로 올라가 천상의 신들의 입에 도달하고, 신들은 그것으로 힘을 얻어 마귀를 항복시키고 사람들에게 복을 준다는 고대인들의 원시신앙에서 비롯된 의식이나.
이것이 밀교에 수용되어 호마는 '지혜의 불꽃으로 번뇌의 제물을 태운다'고 하여 보리심(菩提心)을 일으키기 위한 의식이 되었다.

## 시바 신이 니라간타 청경관음이라 불리게 되다

그런데 이번에는 암리타가 나오기도 전에, 음산하고 기분 나쁜 기운을 내뿜는 검푸른 액체가 바다 위로 떠올랐다. 그것은 바다의 불순물이 응축되어 형성된 우주에서 가장 치명적인 맹독 할라할라Halahala 또는 칼라쿠타/kalakuta; Sanskrit로 검은 덩어리(black mass)라는 뜻이었다.

(어떤 원전에서는 이 맹독이 뱀의 왕 바수키의 입에서 나온 것이라고 말하고 있다.

"신들과 아수라들이 뱀의 왕 바수키의 몸통을 양쪽에서 너무나 세게 잡아당기는 바람에, 바수키가 고통에 못 이겨 자신도 모르게 맹독 칼라쿠타kalakuta를 토해냈다.

그리하여 삼계를 파괴시킬 수 있는 이 바수키의 독이 우유의 바다로 흘러 들어갔다.")

### 할라할라 또는 암리트와 관련된 명언과 인도속담

◆ 비 진리의 독(毒) 한 방울이
 진리의 우유 바다를 통째로 못 먹게 만든다.
  －마아트마 간디

◆ *Amrit paane se pahle Vish peena padta hai.*
 암릿 빠아네 세 빠흘레 비슈 뻬에나 빠치따 하이
 (Before one can get Amrit, one must drink poison.)
 (Amrit를 얻기 전에 독극물을 먼저 마셔야한다.)

→ 성공하기 전에는 많은 어려움에 직면하게 마련이다.
 (Before one becomes successful, one will face many odds in life.)
  －인도 속담

신들과 아수라들은 몹시 두려워하였다. 그 독은 너무나 강해서 우유의 바다에 퍼지면 모든 창조된 생명체들이 파괴될 수 있기 때문이었다.

삼계를 마비시키는 그 무시무시한 맹독이 내뿜는 독 기운을 아무도 견딜 수 없어서 신들과 아수라들은 하나씩 둘씩 질식하여 쓰러지기 시작하였다.

신들과 악마들은 공포에 사로잡혀 필사적으로 피난처를 찾기 시작하였다.

신들과 악마들은 브라흐마Brahma 신에게 다급하게 몰려가 도움을 청하였다. 그러나 그는 비슈누 신에게 가보라고 하였다.

그들이 이번에는 주 비슈누Lord Vishnu 신에게 도움을 청하자, 비슈누 신은 대자대비하신 마하데바Mahadeva; Great God; 위대한 신 시바Shiva만이 그들을 도와 줄 수 있다고 하였다.

천신들과 악마들은 비슈누 신의 조언을 쫓아 카일라스 산Parvat Kailash; Kailas; Kailasa Skt.kelasa; 시바 신이 거주하는 산으로 갔다.

그들은 주 시바 신에게 경배하고 찬양하며 도움과 구원을 간청하였다.

▲ 맹독 할라할라에 중독되어 쓰러지는 천신들과 악마들

카일라스 산Parvat Kailash; Kailas; 시바 신이 거주하는 산에서 요가 수행 중이던 시바 신은 자신에게 구원을 청하는 소리를 듣고 명상冥想; meditation; 호흡과 명상을 바탕으로 심신을 단련하는 수행법; dhyana/드야나; 선정/禪定에서 깨어났다.

이윽고 설산雪山의 차가운 눈 속에서 반라의 시바 신이 모습을 나타냈다.

신들과 악마들은 마하데바 주 시바 신에게 경배하고 도움과 구원을 간청하였다.

"위대하신 주 시바 신이시여!
삼계의 모든 생명들을 죽음과 죽음의 공포에서 구원해주소서!

 **티베트의 성산(聖山) 카일라스 산**

카일라스 산(Mt. Kailash; Kailasa Skt.)은 티베트 남서부에 있는 산으로 높이는 6,714m이다. 성호(聖湖) 마나사로바(Lake Manasarovar) 북쪽에 있다.
카일라스(Kailash; Kailas; Kailasa Skt.)라는 이름은 산스크리트 'kelasa(수정; crystal)'에서 온 것이다. 본래의 티베트어 이름은 강린포체Gangs Rinpoche)인데, '소중한 눈의 산(Precious Snow Mountain)'이란 뜻이다.
카일라스 산을 중심으로 그 일대는 힌두교, 자이나교와 티베트의 토착 종교인 뵌교의 성지로서 오래전부터 신성한 산으로 숭배 받고 있는 산이다. 자이나교인들과 티베트인들은 카일라스 산이 우주의 중심 메루 산(Parvat Meru), 즉 수미산(須彌山; Sumeru)인 것으로 믿고 있다.
힌두교에 따르면, 이 산은 마하데바(Mahadeva; 위대한 신) 시바의 처소로서, 시바 신은 그의 아내 파르바티(Parvati)와 함께 이 전설적인 산 정상에 거주한다. 거기서 그는 선정에 든 상태로 앉아있다. 그는 요가를 성취한 자(Lord of Yoga)인 동시에 궁극의 고행자이다.
수천 년 전부터 오늘날까지 해마다 수천 명이 카일라스 산 주위 52km(32 mi)를 도보로 때로는 오체투지로 코라(kora; 순례)하며 업장을 씻고 있다.

모든 생명은 살고자 하는 것이 섭리이오니 대자대비를 베풀어 구원해 주소서!"

이때 비슈누 신도 그들 무리 가운데 나타나 시바 신에게 청하였다.

"위대하신 주 시바 신이시여!
신들과 아수라들이 우유의 바다를 휘저어 얻어낸 모든 것들은 신 중의 신인 시바, 당신의 것이 아닌 것이 없습니다.
당신께서는 신 가운데 맨 먼저 숭배되는 최고의 신이십니다. 오로지 주 시바 신만이 저 맹독을 감당할 궁극적인 능력이 있으시며 삼계의 생명들을 구원하고자 하는 자비심과 용기가 있으십니다. 부디 삼계의 생명들에 대해 연민을 가지시고 저들을 구원하소서!"

▲ 시바 신이 거주하는 신성한 산 카일라스의 장엄한 위용

시바 신은 바다를 굽어보았다. 그는 맹독 할라할라가 우주의 바다를 검푸르게 물들이며 퍼져 나가는 것을 보았다.

시바 신은 자리에 앉아 명상에 들었다. 그는 우주의 시간을 앞당겨 미래를 보았다.

'만일 저 치명적인 우주의 맹독 할라할라를 천계에 버린다면 천신들이 중독되어 죽을 것이며, 땅에 버린다면 아수라들과 중생들이 전멸되어 황폐화할 것이다.

그냥 이대로 내버려 둔다면, 생명의 근원인 우주의 바다 자체가 오염되어 '창조의 순환체계 srishti chakra/스리슈티 차크라; circulation of the creation' 전체가 무너지고 말 것이다.

어디에도 저 치명적인 맹독을 버릴 곳은 없다. 정녕 저 밖의 대우주에 버릴 곳이 없다면, 내 안의 소우주에서 버릴 곳을 찾는 것이 마땅하다!'

명상에서 깨어나자, 시바 신은 자신이 맹독을 마셔 없애기로 결심하였다.

그는 죽음의 독을 한 잔에 담았다.

그는 두 손으로 잔을 들었다.

그리고 모든 신들이 두려워하는 가운데, 세계의 파멸을 막고 중생을 구원하기 위해 그는 초연한 모습으로 '죽음의 기운'을 마셨다. 그는 독을 마셔서 없애버린 것이다.

◀ 중생을 구원하기 위해 독을 마시는 마하데바 시바 신

이때 시바신은 그 독을 삼키지 않고 목에 저장했는데, 독이 그의 목구멍을 파랗게 물들게 했다. 이로 인해 시바는 닐라깐타Nilakantha; 청경/靑頸; 파란 목구멍을 지닌 분이라 불리게 되었다.

《신묘장구대다라니》에는 이 우주의 맹독 할라할라Halahala가 힌두교의 3독三毒; tri-visa/뜨리위샤; 탐貪·진瞋·치癡, 즉 탐욕貪慾, 진에瞋恚, 우치愚癡; 치암癡暗를 가리키는 것으로 나와 있다.

⑭ *Raga-visa vinasaya* /라-가 위샤　위나-샤야
⑮ *Dvesa-visa vinasaya* /드웨샤 위샤　위나-샤야
⑯ *Mohacala-visa vinasaya* /모하짤라 위샤 위나-샤야
「탐욕의 독 · 진에의 독 · 우치의 독을 소멸케 하옵소서!」

 신묘장구대다라니에 나오는 "니라간타"는 누구이신가?

③ 「까리 다바 이맘알야 바로기제 새바라 다바 니라간타 나막」
『끄리뜨와- 이-마암 아르야아왈로끼떼스와-라 타와
닐라깐타 나마하』
krtva imam aryavalokitesvara tava nilakantha namah

《이에, 성 관자재이시여,
당신의 (중생구제의 위업을 행하신) 청경을 우러르나이다.》

· 닐라깐타; nila-kantha: 푸른 목, 청경(靑頸), 청경성존(靑頸聖尊)
　　　　[nila 푸른 + kantha 목(구멍)→푸른 목을 지닌 청경 시바 신]

오늘날에도 인도에서는 닐라칸타 청경관음 시바 신상의 목은 파랗게 칠해져 있다.
　불교에서의 생각처럼 청경관음이 불교의 관음보살님을 지칭하는 것이라면 불교의 (천수)관음보살님의 목도 파랗게 칠해져 있어야 한다. 이처럼 닐라칸타가 불교의 관세음보살님을 지칭하는 말이 아니라는 사실은 명백하다.

제1부 이것이 바로 신묘장구대다라니의 출발지, 힌두 창조신화 | 63

시바 신은 요가Yoga; 유가/瑜伽를 성취한 자재자自在者; isvara/이스와라; 하느님로서 요가의 힘으로 그 죽음의 기운을 목 속에 머물게 하였던 것이다. 신묘장구대다라니에 나오는 "싯다유예새바라야Siddha-yogesvaraya/싯드하-요게스와-라야"가 바로 그것이다.

시바는 불멸의 신이므로 죽지는 않았으나, 해독하느라 고통스러워하였다.

오늘날에도 힌두교 권역에서는 마하 시바라트리Maha Shivaratri; '시바의 위대한 밤'이라는 뜻; 음력 11월 14일라는 축제가 열린다. 이것은 시바 신에게 헌정되는 축제인데, 힌두교 축제로서는 유일하게 밤에 치러진다.

 신묘장구대다라니에 나오는 "싯다유예 새바라"의 정체는 시바 신

21. 「싯다유예 새바라야 사바하 니라간타야 사바하」
『싯드하-요게스와-라야 쓰와-하- 닐라깐타야 쓰와-하-』
Siddha-yogesvaraya svaha nilakanthaya svaha

《요가를 성취하신 자재자께 비나이다!
청경성존靑頸聖尊이시여, 성취케 하소서!》

· 싯드하-요게스와-라야; siddha-yogesvaraya
  : 요가(Yoga)를 성취하여 자재(自在)한 경지에 이른 분에게
◆ 요게스와라(Yogesvara;「yoga 요가」+「isvara 자재자(lord), 대가)」
  시바(Shiva) 신의 별칭으로, 요가 수행자의 왕(Lord of Yogis)라는 뜻.
· 닐라깐타야; nila-kanthaya: 푸른 목을 지닌 청경성존(靑頸聖尊) 시바 신에게

산스크리트 원문의 '싯드하-요게스와-라야'를 '싯다유예새바라야'처럼 거의 전혀 다른 음으로 읽고 있는 현재의 관행도 '다라니는 원음 그대로 읽어야 한다'는 원칙에도 완전히 위배되는 것이다. 실로 할 말을 잃을 지경이다.

이 축제는 맹독 할라할라를 마시고 이를 해독하느라 고통스러워하는 시바 신의 곁을 다른 신들이 밤새 지켜준 것에서 유래하였다고 한다.

이처럼 여러 신들 중에서 오직 시바 신만이 생명에 대한 자비심과 연민에서 삼계를 구원하고자 기꺼이 독을 마시는 자기희생적 행동을 취하였던 것이다. 결국 파괴의 신인 시바가 역설적으로 중생을 구원한 것이다.

그리하여 일체 중생들은 시바 신의 중생을 위한 마음을 우러러 닐라깐타, 즉 청경靑頸 관자재觀自在; isvara/이스와라; 하느님라 부르며 예찬하고 있는 것이다.

불교에서는 바로 이 힌두교 신 예찬문인 《신묘장구대다라니》를 그대로 수용하여 힌두교의 주신主神 청경관음 시바를 천수관음보살이라고 부르며 독송하고 있는 것이다.

▲ 인도 Karnataka 주(州) Murudeshwara(=Shiva) 사원에 있는 시바 신상.
높이 37m로 세계에서 2번째로 큰 시바 신상이다.

주 시바 신Lord Shiva은 독에서 나온 열로 목구멍이 뜨겁게 타들어가는 듯 너무나 고통스러웠다. 그는 그 열을 식힐 물을 얻기 위해 그의 성스러운 삼지창 트리슐Trishul/트리슐; holy Trident로 히말라야 산맥을 찍었다. 그 자리에는 커다란 호수가 생겨났다.

오늘날 네팔의 히말라야 산 기슭에 있는 고사이쿤다 호Lake Gosaikunda가 그것이라고 한다.

▲ 힌두교 성지 중의 하나인 고사이쿤다 호(Lake Gosaikunda)
호수의 모양이 흡사 삼지창을 닮아 더욱 신비감을 자아낸다.

## 🏵 마침내 영생불사의 영약 암리타가 떠오르다

(사실 지금까지 바다에서 나온 보물들 모두는 비슈누신의 《유해교반 드라마》를 구성하는 소품과 조역으로 등장한 것이다. 그러나 역시 하이라이트는 불사의 영약 암리타이다.)

어느 덧 천년의 세월이 흘렀다.

데바들과 아수라들은 계속 우유의 바다를 휘저었다.

우유의 바다 휘젓기 작업이 절정에 다다르자 약초의 진액이 바닷물에 완전히 녹아들어 바다는 완연한 우유 빛으로 변해 있었다. 드디어 영약 암리타가 완성된 것이다.

 **왜 우유의 바다인가?**

오래전부터 뱃사람들은 대양에서 바닷물이 수평선 너머까지 끝없이 하얗게 우윳빛으로 빛나는 현상('milky sea' phenomenon)을 목격하곤 하였다.
한 상선은 인도양에서 이 현상을 목격하고 "바다가 온통 우윳빛으로 빛나 배가 마치 눈이나 구름 위를 가는 것 같았다."라고 기록에 남겼다.

쥘 베른(Jules Verne)의 소설 《해저2만 리》에도 이에 대한 묘사가 나온다.

"… 노틸러스(Nautilus) 호가 … 우유 바다를 항해 중이었다. 언뜻 보기에 바다는 우윳빛으로 보였다. … 조수 콩세유는 자신의 눈을 믿을 수 없어 이 이상한 현상의 원인에 대해 … 이것은 우유 바다라고 불리는 데 …"

그러나 이러한 이상한 현상에 대한 목격담은 단순히 설화나 육지를 그리워하는 뱃사람들의 환상으로만 여겨져 왔었다.
현대에 들어 과학자들은 우유의 바다 현상이 "sea sparkle"로 알려진 야광충(夜光蟲; Noctiluca scintillans)의 작용임을 밝혀냈다. 이들의 작용으로 바닷물은 반짝반짝 우윳빛으로 빛난다. 단순히 신화만은 아니었던 것이다.

마침내 마지막으로 신과 악마가 갈망하던 영생불사의 영약 암리타 Amrita; 감로/甘露; the exlir of immortality가 바다 위로 떠올랐다.

천신들과 아수라들은 신들의 의사 단반타리Dhanvantari가 암리타가 든 호리병를 들고 바다에서 나타나자 크게 기뻐하며 어찌할 바를 몰랐다.

 **신들의 의사 단반타리(Dhanvantari)**

힌두 창세신화에서 그는 영생불사의 영약 암리타(Amrita)가 든 호리병을 들고 나온다.

베다와 푸라나에서 그는 신들의 의사(the physician of the gods)이다. 그는 또한 의학서 아유르베다(Ayurveda)의 신으로서 아유르 베다 의학세계의 창시자라 한다. 그는 많은 약초치료와 자연요법을 완성하였다고 한다.

아유르베다(Ayurveda)란 고대 인도의 힌두교 경전 〈베다(Veda)〉에 의해 전승된 전통의학으로, 산스크리트로, 아유(Ayu)는 '삶(life)' 또는 '일상생활, 베다(Veda)는 '앎, 지식(knowledge)'이란 뜻을 지니고 있다. 보통 삶의 지식(the science of life)'으로 번역된다.

티베트 탕카(thangka)에서는 단반타리가 암리타(Amrita), 아유르베다 경전, 약초가 들어 있는 막자사발(mortar; grinding bowl)을 들고 있다. 다른 손은 두려움과 근심을 없애 준다는 뜻으로 시무외인(施無畏印; Abhaya Mudra)을 하고 있다.

그러나 데바들과 아수라들의 기쁨도 잠시, 그들 사이에서는 다시 싸움이 일어났다.

그들은 암리타를 공평하게 나누어 마시자는 애초의 약속을 망각한 채, 서로 암리타를 차지하기 위해 체면이고 위신이고 내팽개친 채 이 전투구를 벌이기 시작하였다.

 **영생불사의 영약 암리타(Amrita)**

힌두 창세신화에서 하이라이트로 등장하는 암리타(Amrita)는 마시는 자는 영생불사하게 되는 영약이다. 암리타는 리그베다(Rigveda)에 처음 등장하며 소마(soma)라고도 한다.

산스크리트(Sanskrit; 범어/梵語) 'Amrit' 또는 'Amrita'의 문자 그대로의 의미는 '불멸, 불사(immortality; amrita: a-「without; not」+mrta「death」' 이다. 어원적으로도 그리스 신화에서 신들이 마시는 영생불사의 신주(神酒) 암브로시아(ambrosia)와 어원과 뜻이 같다. 같은 인도유럽어족이라는 테두리에서 보면 그 이유를 쉽게 이해할 수 있다.

영어로는 보통 the exlir of immortality, the nectar of immortality, the nectar of the gods 등으로 번역된다.

영약 암리타는 단맛이 난다고 한다. 그래서인지 인도에는 암리타라는 이름을 가진 인도 여성들이 많다. 한자로도 감로(甘露; 단 이슬)로 번역한다.

요가철학에서 암리타는 깊은 명상의 상태에 들어가 있을 때 뇌하수체 분비선에서 목구멍으로 흘러나오는 액체인데, 그 한 방울만으로도 죽음을 물리치고 영생불사를 얻을 수 있다고 한다.

힌두교 경전에 나오는 암리타는 자이나교, 불교, 시크교에도 유입되어 사용되고 있다. 불교에서는 감로(甘露; 단 이슬)가 도리천에서 내리는 단 빗물로서, 사람의 고통을 치료하고 장생할 수 있는 힘을 가지는 것으로 해석되었다. 또한 부처님의 가르침을 영원의 생명을 가진 감미로운 불사(不死)의 약이라 하여 불교가 중생을 구제하는 데 다시없는 교법(敎法)임을 나타낸다. 또는 부처님의 가르침에 의한 깨달음의 경지를 나타내기도 한다.

시크교(Sikhism)에서 암리타는 Amrit Sanskar(암리트 상카라; 물에 의한 정화의식; 세례)에 사용되는 신성한 물이다. 이러한 정화의식은 기독교에도 유입되어 예수의 스승이었던 세례자 요한이 요단강에서 세례를 주기 시작하였다.
≪법화경과 신약성서, 성서의 뿌리 참조≫

동맹과 평화는 깨지고 대지는 다시 황폐해져갔다.

천 년간이나 힘들여 일한 끝에 학수고대하던 암리타를 얻어내기는 하였으나, 많은 신들과 악마들이 영생불사의 영약 암리타를 한 모금도 마시지도 못한 채 죽어갔다.

암리타는 아수라들의 손에 들어갔다. 신들보다 힘이 강한 아수라들이 신들을 물리치고 불사의 암리타를 차지하고 말았다.
(바가바타 푸라나/Bhagavata Purana에서는 암리타가 든 호리병을 아수라들이 낚아채 갔다고 말하고 있다.)

이제 아수라들이 그것을 마시고 영생하게 된다면 앞으로 삼계는 악의 지배하에 들어가 암흑으로 뒤덮이게 되리라는 것은 불 보듯 뻔한 일이었다.

이에 놀란 천신들Devas; demigods은 비시누 신에게 달려가 도움을 청하였다. 그들은 비슈누 신에게 암리타를 되찾아오게 도와달라고 간청하였다.

◀ 천신들이 주 비슈누 신
(누워 계신 분)에게 도움을
청하고 있다.
천신들의 합장한 모습이 간곡해
보인다.

## 비슈누 신이 미인계를 써서 암리타를 되찾아오다

아수라들을 뒤쫓아 간 비슈누 신은 한 가지 묘안을 짜냈다. 그는 사나운 아수라들일수록 여색에 약한 것을 알고 있었다.

아수라들은 암리타를 차지한 것에 기뻐하며 떠들썩하게 축하잔치를 벌이고 있었다. 그들은 축하잔치가 절정에 이를 때 암리타를 나누어 마실 생각이었다. 그들은 마음껏 먹고 마시며 자축하고 있었다.

바로 이때, 비슈누 신은 절세의 미모를 지닌 매혹적인 여인 모히니 Mohini의 모습으로 변신하여 그들 앞에 나타났다.

모히니는 이루 말로 형언할 수 없을 정도의 농염하고 애교스러운 춤을 추어 술에 취한 아수라들의 마음을 뒤흔들어 현혹시켰다. 요염과 교태로 아수라들이 넋을 잃게 하였다.

◀ 스리마드 바가바탐 (Srimad Bhagavatam)에는 압사라(apsara; 천상의 무희)로 변신한 모히니의 아름다운 자태에 대한 상세한 묘사가 나온다.

아수라들은 이제 모히니가 반라의 모습으로 춤의 절정에 이르자, 더 이상 욕정을 참을 수 없어 이 아름다운 가짜 압사라를 서로 먼저 차지하려 덤벼들었다.

끓어오르는 욕정에 이성을 잃어버린 그들은 서로 밀치고 한데 뒤엉켜 치고받으며 싸우기 시작하였다.

그들의 머릿속은 그녀를 차지하여 즐기려는 욕정으로 가득 차 암리타가 든 호리병의 존재에 대해서는 까마득하게 잊고 있었다.

이 몹시 혼란스러운 기회를 틈타 모히니로 변신한 비슈누 신은 암리타가 든 호리병을 되찾는데 성공한다. 비슈누 신은 암리타가 든 호리병을 들고 유유히 난장판을 빠져 나왔다. 아수라들이 암리타를 단 한 방울도 마시기 전이었다.

주 비슈누 신은 암리타를 되찾아 가루다 등에 올라앉아 신들의 거처 인드라로카Indraloka: 인드라 신과 천신들이 거주하는 곳로 날아왔다.

◀ 모히니가 나체로 요염하고 교태스러운 춤을 추어 아수라들을 유혹하고 있다.

함께 춤추는 아수라들의 성기가 모두 발기하여 그녀를 향하고 있는 모습이 보는 이들로 하여금 웃음을 자아내게 한다.

OM
SHRI VISHNU
NAMAH

　주 비슈누 신이 도착하자, 샹카Shanka: 소라고둥; conch shell 소리가 울려 퍼지는 가운데, 신들의 왕 인드라와 천신들 모두가 일제히 비슈누 신을 환영하여 맞이하였다.

　신들의 왕 인드라와 천신들 모두가 두 손을 모아 합장하고 주 비슈누 신에게 예배하고 찬송하였다.

　이윽고 주 비슈누 신은 예배를 다 받으시고 자리에서 일어나 자신이 되찾아 온 암리타를 신들에게 모두 나누어 주었다.

　《신묘장구대다라니》에도 이 부분이 나오는데,

18  『사라사라 시리시리 소로소로
　　Sara sara    Siri siri suru』

　　감로를 흘려보내 주소서!
　　광명이 모든 곳에 이르게 하소서!』로 표현되어 있다.

　천신들은 모두가 원하는 만큼 고루 나누어 마셨다.
　이제 신들은 다시금 잃어버렸던 영생불사의 능력을 완전히 회복하게 된 것이다. 비로소 신다운 신이 된 것이다.

그런데 아수라들 모두가 다 이 미인계에 넘어간 것은 아니었다. 아수라들 중의 한 명인 라후 케투Rahu Ketu는 모히니가 사실은 비슈누 신이라는 것을 눈치 챘으며 그녀의 농염한 춤은 단지 암리타를 빼앗기 위해 혼을 빼려는 술책임을 간파하였다.

라후 케투는 자신도 이 감로甘露; armrita/암리타; the nectar of immortality를 마시려고 데바Deva; 천신/天神의 모습으로 변신하여, 신들 사이에 위장해 숨어들어왔다.

그리하여 그도 암리타를 받아 마셨다. 이제 라후 케투도 영원한 불사의 존재가 된 것이다.

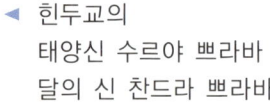
◀ 힌두교의
태양신 수르야 쁘라바
달의 신 찬드라 쁘라바

불교에 수용되어
일광보살(日天),
월광보살(月天)이 되었다.

이때였다. 총명한 태양신 수르야Surya-prabha; 불교에 일광보살로 수용됨와 달의 신 찬드라Chandra-prabha; 불교의 월광보살가 이것을 알아채고, 재빨리 비슈누 신에게 이 사실을 알려주었다.

비슈누 신은 즉시 그의 무시무시한 원반형 칼날 무기 차크라Sudarshana Chakra/수다르샤나 차크라; 고대의 회전톱날 모양의 대량살상용 무기≪신묘장구대다라니에 나오는 24 자가라 욕다야/Cakra-yudhaya≫를 던져 단번에 라후 케투의 목을 잘라버렸다.

그러나 암리타가 이미 라후 케투Rahu Ketu의 목구멍으로 넘어갔기 때문에 라후 케투의 머리와 몸은 두 동강이 났지만 영원한 불사의 존재로 살아남게 되었다.

##  신묘장구대다라니에 나오는 "자가라"가 법륜(法輪)이라고?

> 24 「자가라 욕다야 사바하」
> 『짜끄라 유드하야야 쓰와-하-』
> Cakra-yudhaya svaha
>
> 《회전칼날 무기를 드신 비슈누 신께 경배하옵니다!》

· 짜끄라 유드하아야; Cakra-yudhaya: 회전칼날을 드신 비슈누 신에게
　　　　　　　　　　 (cakra 원반형 무기 + yudha 갖추다 + ya ~에게)
◆ 짜끄라(Cakra), 또는 차크라(Chakra)는 수레바퀴(wheel)나 원반(discus) 순환(cycle) 등 회전하거나 순환하는 것은 모두 차크라이다.

비슈누 신이 위쪽 오른 손에 들고 있는 (Sudarshana) Chakra/수다르샤나 차크라는 비슈누신의 무기 중 하나로, 원반형의 날카로운 회전칼날이다. 이것은 원형 톱과 같은 무시무시한 대량살상용 무기로, 적에게 던져서 적의 목이나 몸통을 동강내고 다시 주인의 손으로 돌아오는 '죽음의 원반창'이다. 비슈누 신의 8번째 화신인 크리슈나에게도 이 무기가 주어진다. 이 원반형 회전칼날은 108개의 예리한 칼날이 톱니모양으로 배열되어 있다.

이 힌두교의 잔인하고 무시무시한 대량살상용 무기를 대자대비하신 부처님의 전법을 상징하는 법륜(法輪)으로 오역하여 사용하는 것은 부처님의 가르침을 오도하고 폄훼하는 실로 심각한 문제가 아닐 수 없다.
부처님께서는 폭력에도 비폭력을 가르치신다. 그러나 힌두교에서는 폭력에는 폭력으로 응징한다. 어찌 불교가 외도 힌두교와 같을 수 있겠는가?
이러한 사실에도 불구하고, 불전에서 "자가라 욕다야 사바하" 하며 끔찍한 살상무기를 독송하고 있는 현 실태에는 실로 할 말을 잃을 지경이다.

이때부터 라후 케투Rahu Ketu의 잘려나간 머리는 라후Rahu, 그의 몸통은 케투Ketu라 각각 불리게 되었다.

▲ 해를 삼키는 라후

라후는 이때의 원한이 깊어 해와 달을 결코 용서할 수 없었다.

그 이래로 라후는 해와 달을 삼켜 버리려고 계속 쫓아다니며 끊임없이 괴롭힌다. 그가 해를 삼켰을 때는 너무 뜨거워서 곧 뱉어 버리고, 달을 삼켰을 때는 너무 차가워서 곧 뱉어 버렸다. 그러면서도 그는 포기하지 않았다.

오늘날까지도 라후는 태양과 달을 삼켰다가는 다시 뱉어내기를 반복하는데, 그가 태양과 달을 삼켰을 때가 곧 일식과 월식이라고 힌두 창조신화는 전하고 있다.

그 후 라후와 케투는 달의 교점交點; lunar node; 달의 궤도가 태양의 궤도인 황도와 교차하는 점을 가리키는 천문용어로 쓰이게 되었다.

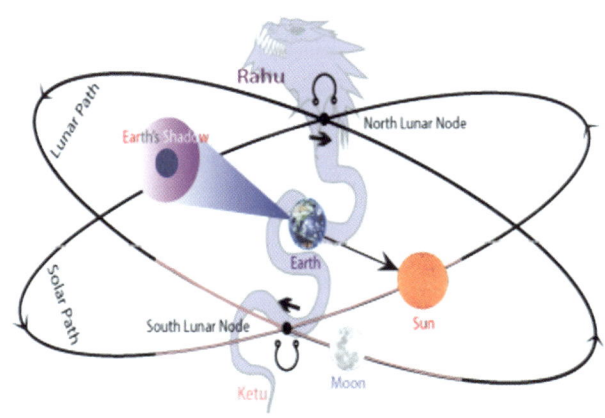
▲ 승교점·강교점 (ascending node · descending node)

## 신들이 다시 불사의 존재가 되어 악을 물리치다

결국 이렇게 아수라들은 암리타를 마시지 못하고 신들만 마시게 되었다.

뒤늦게 술잔치에서 깨어난 아수라들은 그제야 암리타를 빼앗겼다는 것을 알게 되었다. 그러나 악마들이 이 사실을 알아차렸을 때는 이미 신들 모두가 불사의 암리타를 마신 후였다.

신과 아수라는 다시 적이 되었다. 분노한 아수라들은 더없이 맹렬하게 데바들에게 대공세를 퍼부었다. 그러나 아무리 힘이 강하고 용맹한 아수라들일지라도 불멸의 존재가 된 신들을 꺾을 수는 없었다.

암리타를 마셔 영원 불사의 생명을 얻은 신들은 원기를 회복하고 용기백배하여 칼을 높이 들었다. 신들의 왕 인드라Indra; 천둥·번개의 신; 불교에는 제석천/帝釋天으로 수용됨가 이끄는 군대는 악마들을 가차 없이 살육해 나아갔다.

◀ **신들의 최후의 전쟁**

천신들의 왕 인드라는 코끼리를 타고 벼락을 치는 금강저를 무기로 들고, 사자를 타고 도깨비 방망이 무기 라쿠타를 든 아수라들의 왕 발리를 쳐부수고 있다.

신묘장구대다라니의 ⑩ 「미연제 마하미연제; vijayantae maha-vijayantae; 승리자시여, 위대한 승리자시여!」는 바로 인드라 신을 가리킨다.

아수라들은 신들의 칼날에 베이고, 라쿠타lakuta; 전곤/戰棍; mace; 끝에 못 같은 게 박힌 곤봉 모양의 옛날 무기≪신묘장구대다라니에 나오는 26 마하라 구타다라야/Maha-lakuta-dharaya≫에 뼈가 으스러져 죽어갔다.

신묘장구대다라니에 나오는
"마하라 구타다라야"는 끔찍한 살상용 무기

24 「마하라 구타다라야 사바하」
『마하- 라꾸따- 드하라야 쓰와-하-』
Maha-lakuta-dharaya svaha

《큰 곤봉을 지닌 비슈누 신께 경배하옵니다》

· 마하-라꾸따- 드하라야; maha-lakuta-dharaya: 큰 곤봉을 가지신 분에게
(maha 큰 + lakuta 곤봉(mace), 신장(神杖)
+ dhara 지니다 + ya ∼에게)
◆ 비슈누 신이 아래쪽 오른 손에 들고 있는 전투용 곤봉은 라쿠타(lakuta; mace 또는 gada/가다; club or Indian mace)라 한다. 마하바라타에서는 Kaumodika/카우모디카라고도 한다. 이것은 끝에 못 같은 게 박힌 곤봉 모양의 옛날 무기이다.

산스크리트 원음은 분명 "마하 라꾸따 드하라야"이다. 이것이 현행 천수다라니, 즉 신묘장구대다라니에서는 그 의미 파악은 말할 것도 없고 띄어쓰기조차 완전히 잘못되어 "마하라 구타다라야"로 독송되고 있다. '아버지 가방에 들어가신다'가 무색하다.

이 힌두교의 끔찍한 살상용 무기는 부처님과는 하등의 관계도 없다. 대체 우리의 대자대비하신 부처님께서 언제 뼈를 부숴 죽이는 살상무기를 들고 중생들을 때려잡아가며 제도하신 적이 있다는 말인가?

이러한 사실에도 불구하고, 불전에서 "마하라 구타다라야 사바하" 하며 독송하고 있는 현 실태에는 실로 부처님 뵙기가 민망하기 그지없다.

아수라들의 왕 발리는 사자를 타고 도깨비 방망이 같은 모양의 무기 라쿠타lakuta; Kaumodaki/카우모다키를 들고 천신들의 왕 인드라에게 공격해왔다.

결정적인 순간에 천신들의 왕 인드라는 코끼리 아이라바타Airavata를 타고 하늘로 치솟아 금강저로 번개를 모아 아수라 왕의 머리 위로 벼락을 내리쳐 죽였다.

지상에서의 전투는 더 참혹하였다. 신들과 아수라 전사들은 서로 휘두르는 라쿠타에 맞아 두개골이 부서지거나 어깨뼈가 으스러져 죽어갔다. 둔중鈍重한 라쿠타가 적을 가격할 때마다 뼈가 부서지며 절명하는 외마디 소리가 뒤따랐다.

▲ 두 전사가 라쿠타를 휘두르며 격돌하고 있다.

아수라들은 신들을 도와 전쟁에 나선 비슈누 신의 차크라Chakra/차크
라; 회전톱날 모양의 대량살상용 무기≪신묘장구대다라니에 나오는 24 자가라 욕다야/Cakra-
yudhaya≫에 목이 잘려 나가고 몸통이 잘려 나가고 팔 다리가 잘려나가
수없이 죽어갔다.

 죽은 아수라들의 시체가 전장에 너부러져 뒹굴고 시체가 산을 이
루고 그들이 흘린 피는 냇물을 이루었다. 바로 이 피비린내 나는 처
참한 광경에서 '아수라장阿修羅場'이란 말이 유래하게 되었다.

 결국 천신들이 아수라 군단과의 치열한 싸움에서 승리하였다. 신
들은 아수라들을 지하세계로 몰아냈다.

▲ 죽음의 원반창 차크라를 날려 아수라들의 목을 베는 비슈누 신

제1부 이것이 바로신묘장구대다라니의 출발지, 힌두 창조신화 | 81

우주는 다시 질서를 회복하고 태양도 다시 빛을 내기 시작하였다. 삼계는 다시 환희로 넘쳐나고, 정의와 평화를 되찾아 준 신들에 대한 찬양과 신심으로 가득 차게 되었다.

이렇게 해서 우주는 다시 평화시대를 맞이하게 되었다.

여기서 우리는 신들과 아수라들 간의 우주대전쟁이 끝난 후의 이야기가 궁금하지 않을 수 없다.

힌두교 대서사시 《마하바라타Mahabharta 1·15 ~ 17; '위대한 바라타 왕조의 이야기; the Great Tale of the Bharata Dynasty'라는 뜻》는 그 뒷이야기를 다음과 같이 들려주고 있다.

◀ 마하바라타를 저술하고 있는
저자 브야샤(Vyasa)
BCE 5세기 경

그 후 악마들을 물리친 신들은 만다라 산을 제자리에 되돌려 놓았다. 그리고 나서 신들은 메루 산 북쪽에 있는 신들의 처소 인드라로카Indraloka; 인드라 신과 천신들이 거주하는 곳로 돌아가 거주하게 된다.

그들은 영생불사의 영약 암리타Amrita를 안전한 저장고에 숨겨놓고 날카로운 칼날이 달려있는 수레바퀴가 멈추지 않고 그 주위를 돌게 하였다. 그것은 암리타를 훔치려하는 자는 손이 잘리거나 몸이 베이도록 만든 정교한 기계장치였다.

칼날이 솟아있는 수레바퀴 뒤에서는 두 마리의 거대한 뱀이 눈도 깜빡이지 않고 암리타를 지키고 있었다. 그들의 눈은 격렬한 불로 이글거리고 있었는데, 이 뱀들의 눈길이 한번 닿기만 하면 누구나 즉시 불타올라 재가 되었다.

이후로는 신들 이외의 어떠한 창조물도 더 이상 불멸의 존재가 될 수 없었다. 그리하여 신들은 다른 유한한 창조물들과 구별되는 위대한 불멸의 존재로서, 다른 유한한 생명체들을 지배하면서 그들로부터 숭배와 찬양을 받게 된 것이다.

힌두 창세신화는 이렇게 막을 내린다.

# ॐशान्तिशान्तिशान्ति

옴 샨티, 샨티, 샨티!
Aum Shanti, Shanti, Shanti!

# 제 2 부

# 힌두교 창세신화가 동남아시아에 있는 이유는?

# 3장

# 동남아시아의 문화적 기반은 힌두교이다

 **동남아시아 문화의 모태 힌두교**

힌두교는 인도 대륙을 넘어 네팔, 스리랑카, 말레이시아, 싱가포르, 미얀마, 캄보디아, 라오스, 촐라Chola왕조의 태국, 참파Champa왕조의 베트남, 인도네시아 발리, 몰디브, 필리핀 등 동남아시아 많은 나라에까지 널리 전파되어 종교, 사회, 문화 등에 큰 영향을 주었다.

근세에 들어서는 남태평양의 피지Fiji, 남아메리카 대륙 동북부의 가이아나Guyana, 수리남Suriname, 아프리카 동쪽 인도양 남서부에 있는 섬나라 모리셔스Mauritius 등의 국가에도 큰 영향을 주었다.

다음에 나오는 힌두교 전파도《pp 88~89 힌두교 전파도 참조》에서 한 눈에 볼 수 있듯이 동남아시아는 거의 다 힌두교의 영향권이다.

힌두교가 이들 동남아시아 각국에 유입되면서 다양한 힌두 신화들이 중요한 문학적, 예술적 소재가 되었는데, 특히 사원의 부조, 조각,

회화, 또는 무용 등으로 나타나 있다.

이것이 바로 인도의 힌두교 신화를 소재로 한 수많은 문화유산들을 오늘날 캄보디아, 라오스 등은 물론 대표적 불교국가인 태국, 스리랑카 등지에서도 쉽게 볼 수 있는 이유이다.

또한 힌두 신화의 등장인물들의 이름이 각국 현지의 언어로 표현하기 쉽게 적용되는 등 토착화한 양상도 보여주고 있다. 예를 들어, 힌두 창세신화에 나오는 인드라 신의 코끼리 아이라바타Airavata; Eravana/에라바나 Pali가 태국에서는 에라완Erawan으로, Ramayana라마야나는 Ramakien라마끼엔으로 발음이 현지화 되어 있다.

동남아시아 각국에 있는 힌두교 사원 벽면에는 힌두교의 양대 서사시 《라마야나》, 《마하바라타》, 그리고 《푸라나》에 나오는 힌두 신화의 부조들이 새겨져있다.

흥미진진하고 박진감 있게 전개되는 《라마야나》와 《마하바라타》는 힌두사상을 여실히 보여주며, 그리스 호머의 대서사시 《일리어드》와 《오딧세이》를 능가하는 방대한 고전문학의 걸작으로 평가되고 있다.

많은 힌두 신화들 중에서 무엇보다도 가장 잘 알려져 있는 것은 단연 힌두 창조신화 《사무드라 만탄Samudra Manthan; Ksiroda; 우유의 바다 휘젓기; 유해교반/乳海攪拌》일 것이다.

앙코르 와트Angkor Wat, 앙코르톰Angkor Thom, 프레아 칸Preah Khan 등 주요 사원의 '우유의 바다 휘젓기' 부조, 그리고 태국 수바르나부미Suvarnabhumi; Suwannaphum/수완나품 국제공항 입구에 설치된 '우유의 바다 휘젓기' 상은 특히 유명하다.

### 지도보기

- ● 중요 힌두성지
- ■ 인도대륙 권역에 있는 힌두교 중심부
- ■ 힌두교 영향권
- → 힌두교의 전파 경로

▲ 힌두교 전파도

도표에서 한 눈에 보이듯이 동남아시아는 거의 다 힌두교의 영향권이다.

제2부 힌두교 창세신화가 동남아시아에 있는 이유는? | 89

# 캄보디아 앙코르와트의 부조에 묘사된 힌두 창조신화

캄보디아에는 앙코르와트Angkor Wat를 중심으로 250여개의 힌두교 사원들이 군집해있다. 각 사원의 배치, 건축물, 사원 벽의 부조, 사원 장식물 등 어느 하나 힌두교 창세신화를 소재로 하지 않은 것을 찾아 보기 힘들 정도이다.

우리는 여기서 수많은 힌두교 사원들 중에서 대표적인 사원들에 묘사되어 있는 힌두 창세신화를 보기로 하자.

우리는 캄보디아 수도 프놈펜Phnom Penh에서 북서쪽으로 320km 떨어져 있는 시엠 립Siem Reap: 씨엠 레아프으로 간다. 앙코르와트 유적지는 씨엠 립에서 북쪽으로 약 6km 지점에 위치해있다. 차량으로 약 10분 정도 걸린다.

앙코르 와트Angkor Wat는 크메르어Khmer;캄보디아의 주류민족인 크메르족의 언어
로 '왕도의 사원Capital Temple; Angkor 「왕도/王都; Capital」 + wat 「사원; temple」'
이란 뜻이다.

오늘날 캄보디아를 방문하는 관광객들이 가장 많이 찾아가는 곳은
당연히 바로 이 앙코르와트이다.

◆ Siem Reap and The Angkor Temples

앙코르와트 사원 -
시엠립 앙코르왓 북쪽 1.7km 앙코르톰(바이욘, 바푸온 Baphuon), 따프롬(Ta Prohm)
　　　　-앙코르톰 북쪽 1.5km 프레야 칸(Preah Khan-우유바다)
앙코르톰에서 북동쪽으로 20km 반띠아이쓰레이(Banteay Srei)
시엠립 동쪽 18km 롤루오스유적군(Roluos 바콩, 롤레이, 쁘레아꼬)
　　　　따프롬 동쪽 15km의 반띠아이 쌈레(Batareay Samre)

앙코르와트는 그 건물배치 자체가 힌두 창세신화 《사무드라 만탄
Samudra Manthan; 우유의 바다 휘젓기; the Churning of the Ocean of Milk; 유해교반/乳海攪拌》
을 묘사하도록 설계되었다.

이 건물의 배치를 살펴보기로 하자.
우선, 사원 주위를 감싸고 있는 해자垓子; moat; 적의 침입을 막기 위해 성이나
사원 주위에 둘러 판 못는 우유의 바다를 상징한다.

◀ 사원 양쪽으로 해자를 건너는
다리는 뱀의 밧줄을 상징한다.

 **캄보디아의 상징 앙코르와트**

  오늘날 캄보디아 왕국(the Kingdom of Cambodia)의 원류가 된 크메르 제
국은 대대로 힌두교를 신봉하였으며, 따라서 앙코르와트 역시 철저히 힌두교
창세신화를 바탕으로 하여 건설되었다.
  앙코르와트는 12세기 초 앙코르 왕조의 전성기를 이룬 수리야바르만 2세
(King Suryavarman II)가 비슈누 신에게 봉헌하기 위해 건설한 것이다. 당시
신에 비유할 만큼 강력한 왕권을 가졌던 왕이 즉위하면서 시작하여 26만 명
의 인원과 4만 마리의 코끼리를 동원해 37년에 걸쳐 완성한 대역사였다. 그
리하여 오늘날 세계 7대 불가사의 중의 하나로 불리고 있다
  앙코르와트는 세계에서 가장 크고 아름다운 종교 건축물로서, 옛 크메르 제
국의 국력과 수준 높은 건축 기술이 잘 드러나 있다.
  앙코르와트에 대한 캄보디아인들의 자긍심은 그들의
국기에 앙코르와트를 캄보디아의 상징으로 그려 넣은
것만 보아도 알 수 있다.     캄보디아 국기 ▶

끝이 잘린 원기둥 모양의 서쪽 고푸라gopura; 사원탑문; entrance pavilion은 우유의 바다를 휘젓기 위한 중심축인 만다라 산을 상징한다.

서쪽 탑문gopura 옆 중앙의 5개의 탑 중 가장 높은 탑은 우주 중심인 메루 산Parvat Meru; 고대 인도의 우주관에서 세계의 중심에 있다는 상상의 산; 불교에 도입되어서는 수미산/須彌山을 상징한다.

주위에 있는 4개의 탑은 4천왕이 거주하는 사왕천四王天을 상징한다.

다리 난간은 뱀의 몸통을 나타낸 것이다. 해자를 건너는 250m의 사암으로 된 다리를 따라 연결되어 있는 긴 난간은 밧줄처럼 보이는데, 이것은 뱀의 왕 나가라자/nagaraja 바수키의 긴 몸을 조형적으로 나타내고 있는 것이다.

실제로 서문 입구의 다리 난간 위에는 7개의 머리를 가진 거대한 뱀 나가의 머리석상이 세워져있다.

앞의 1장에서도 언급하였듯이, 데바들Devas: 선신들과 아수라들Asuras: 악마들은 우유의 바다를 휘젓기 위해 거대한 뱀 바수키를 밧줄로 활용한다. 즉 뱀 바수키로 하여금 만다라 산을 휘감게 한 후, 그의 긴 몸통을 밧줄 삼아 양쪽에서 번갈아 잡아당겨 만다라 산을 회전시켜 우유의 바다를 휘젓는다.

데바들과 아수라들이 뱀의 긴 몸통을 밧줄삼아 잡아당기는 형상을 절묘하게 표현한 다리 난간이 두 곳에 있다. 바로 앙코르 톰 남쪽 탑문Gopura; South Gate of Angkor Thom과 프레아 칸Preah Khan 사원의 나가 다리Naga Bridge이다.

▲ 앙코르톰 남문 둑길의 한 가운데 솟아 있는 탑문은 만다라 산을 묘사한 것이며, 왼쪽에서는 데바들이, 오른쪽에서는 아수라들이 뱀의 긴 몸통을 밧줄 삼아 당기고 있다. 맨 앞 큰 석상은 머리가 7개인 뱀의 왕 바수키의 머리를 묘사한 것이다.

앙코르 톰Angkor Thom; 위대한 도시; the Great City라는 뜻에서 북쪽으로 1.5km 떨어져 있는 프레야 칸Preah Khan; 왕의 검/Royal Sword 또는 신성한 검/holy sword라는 뜻 사원은 《사무드라 만탄Samudra Manthan; 우유의 바다 휘젓기; the Churning of the Ocean of Milk; 유해교반/乳海攪拌》을 묘사한 부조로 특히 유명하다.

또한 프레아 칸Preah Khan 사원의 나가 다리Naga Bridge 난간에는 데바들과 아수라들이 뱀의 긴 몸통을 밧줄삼아 잡아당기는 형상이 절묘하고 생동감 있게 표현되어 있다. 그러나 안타깝게도 많은 손상을 입은 상태이다.

▲ 뱀을 잡고 당기는 데바들의 손과 팔, 발이 생동감이 넘친다.

▲ 뱀을 꽉 잡은 팔과 손, 그리고 뱀 몸통의 비늘무늬까지 생동적이다.

힌두 창세신화 《사무드라 만탄Samudra Manthan; 우유의 바다 휘젓기; the Churning of the Ocean of Milk; 유해교반/乳海攪拌》에 대한 가장 유명한 묘사는 물론 앙코르와트에 있지만 프레아 칸Preah Khan, 따 프롬Ta Prohm, 반티아이 크마르Banteay Chhmar, 프레아 비헤아르Preah Vihear, 반티아이 쌈레 Banteay Samre 등의 사원에서도 볼 수 있다.

흔히 말하는 앙코르와트는 앙코르와트 사원 하나가 아닌 여러 개의 유적군으로 구성되어 있으며, 앙코르와트 인근의 250여개 유적지 사원들을 포함하고 있다.

그 중 하나가 유명한 따 프롬Ta Prohm; ancestor Brahma; '조상 브라흐마 신(에게 헌정하는 사원)' 라는 뜻 사원이다. 이 사원은 앙코르 톰에서 동쪽으로 1km 떨어져 있는데, 이 사원에도 '우유의 바다 휘젓기' 부조 2개가 있다.

태양이 따 프롬 사원 위를 지나갈 때, 빛의 방향이 바뀜에 따라 주로 사암과 라테라이트laterite 홍토/紅土로 지어진 사원 벽면의 부조가 다양한 색채로 변하는 느낌도 인상적이다.

 **앙코르와트 사원 건물에 많이 쓰인 라테라이트(laterite 홍토/紅土)**

앙코르와트의 신전이나 탑은 주로 붉은 색을 띠는 라테라이트 벽돌로 되어 있다. 라테라이트(laterite; later-「굳어진 벽돌제조용 흙」 + -ite「광물」)는 붉은 색을 띠고 있어 홍토석(紅土石; plinthite/플린사이트)이라고도 한다.
열대기후지역에서는 고온다습한 환경으로 인하여 빗물에 의해 염기성 물질은 하층으로 이동하고 토양 상층부에는 알루미늄과 철이 주로 집적된다.
이러한 토양은 수분이 있는 땅 속에서는 부드럽지만 공기와 접촉하면 철성분이 산화하면서 붉은 색을 띠고 시멘트처럼 매우 단단하게 굳어져 건축재료가 된다. 이를 라테라이트라고 하는데, 벽돌모양의 잘라 채취하여 가옥과 신전 등의 건축자재(벽돌)로 사용되었다.

### 수많은 방문객들이 따 프롬 사원을 찾는 또 하나의 이유는?

　따 프롬(Ta Prohm) 사원은 오늘날 앙코르 지역에서 해마다 수백만 명이 방문하는 명소로 급부상하였다. 영화 〈툼 레이더(TOMB RAIDER)〉의 촬영지가 바로 따 프롬 사원과 바이욘(Bayon) 사원이기 때문이다.

▲ 영화 〈툼 레이더(TOMB RAIDER), 2001년 작품〉에서의 한 장면.
　여전사 라라 크로프트(Lara Croft; 안젤리나 졸리/Angelina Jolie 역)가 으스스한 기운을 내뿜는 폐허가 된 유적 안으로 들어서고 있다.

▲ 영화 〈툼 레이더(Tomb Raider)〉의 한 장면의 촬영장소
　많은 방문객들이 영화 〈툼 레이더〉에서 안젤리나 졸리가 연기한 이 기괴한 모양의 스펑(spung) 나무 밑에서 사진을 찍는다.

앙코르와트는 힌두교 건축양식을 대표하는 사원으로, 힌두 신화가 살아 숨 쉬는 힌두교 예술의 정수로 일컬어진다.

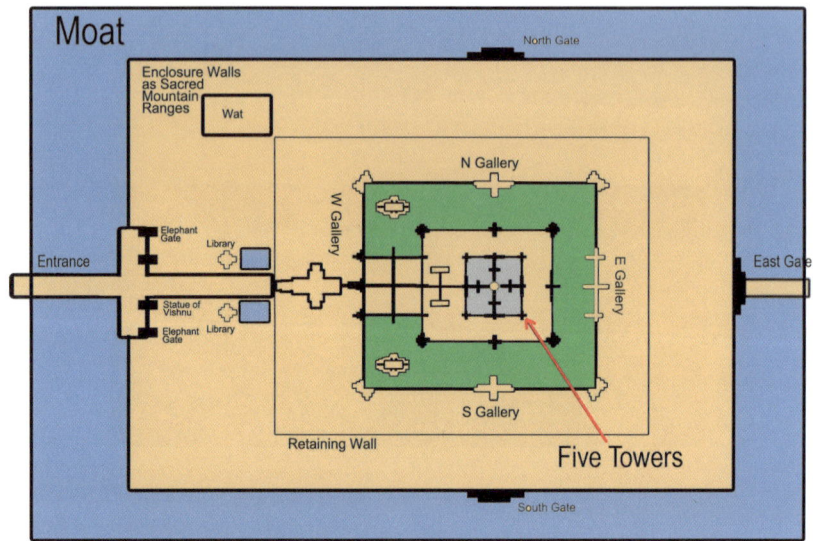

▲ 앙코르 와트의 건물 배치도

###  앙코르와트 사원은 정문이 서쪽을 향하고 있는 까닭은?

캄보디아 최대의 힌두교 사원 앙코르와트는 특이하게도 정문이 서쪽을 향하고 있다. 이것은 해가 지는 서쪽에 사후 세계가 있다는 고대인들의 관념에 따라 영혼이 출입하는 문을 서쪽으로 배치한 것이다.

당시 크메르족은 왕, 왕족이 죽으면 그가 신봉하던 신과 합일(合一; 하나가 됨)한다는 신왕(神王; devaraja) 사상을 가지고 있었다.

앙코르 왕조 최고의 전성기를 이룬 수리야바르만 2세(King Suryavarman II)는 자기가 죽어서 비슈누 신과 하나가 될 자신의 사후세계를 위한 피라미드 사원 앙코르 와트를 건설한 것이다.

앙코르와트 회랑의 부조는 총연장만 600m에 달하는 장엄한 것이다. 4방향으로 각각 동서 187m, 남북 215m으로 총 804m의 부조가 둘러져 있다.

앙코르와트 동쪽 회랑에는 힌두 창세신화인 《사무드라 만탄Samudra Manthan; 우유의 바다 휘젓기; 유해교반/乳海攪拌》을 부조浮彫; bas-relief로 묘사한 장대한 드라마가 펼쳐져 있다.

여기서 많은 사람들이 걸음을 멈추고 부조가 말해주는 스토리를 읽어 내려가는 모습을 볼 수 있다.

이 일련의 장대한 부조 작품은 그 총 길이가 무려 49m에 이르는데, 단일 주제를 다룬 것으로는 세계 최대의 부조이다. 웅장하면서도 정교하고 생동감 넘치는 이 부조는 바라보는 것만으로도 경탄을 금치 못하게 된다.

그러나 아무리 귀중한 세계문화유산a UNESCO World Heritage site, 1992일지라도, 힌두 창세신화 《사무드라 만탄》, 《라마야나》, 《마하바라타》 등에 대한 배경지식 없이 간다면 앙코르와트 곳곳에 있는 수많은 상징적 석조건축물, 부조, 석상 등은 겉모양만 보고 지나치기 쉽다. 눈앞에 펼쳐지는 장엄하고 의미심장한 창세신화와 고대역사 이야기도 흥미는커녕 오히려 지루하기만한 긴 벽화로 보일 수도 있다.

의미를 아는 사람들이 그 이야기들이 묘사된 부조의 정교한 표현 하나하나에 묘미를 맛보며 감탄을 하며 자리를 떠날 줄 모르는 것과 크게 대조된다. 실로 '아는 만큼 보인다'라는 말의 의미를 절감하게 된다.

그러면 여기서 앙코르와트 동쪽 회랑 남측벽면East Gallery, South Wing의 부조에 묘사되어 있는 힌두 창세신화 《사무드라 만탄Samudra Manthan》을 살펴보기로 하자.

▲ 앙코르 와트 동쪽회랑
힌두 창세신화 《사무드라 만탄》이 장대한 부조로 펼쳐져 있다.

부조 화면의 구성은 힌두 창세신화 《우유의 바다 휘젓기 Samudra Manthan; 유해교반/乳海攪拌》를 지휘하는 비슈누 신에게 초점을 맞추는 중앙 집중의 구도이다.

부조의 중간 부분은 유해교반, 즉 우유의 바다 휘젓기의 핵심장면 묘사이다.

정 중앙에는 비슈누 신이 우유의 바다를 휘젓는 신들과 악마들을 총지휘하고 있는 모습이 생동감 있게 묘사되어 있다. 비슈누 신 바로 뒤로 선이 그어진 부분이 만다라 산인데, 산 밑자락이 거북 쿠르마의 등 위에서 시작하여 맨 위 공중에 떠 있는 인드라 신이 누르고 있는 평평한 원판모양의 덮개처럼 생긴 부분이 산 정상이다.

이곳에 있는 비슈누 신의 얼굴은 바로 이 앙코르 와트를 건설한 왕 수리야바르만 2세의 얼굴을 본 떠 만들었다고 한다.

▲ 앙코르 와트 동쪽회랑에 묘사된 유해교반 부조와 그 도해 ▼

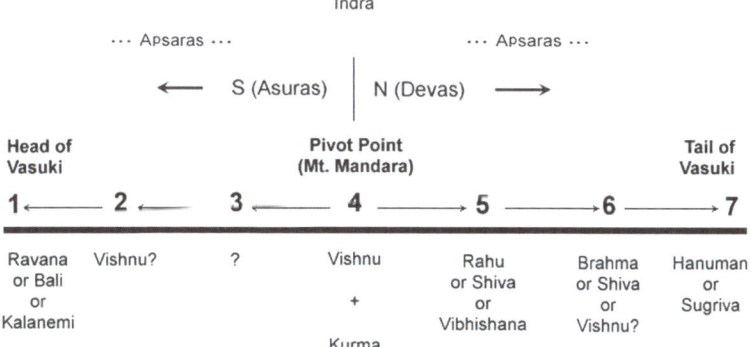

제2부 힌두교 창세신화가 동남아시아에 있는 이유는? | 101

물 밑에서는 거대한 거북 쿠르마가 만다라 산이 가라앉지 않도록 떠받치고 있다. 회전축 만다라 산이 그 무게 때문에 바다로 가라앉으려 하자 비슈누 신이 얼른 거북 쿠르마로 변신해 산을 등위에 올려놓고 지탱하고 dhara/드하라;《신묘장구대다라니에 나오는 11 다라다라 다린나례》있다.

쿠루마는 왕관을 쓰고 있는데 그는 비슈누 신의 두 번째 화신化現; reincarnation; avatar/아바타이다.

▶ 왕관을 쓴 거북
비슈누 신의 2번째 화신 쿠르마
(p101 부조 사진의 부분도)

 신묘장구대다라니에 나오는
"다라다라 다린나례"에서 예찬하는 신은 바로 비슈누 신

11 「다라다라 다린나례 새바라」
『드하라 드하라 드하라니드하레스와-라』
Dhara  dhara   dharanidharesvara

《지탱하소서, 지탱하소서,
대지를 떠받치고 있는 신이시여!》

· 드하라; dhara: 지키다, 지지(支持)하다, 지탱하다
· 드하라니드하레스와-라(dharanidharesvara): 대지를 지탱하는 신, 비슈누
  (dharani 대지(大地) + dhare 지탱하는(supporting + isvara 주(主, lord),왕)
  → 대지를 지탱하는 신, 주 비슈누 신

산스크리트 원음과는 너무나 먼 현행 천수다라니 독송도 문제이지만, 대체 우리 부처님께서 언제 대지를 등으로 떠받치고 계신 적이 있었다는 말인가?

 맨 위 만다라산 꼭대기에는 신들의 왕이자 천둥·벼락의 신인 인드라Indra: 불교에는 제석천/帝釋天으로 수용됨가 날아와 당도한 모습이 보인다.

 그는 회전축 만다라 산이 너무 떠오르거나 옆으로 쓰러지지 않도록 중심을 잡아주는 역할을 하고 있다.

 부조의 윗부분, 인드라 신의 양쪽으로는 우아한 몸매와 애교를 갖춘 천상의 무희 압사라들Apsaras이 다양한 형태로 즐겁게 춤추고 있다.

 이 아름다운 천상의 요정들은 유해교반, 즉 생명의 근원인 우유의 바다를 휘저을 때 바다 위 거품에서 태어났다.

앙코르와트 사원벽면 곳곳에서 볼 수 있는 압사라는 젊고 우아한 천상의 요정으로 음악에 맞추어 춤을 춘다.

▲ 압사라 복장으로 성장(盛粧)한 천상의 무희 압사라
아름답고 기품 있는 자태로 서 있는 반라의 그녀. 너무나 아름다운 자태여서 사람들의 손길에 의해 그녀의 젖가슴에는 손때가 덧입혀져있다.

▲ 부조의 압사라와 오늘날의 압사라

힌두 창세신화에서 기원한 압사라 춤은 원래는 상반신은 나체로 추었다. 크메르족 전통춤인 천상의 무희들의 압사라 춤 (Apsara Dance)은 오늘날에도 그 공연을 쉽게 접할 수 있다.

제2부 힌두교 창세신화가 동남아시아에 있는 이유는? | 105

정 중앙의 비슈누 신을 중심으로, 그 좌우 양편으로는 데바와 아수라들이 머리가 9개 달린 거대한 뱀 바수키Vasuki에게 만다라 산을 휘감게 하고 바수키의 긴 몸통을 밧줄로 삼아 양쪽에서 잡아당겨 우유의 바다를 휘젓고 있다.

왼쪽에서는 92명의 아수라들이 바수키의 머리 쪽을 잡고, 오른 쪽에서는 88명의 신들이 바수키의 꼬리 쪽을 잡고 흡사 줄다리기 하듯 잡아당기고 있다.

왼쪽, 즉 위대한 나가들의 왕nagaraja/나가라자; 뱀들의 왕 바수키의 머리 부분에서는 다른 아수라들보다 거대한 모습으로 표현된 아수라들의 왕 라바나Ravana가 힘차게 밧줄[뱀의 몸통]을 당기고 있다.

오른 쪽 꼬리 부분에서는 원숭이 하누만Hanuman: 인도 대서사시 《라마야나》에 등장하는 원숭이 장군. 아요디아/Ayodhya의 왕 라마를 도와 마왕 라바나/Ravana를 물리치고 라마의 아내 시타/Sita를 구한다. 서유기 손오공의 원형이 됨이 상기된 표정으로 우유의 바다를 휘젓고 있는 데바들을 응원하고 있다. 두 팔을 휘두르는 그의 모습이 생동감을 더하고 있다.

◀ 정 중앙의 비슈누 신을 중심으로, 데바와 아수라들이 거대한 뱀 바수키의 긴 몸통을 밧줄로 삼아 양쪽에서 잡아당겨 우유의 바다를 휘젓고 있다.

▲ 뱀의 왕 바수키의 머리 쪽에서 줄을 당기고 있는 아수라들

큰 투구에 툭 불거진 눈, 무성한 콧수염, 두터운 입술, 각진 턱뼈 등 거세 보이는 아수라 전사들.
이들 아수라들은 당시 크메르 제국과 적대관계에 있었으며 크메르 제국을 침략하여 괴롭혔던 참족(the Chamics; the Champans; 참파족; 오늘날 베트남 남부의 민족)을 상징한다고 한다.

▲ 아수라 얼굴의 상세모습 　　　▲ 데바 얼굴의 상세모습

▲ 뱀의 왕 바수키의 꼬리 쪽에서 줄을 당기고 있는 데바들
원추형의 소박한 모자에 크메르인의 눈과 순한 얼굴을 하고 있다.
이들 데바들은 크메르인들을 상징한다고 한다.

지금까지 우리는 앙코르와트 동쪽 회랑에 있는 힌두 창세신화인 《사무드라 만탄Samudra Manthan: 우유의 바다 휘젓기; the Churning of the Ocean of Milk: 유해교반/乳海攪拌》을 묘사한 부조浮彫; bas-relief를 중점적으로 감상하였다.

이 힌두 창세신화 《사무드라 만탄》의 부조는 앙고르와드에 있는 것이 가장 유명하기는 하지만, 그렇다고 해서 이 부조가 이 지역에서 유일한 것은 결코 아니다.

앙코르와트를 중심으로 군집해 있는 250여개의 힌두교 사원들 중 어느 하나 힌두교 창세신화를 소재로 한 부조가 없는 곳은 찾아보기 힘들다.

제2부 힌두교 창세신화가 동남아시아에 있는 이유는? | 109

# 4장
## 불교의 옷을 입은 힌두교 국가, 태국

    태국Thailand은 전통적 불교국가로 널리 알려져 있다. 태국은 전체 인구 6,800만 명2017년 기준 중 대다수가 불교를 믿는 타이족the Thais이다.

    그런데 불교국가라는 태국의 요소요소에 힌두교 문화가 뿌리 깊이 자리 잡고 있어 우리를 놀라게 한다.

    예를 들어, 태국공항의 이름, 왕궁건물을 비롯한 왕가의 문장과 각종 상징, 태국왕의 호칭, 태국의 지명 등은 철저히 힌두교 교리에 입각하고 있다.

    또한 왜 국민들도 돼지고기와 닭고기는 먹으면서도 쇠고기는 먹지 않는 등 일상생활에서 힌두교 문화를 따르는 것일까?

    이런 점들이 태국을 방문하는 수많은 사람들에게 속 시원히 풀리지 않는 궁금증을 안고 돌아가게 하고 있다.

    이제 우리는 이러한 궁금한 점들을 하나하나 풀어나가고자 한다. 이 과정에서 많은 흥미로운 사실들이 밝혀진다.

## ◉ 힌두 창세신화가 불교국가인 태국에 있는 이유는?

 태국의 관문인 수바르나부미Suvarnabhumi; Suwannaphum/수완나품(태국식 발음) 국제공항은 항상 사람들로 넘쳐난다.

 태국의 수도 방콕 외곽에 있는 이 국제공항에는 힌두교 사원 입구에 세우는 수호신인 드바라팔라 약샤Dvarapala Yaksha의 상들이 세워져 있다. 이 엄청난 크기의 힌두교의 수호신 상들이 십여 개씩이나 일정한 간격을 두고 도열해 있다.

 힌두교의 드바라팔라Dvarapala는 산스크리트Sanskrit; 범어/梵語로 수문신守門神; door guard; Dvara「gate」+ pala「guardr」이란 뜻으로 보통 라쿠타lakuta; mace; 곤봉를 무기로 들고 있다.
 힌두교에서 약샤Yaksha; 여성형은 yakshi/약시 또는 Yakshini/약시니는 상서롭고 자비로운 자연의 정령으로 부와 보물을 지키는 수호신이다. 자이나교와 불교에도 수문신守門神; 문위신/門衛神으로 수용되어 있다.

◀ 태국의 힌두교 약샤 상

태국의 사찰이나 왕궁 등 주요건물에는 약샤 상이 서 있다.
태국의 관문인 국제공항에 힌두교의 수문신 드바라팔라 약샤를 세워둠으로써 태국을 지킨다는 의미이다.

이 공항의 출국장을 통과하면 바로 힌두 창세신화인 《사무드라 만탄 Samudra Manthan; 우유의 바다 휘젓기; the Churning of the Ocean of Milk; 유해교반/乳海攪拌》을 묘사하는 거대한 상이 기다리고 있다.

▼ 사무드라 만탄(Samudra Manthan; 우유의 바다 휘젓기; 유해교반)

영생불사의 영약 암리타(Amrita; 감로/甘露; elixirs of Immortality)를 얻기 위해 데바들(Devas; 천신들; Gods)과 아수라들(Asuras; 악마들; Demons)이 협력하여 우유의 바다를 휘젓는 장면이 생동감 있게 묘사되어 있다.

중앙에는 머리가 9개 달린 거대한 뱀 바수키(Vasuki)에게 만다라 산을 휘감게 하고 바수키의 긴 몸통을 밧줄로 삼아 양쪽에서 줄다리기 하듯 잡아당겨 중심축을 회전시켜 우유의 바다를 휘젓고 있는 모습이다.

비슈누 신이 그의 두 번째 화현(avatar/아바타)인 거북 쿠르마(Kurma)로 변해 회전축 만다라 산을 등위에 올려놓고 지탱하고 있다. 원래 원전에서는 인드라 신이 산꼭대기에서 균형을 잡아주는 것으로 되어 있으나, 여기서는 비슈누 신이 산꼭대기에서 총지휘하는 모습으로 묘사되었다.

태국의 국제공항 이름 '수바르나부미'도 힌두교에서 전해지는 신화에서 따온 것이다.

수바르나부미Suvarnabhumi; Suwannaphum/수완나품(태국식 발음)는 고대 인도어 산스크리트로 '황금의 나라, 황금의 땅Land of Gold; suvarna 「gold」 + bhumi 「land, earth」'이라는 뜻이다.

다시 말해, 태국은 공항 이름까지도 힌두교에 기초하여, 갠지스 강의 동쪽 저 너머 인도 땅 어딘가에 있다는 황금의 왕국 수바르나부미와 관련지어 명명한 것이다.

고대 그리스의 천문학자이자 지리학자인 프톨레마이오스Ptolemaeus; Ptolemy Gk., CE 83~168년경도 수바르나부미를 '갠지스 강 저 너머 인도에 있는 황금의 왕국Aurea Regio in India beyond the Ganges'이라고 언급한 바 있다.

## 왜 태국 왕가는 힌두교에 기반을 두고 있는 것일까?

태국 왕가의 문장紋章; coat of arms은 철저히 힌두교에 기반을 두고 있다.

현 태국의 왕가인 차크리Chakri 왕실의 문장을 보면 원반형 회전톱날무기인 차크라와 삼지창이 결합된 형태이다. 태국 왕실의 이름 차크리는 바로 비슈누 신과 비슈누 신의 7번째 화신인 라마Rama의 원반형 회전톱날무기에서 유래한 것이다.

◀ 태국 차크리 왕실의 문장
비슈누 신의 무기와 시바 신의 무기가 결합된 형태이다.

태국 육군(RTA)의 엠블럼 ▶
강력한 원반무기 차크라가 주축을 이룬다. 차크라 바로 위의 소라 모양은 힌두교 진언 옴(Aum)자의 태국식 문양이다.

사실 이 원반은 비슈누 신의 가장 강력한 원반형 회전톱날 무기인 차크라Sudarshana Chakra/수다르샤나 차크라이며 이 삼지창은 시바 신의 가장 강력한 무기인 트리슐라trishula: trident: 삼지창이다.

특히 비슈누 신의 원반 무기 차크라는 겉보기와는 달리 얼마나 무시무시한 살상무기인지를 이미 앞에서 여러 차례 자세히 언급한 바 있다.

시바 신의 삼지창 트리슐라에 대해서는 지면상 이 책에서는 상세히 다루지는 않았으나 그 위력에 대해서는 앞에서 간단히 우회적으로 언급한 바가 있다.

그러므로 태국왕실의 문장 차크리Chakri의 의미는 간단하다. 즉 힌두교 두 최고신의 가장 강력한 두 무기를 합친 것만큼이나 태국 왕가의 지배력과 위상이 세세토록 흔들리지 않고 굳건하게 유지되기를 바란다는 뜻이다.

이처럼 태국 왕실의 문장과 태국 육군RTA: Royal Thailand Army의 엠블럼에는 옴Aum과 같은 힌두교의 핵심 진언을 비롯하여 힌두 신들의 무기가 주축을 이루고 있다. 태국은 이렇게 철저히 힌두교에 기반을 두고 있는 나라이다.

태국이 힌두교에 바탕을 두고 있는 또 하나의 상징은 가루다Garuda; 산스크리트로 '독수리/eagle'라는 뜻; 태국어로는 Krut/크루트; 불교에는 금시조/金翅鳥로 수용됨이다. 힌두신화에서 가루다는 위대한 독수리로서 비슈누 신의 바하나vahana; 탈 것; mount이다.

여기서 태국에서는 태국 왕이 라마, 즉 비슈누 신의 화신이라 불리므로 가루다는 곧 태국 왕의 바하나이기도 한 것이다.

이처럼 태국 국왕을 비슈누 신의 환생으로 생각하는 믿음이 태국 왕궁건물의 건축에도 반영되어 왕궁의 박공이나 왕궁입구의 린텔lintel; 상인방/上引枋; 문이나 창틀 등 구조물의 기둥윗면을 수평으로 가로지르는 부재 등에도 거의 빠짐없이 가루다 또는 가루다를 타고 있는 비슈누 상이 장식되어 있다.

◀ 태국 왕궁의 박공에 설치된
  비슈누 신의 바하나 가루다 상

▲ 타일랜드 왓 프라 캐우(Wat Phra Kaew) 궁의 황금 가루다 상

태국 국왕은 힌두교 비슈누 신의 화현인 것이다. 그러므로 비슈누 신의 탈 것vahana/바하나인 가루다는 공식적으로 태국 왕가의 문장이자 국장國章; 국가의 문장으로 채택되었다.

따라서 비슈누 신의 화신 태국 국왕이 타는 의전용 교통수단, 즉 왕실전용 자동차나 국왕 전용비행기 등의 전면부에는 가루다 문장이 새겨져 있다.

또한 태국 정부청사, 대사관, 왕립 사원 등 모든 왕립기관과 공공기관에는 물론 태국정부에서 발행하는 여권, 화폐, 우표 등에도 다양한 형태의 가루다 문장이 쓰이고 있다.

그 뿐만이 아니다. 일부 민간 기업들도 '왕실 지정'이라는 특허권을 부여 받고, 그들이 판매하는 상품의 휘장이나 상표에 가루다 문장을 사용하고 있다.

태국은 이렇게 철저히 힌두교가 바탕인 나라이다.

▲ 태국화폐에 있는 비슈누 신의 화신 태국 국왕(H.M. the King)과 가루다
중앙의 왕실문장에 원반모양의 차크라가 있으며 그 안에는 힌두교 진언인 옴(AUM)자의 태국식 문양이 있다.(Baht 1000≒USD 34)

▲ 태국의 국장(國章; National Emblem)과 정부청사에 있는 가루다 상

◀ 태국의 각종 우표에 있는 가루다 문양

사실 가루다는 태국 한 국가만의 국장 國章: National Emblem은 아니다.

또 다른 힌두교권의 국가인 인도네시아의 국장도 가루다이다.

◀ 태국 여권
힌두교 비슈누 신이 타는 새인 가루다가 태국의 국장이다.

또한 가루다는 인도네시아 항공회사의 명칭 및 엠블럼으로도 사용되고 있다. 바로 인도네시아의 국적항공사flag-carrier인 가루다 항공사 Garuda Indonesia Airline이다.

▲ 인도네시아 국장, 가루다 판차실라
(Pancasila; '건국 5원칙'이라는 뜻)

이야기가 잠시 본론에서 벗어난 감이 있다.

## 태국 국왕의 호칭은 힌두교 비슈누 신 화신의 이름

태국 국왕의 호칭만 보아도 태국에서의 힌두교의 영향과 위상을 알 수 있다.

역대 태국 국왕의 호칭은 '라마Rama'이다. 본래 힌두교에서 '라마'는 비슈누의 7번째 화신化身: avatar/아바타인데, 라마는 태국 문화에서 가장 중요한 화신이다. 왜냐하면 태국에서는 역대 왕들이 라마의 화신이라고 여겨져 오고 있기 때문이다.

결론적으로, 비슈누 신=라마=태국 국왕이라는 등식이 성립되는 것이다.

비슈누 신의 7번째 화신 라마Rama는 《라마야나Ramayana: '라마의 여정'이라는 뜻》의 주인공이기도 하다. 태국 국왕의 호칭이 라마Rama이니만큼, 그 호칭의 원전인 힌두교의 대서사시 《라마야나》는 태국 왕실에서 정책적으로 매우 중시해 왔다.

《라마야나》는 태국 버전으로는 '라마끼안Ramakian 또는 라마끼엔/Ramakien'이라 하며, '라마'는 '프라 람Pra Ram'이라 한다. 또한 비슈누 신의 또 다른 이름인 나라야나Narayana를 '프라 나라이Pra Narai'라고 한다.

◀ 라마야나 공연
태국왕립극장

태국 왕가에서 비슈누 신의 화신 라마Rama를 태국 국왕의 호칭으로 삼은 이유는 간단하다. 국왕은 비슈누 신의 화신인 라마의 화현으로서 신으로부터 세상에 대한 통치권을 인정받은 위대한 존재라는 이론적 근거를 마련함으로써 왕권의 정당성 확보를 위한 포석인 것이다.

이러한 개념에 따라, 공식석상에서나 의식에 있어서 국왕을 '라마티보디Ramathibodi; Overlord Rama; 지배자 라마' 라고 부르기도 한다.

태국뿐만 아니라 같은 힌두교권 국가인 캄보디아에서도 같은 의미의 칭호를 사용하는데 크메르어로는 '레마메아팁테이Reameathibtei' 라고 한다.

태국의 역대 왕조는 타이족이 세운 최초의 왕조인 수코타이 왕조Sukhothai dynasty, 1238~1438년에서 아유타야 왕조Ayutthaya dynasty, 1350~1767년; Ayutthaya란 왕조이름도 라마야나에 나오는 Ayodhaya에서 따온 이름이다와 톤부리 왕조Thonburi dynasty, 1767~1782년를 거쳐 1782년 이래 현 차크리 왕조Chakri dynasty1782년~현재로 이어지고 있다.

태국 차크리 왕조의 역대 왕들은 비슈누 신의 화신 '라마Rama'라 불리어 왔다. 태국의 현 왕조를 세운 초대 왕 차크리를 라마 1세 Rama I 라 부르기 시작하여 대대로 이어져 내려왔는데, 1946년 즉위한 국왕은 라마 9세Rama IX 부미볼/Bhumibol ; 태국식 발음은 푸미폰/Phumiphon라 불린다.

아유타야 왕조 이래로 역대 왕조에서 지금까지 총 43명의 왕이 자신을 비슈누 신의 화신인 라마라고 칭하여 왔다.

앞에서도 언급하였듯이, 태국은 대외적으로는 불교를 국교로서 표방하고 있다.

그러나 지금까지 살펴 본 것처럼 태국국민들의 종교는 불교일지도, 태국의 왕족을 비롯한 지배계층의 종교는 과거에도 오늘날에도 여전히 힌두교이다.

일상생활에서도 태국국민들은 힌두교 문화를 따르고 있다. 태국인들은 돼지고기와 닭고기를 매우 좋아한다. 그러나 태국인들은 소를 신성시 하는 힌두교의 영향으로 오늘날에도 쇠고기를 먹지 않는다.

이런 점들을 간과하고 단순히 '태국의 종교는 불교다'라고 단정하여 말하는 것은 태국을 피상적으로만 보고 판단한 결과이기 쉽다.

## 힌두 식으로 이름 붙여진 동남아시아의 도시들

힌두교 권역 국가들의 지명을 살펴보면 고대 인도어 산스크리트를 어원으로 하고 있는 도시들이 많다. 이는 힌두교의 영향력이 얼마나 광범위하였는지를 가늠케 한다.

대표적으로 흔히 도시이름 끝에 흔히 붙이는 '-Pur푸르 또는 -Pura푸라'라는 접미어suffix는 힌두교 성전 리그베다Rig Veda: BCE 1500-1200년 경 성립에 30여 차례나 나오는데, 이는 산스크리트로 '도시, 성'이라는 뜻이다.

예를 들어, 인도 라자스탄 주the Indian State of Rajasthan의 주도州都 자이푸르Jaipur는 '자이 왕이 세운 도시' 또는 '자이왕의 성'이라는 뜻이다.

지명에 붙이는 산스크리트 접미어 '-푸르Pur 또는 -푸라Pura'를 태국에서는 '-부리buri'로 발음하고 표기하고 있다.

예를 들어, '싱가포르Singapore'라는 말은 산스크리트로 싱가푸라Singapura; Singha 「lion」 + pura 「city」 = Lion City; 사자의 도시의 합성어이다.

그런데 재미있는 것은 태국에는 씽부리Sing Buri라는 곳이 있는데, 그 곳의 의미 역시 사자의 도시Sing Buri; Singh 「lion」 + buri 「city」 = Lion City; 사자의 도시라는 뜻이다.

결국 싱가포르의 본래 이름 '싱하푸라'와 태국의 '씽부리'는 둘 다 '사자의 도시the Lion City'란 같은 의미인 것이다.

◀ 머라이언(Merlion; 바다의 사자) 상

싱가포르를 방문하여 이 사자 상을 보는 이들은 많지만 그 의미를 아는 이들은 많지 않다.

머라이언(Merlion, 말레이어로는 Singa-Laut)은 싱가포르의 상징물로서, 상반신은 사자(lion), 하반신은 인어(mermaid)의 모습을 한 가공의 동물이다.

상반신 사자는 싱가포르의 원래 국호 '싱가푸라'(Singapura; 사자의 도시 Skt.)를 상징하는 것이며, 하반신 물고기는 항구도시를 상징하는 것으로, 고대 싱가포르를 '테마섹(Temasek; 자바어로 '바닷가 마을')'이라 칭한 데서 유래한 것이다.

현재 우리 불교에서 많이 독송되고 있는 천수다라니, 즉 《신묘장구대다라니》에도 비슈누 신이 'singha; simha씽하', 즉 사자로 변신한 모습 씽하무카simha-mukha가 나온다.

　비록 "바라하 목카싱하 목카야"라는 식으로 어이없는 발음과 띄어쓰기로 나오고 있는 실정이지만 말이다.

**신묘장구대다라니에 나오는**
**"바라하 목카싱하 목카야"에서 예찬하는 신은 바로 비슈누 신**

**22** 「바라하 목카싱하 목카야 사바하」
『와라하 무카 씽하 무카야 쓰와-하-』
Varaha-mukha simha-mukhaya svaha

《산돼지얼굴, 사자얼굴로 현신하시는 비슈누 신께
　경배하옵니다, 성취케 하소서!》

・와라하 무카; varaha-mukha: 산돼지 얼굴(varaha 산돼지 + mukha 얼굴)
　　　　　　　; 비슈누 신의 3번째 화신(化身; 아바타/avatar)
・씽하 무카야; simha-mukhaya: 사자 얼굴(simha 사자 + mukha 얼굴 +
　　　　　　　ya ~에게); 비슈누 신의 4번째 화신(化身; 아바타/avatar)

　불교에서는 다라니 진언들은 산스크리트 원음으로 읽어야만 그 신통묘용한 힘을 발휘할 수 있다고 말하여 왔다.

　그렇다면 "와라하 무카, 씽하 무카야"를 "바라하 목카싱하 목카야"라는 식으로 어이없는 발음과 띄어쓰기로 읽고 있는 현행 천수다라니 독송은 심각한 문제가 아닐 수 없다.

　더구나 32길상 80종호(32吉相 80種好)를 갖추신 우리 부처님의 거룩하신 상호(相好) 어디에 산돼지 얼굴이 있으며, 사자 얼굴이 있다는 말인가? 의식 있는 불제자들은 작금의 이러한 사태에 크게 염려하고 있는 것이다.

우리는 'singha; simha씽하' 또는 'singh씽'은 산스크리트Sanskrit: 범어/梵語: 고대 인도어로 '사자'란 뜻임을 방금 앞에서 보았다.

태국에서 흔히 마시는 '씽하Singha' 맥주 역시 '사자'란 뜻이다. 이 맥주회사는 '왕실 지정By Royal Permission; 태국왕실은 자산만 40조원으로 세계에서 가장 부유한 왕실'이라는 면허를 받아 맥주용기에 태국왕실의 문장인 가루다 문장을 넣어 판매하고 있다.

◀ 싱하(Singha)맥주, 사자맥주
태국왕실의 면허를 받았음을 의미하는 가루다 문장이 있다.

우리는 앞에서 싱가포르와 태국의 씽부리가 사실은 둘 다 '사자의 도시the Lion City'란 같은 의미인 것을 살펴보았다. 즉 지역 언어의 차이 때문에 발음상 약간의 차이만 있을 뿐 공통된 산스크리트 어원을 가진 같은 의미의 지명인 것이다.

이와 마찬가지로, 태국의 '찬타부리Chanthaburi'와 라오스의 수도 '위앙짠Viangchan: Vientiane/비엔티안'도 같은 의미의 도시 이름이다.

산스크리트로 찬드라Chandra는 '달'이라는 뜻인데, 이것을 태국어로는 '찬타Chantha', 라오스 공용어인 라오어Lao language로는 '짠Chan'으로 발음한다.
그러므로 산스크리트로 찬드라푸르Chandrapur; -pur「city」+ chandra「moon」= moon city; 달의 도시를 태국어로 옮기면 찬타부리Chanthaburi; buri「city」+ Chantha「moon」= moon city; 달의 도시가 되며, 라오어로는 위앙짠Viangchan; Viang「city」+ chan「moon」= moon city; 달의 도시이 된다.

결국 태국의 '찬타부리Chanthaburi'와 라오스의 수도 '위앙짠Viangchan: Vientiane/비엔티앤'은 둘 다 같은 의미로, '달의 도시'라는 아름다운 이름이다. 이 모두가 같은 힌두교 문화권에서 일어난 문화동조화 현상의 한 면인 것이다.

라오스의 수도 위앙짠Viangchan을 과거 식민지 시대에 서양 식민주의자들이 단지 자기네들의 발음에 편하게 제멋대로 Vientiane이라는 터무니없는 철자로 표기하고서는 영어로는 '비엔티앤', 프랑스어로는 '브양트얀'으로 불렀다.

지금도 라오스의 수도는 위앙짠보다는 비엔티엔 또는 브양트얀으로 더 많이 불리고 있는 실정이다. 한국의 많은 지명이 그러하듯이, 나라는 독립되었지만 나라의 얼이라 하는 국어는 아직도 제국주의 식민지배의 망령亡靈: 혐오스러운 과거의 잔재(의 비유적 표현); specter (of)에서 벗어나지 못하고 있는 것이다.

# 제3부
# 신묘장구대다라니
# 본문해석 및 상세해설

# 5장

## 《신묘장구대다라니》란 무엇인가?

 **《신묘장구대다라니》의 정체는 무엇인가?**

오래 전의 일이다. 저자가 불교에 갓 입문하여 마치 해면이 물을 빨아들이듯 불교를 흡수하다시피 하며 배우던 때였다.

입문한지 불과 한 달도 채 되지 않은 어느 날 갑자기 저자가 모시던 스님이 열반에 드셨다.

전날 밤 꿈에 불단이 딱 절반으로 갈라지는 꿈을 꾸어 몹시 놀라 잠에서 깨어났다. 그리고 절에 무슨 일이라도 있나 하고 걱정하며 날이 밝기만을 기다렸다. 스님께서 열반에 드실 때 내가 그런 꿈을 꾼 것을 보면 정말로 인연이 깊었나보다.

스님의 분골을 절에 봉안하는 의식이 진행되고 있었는데, 의식을 진행하는 스님께서 "자, 다 같이 신묘장구대다라니를 독송합시다!" 하시는 것이었다.

그러자 그 자리에 참석해 있던 사부대중 모든 스님들, 거사님<sup>우바새</sup> 優婆塞: upasaka/우파사카들, 보살님<sup>우바이優婆夷; upasika/우파시카</sup>들이 일제히 너무나도 익숙하게 신묘장구대다라니를 독송하는 것이었다.

"나모라 다나다라 야야 나막알야 바로기제 새바라야 …"

저자는 그때 신묘장구대다라니라는 생경한 용어에 '그게 대체 뭘까?' 하며 신묘장구대다라니가 수록된 페이지를 찾느라 《법회예전 法會禮典》을 뒤적이고 있는 중이었다.

저자가 신묘장구대다라니를 접한 것은 그때가 처음이었다. 그때의 그 느낌이란 참으로 이상하고 묘한 것이었다. 다라니 주문도, 발음도, 느낌도 이상하고, 뜻도 알 수 없는 기묘한 어구들이 끝없이 이어지는 것이었다.

저자는 뒤처지지 않으려고 쫓아가며 읽기에도 바쁜 상황이었는데 대부분의 보살님들은 아예 읽지도 않고 암송을 하는 것이 아닌가!
그 모습을 본 저자는 거의 절망에 가까운 심정이었다.
"아! 모두들 저렇게 능숙하게 독송에, 암송까지 하는데 나는 도대체 언제 불교를 공부해서 저 정도의 경지에 이를 수 있단 말인가!"

저자가 그 당시 느꼈던 기묘한 느낌, 충격, 그리고 막막했던 심정은 마치 어제의 일처럼 지금도 여전히 생생하다.

이 책의 원고가 탈고되고 나면 꼭 시간을 내서 스님이 모셔진 절에 가서 스님께 향을 올려야겠다.

▲ 중생을 구하기 위해 자기희생적으로 독을 마신 청경관자재 시바 신

힌두교의 시바 신이 닐라칸타, 즉 '푸른 목구멍청경/靑頸'을 갖게 되어 성관자재 청경관음이란 명호로 불리게 된 연원은 힌두 창세신화 사무드라 만탄Samudra Manthan; Ksiroda; 우유의 바다 휘젓기에서 비롯된 것임을 앞에서 다루었다.

성관자재 청경관음 시바 신만이 중생을 구원할 힘을 가지고 있으며 맹독을 마실 수 있는 용기와 자비의 마음을 지닌 진정한 구원자요, 구세주였던 것이다.

그리하여 일체 중생들은 시바 신의 이러한 중생을 위한 대자자비의 마음을 우러러 '닐라칸타Ni1akantha; 푸른 목구멍[청경/靑頸]을 가진 관자재; isvara/이스와라; 하느님; 청경관음/靑頸觀音'라 찬양하며 닐라칸타 성관자재에게 귀의하고 피난처로 삼으며 예찬하고 있는 것이다.

이와 같은 이유를 알지 못하고 단순히 '시바 신은 파괴의 신' 정도로만 생각한다면, 오늘날 인도대륙과 동남아시아에서 왜 그토록 시바 신이 열렬하게 숭배되는지 이해하기 어렵다.

간단히 말해, 천수경 신묘장구대다라니神妙章句大陀羅尼; 천수다라니/千手陀羅尼의 주인공인 성스러운 관자재aryavalokitesvara/아리야발로키테슈바라란 바로 닐라칸타, 즉 시바 신이다.

또한 신묘장구대다라니의 내용은 다름 아닌 바로 이 성 관자재 시바 신을 중심으로 하는 힌두 신들에 대한 귀의문이자, 예경을 드리고 덕과 위업을 찬양하는 예찬문이자, 간구의 발원문인 것이다.

그러므로 신묘장구대다라니는 '옴 나마하 쉬바야Aum Namah Shivaya; 성(聖)관자재 시바 신께 귀의하나이다'라는 하나의 진언眞言; mantra/만트라으로 집약될 수 있다.

이 진언은 오늘날에도 힌두교에서 가장 널리 염송되고 있는 진언이다.

#  《신묘장구대다라니》의 관자재 시바 신이 불교에 수용되어 관자재보살로 둔갑된 과정

신묘장구대다라니, 즉 천수다라니의 본래의 명칭은 《닐라칸타 다라니Nilakantha Dharani: 청경다라니/靑頸陀羅尼》이다.

닐라칸타Nilakantha: 청경/靑頸: 푸른 목구멍라는 시바 신의 명호가 말하여주고 있듯이, 신묘장구대다라니는 명백히 성관자재, 즉 청경 시바 신을 중심으로 하는 힌두 신들의 덕과 위업을 찬양하는 예찬문이자 귀의문이다.

우리는 석가모니 부처님의 덕을 칭송하여 부처님을 열 가지 별칭인 여래십호如來十號: 부처의 공덕을 기리고 위대함을 나타내는 열 가지 존호 《법화경과 신약성서 p279 참조, 도서출판 블루리본 발간》로 부른다.

이와 마찬가지로, 신묘장구대다라니에서도 문장을 달리해가며 힌두 3신들을 수 십 가지의 다양한 명호名號와 별칭으로 부르고 있다.

천수다라니의 정체는 도입부인 귀경에도 잘 나타나있다. 그 원문과 해석을 살펴보면 다음과 같다.

> ④ 「까리 다바 이맘알야 바로기제 새바라 다바 니라간타 나막」
> 『끄리뜨와 이마암 아르야왈로끼떼스와라 타와 닐라깐타 나마하』
> krtva imam aryavalokitesvara tava nilakantha namah
> 
> 《중생구제의 위업을 행하신 성관자재[시바 신]시여,
> 당신의 명호 청경에 귀의하나이다.》

이처럼 신묘장구대다라니는 귀경문에서 이 다라니가 성관자재 청경 시바 신에게 귀의하고 찬양하는 예찬문임을 명백히 밝히고 있다.

"모든 위난으로부터 중생을 구제해 주시고 모든 두려움으로부터 피난처가 되어주시는 거룩하신 크나큰 자비의 성관자재 보살마하살 청경 시바 신에게 귀의하나이다."

힌두교의《닐라칸타 다라니》역시 불교에 수용되어《천수다라니》또는《신묘장구대다라니》로 자리 잡게 되었다.

불공금강不空金剛: Amoghavajra/아모가바지라에 의해 번역된《천수천안관세음보살대비심다라니千手千眼觀世音菩薩大悲心陀羅尼; The Thousand- Handed Thousand-Eyed Bodhisattva Avalokitasvara's Great- Compassio nate Heart Dharaṇī》와《청경관자재보살심다라니경青頸觀自在菩薩心陀羅尼經: Sutra of the Bodhisattva Nilakantha Avalokitesvara's Heart Dharaṇī》에서 볼 수 있듯이 청경관음Nilakantha Avalokitesvara, 천수관음千手觀音; The Thousand-Armed Avalokitesvara은 바로 시바 신임을 확인할 수 있다.

그런데 힌두교의 청경 세자재 시바 신이 불교에 수용되면서 시바를 불교의 신격으로 둔갑시키고, 그를 예찬하는 다라니 역시 관세음보살의 33응신應身: 화신/化身: 변화신 중의 하나로 수용된 청경관음, 천수관음을 예찬하는 다라니로 둔갑한 것이다.

이처럼 힌두교의 최고 신 청경 세자재 시바 신에게 귀의하고 예찬하는 다라니가 불교에 수용되어서는 관세음보살에게 귀의하는 다라니로 둔갑하였으며, 업장을 소멸하고, 마귀를 쫓고, 암송하면 소원을 성취하게 해주는 신묘한 다라니로 용도변경 되었다.

7세기 밀교시대에 접어들어 다라니 경전이 늘어났는데, 이때 영험이 있는 다라니를 불격화佛格化하여 숭배하는 경향이 일어났다. 천수다라니경은 이 밀교계통의 경전이다.

당 시대에는 힌두교 시바 신의 청경 세자재보살 또는 성관자재보살이라는 명호가 불교에 수용되는 양상을 보여준다.

640년경에 쓰여진 당 현장玄奘 삼장의 《대당서역기大唐西域記》에는 보타락가산補陀落迦山; Potalaka Mountain; 남인도 마두라/Madura 지방 말라야/Malaya 산맥 동쪽에 있는 파나나삼/Papanasam 산; 스리랑카 맞은 편 해안의 위치 및 그에 관한 상세한 설명이 기술되어 있다.

그런데 여기에도 관자재보살觀自在菩薩의 정체가 힌두교의 닐라깐타 로케스와라Nilakantha Lokesvara; 靑頸世自在임을 말해주는 구절이 있어 그 관련 내용을 인용하면 다음과 같다.

"말라거타국秼羅矩吒國; Malaikotta; 타밀어로 malai는 언덕 산, kotta는 지방 지대의 뜻; 현재의 Madura로 추정의 남쪽 끝에 말라야산(:刺耶山)이 있다. … 말라야 산 동쪽에 포달락가산布呾落迦山이 있다. 산길은 위험하고 암곡은 험준하다. 산정(山頂)에 연못이 있는데 거울처럼 맑다. …

연못 옆에 돌로 된 천궁(天宮)이 있다. 관자재보살이 왕래하며 머무는 곳이다. 보살을 보고자 하는 사람은 신명(身命)을 돌보지 않고 강물을 건너 산에 오른다. 어려움을 개의치 않고 도달하는 자는 아주 드물다.

그런데 산 밑의 주민으로서 모습을 보고자 기도드리면 관자재보살은 때로는 자재천自在天; Īśvara, Śiva 청경관자재 시바 신의 모습으로, 때로는 도회외도塗灰外道; Pashupati yogi; 몸에 재를 바르고 수행하는 시바 신 또는 힌두교 수행자의 모습으로 되어 기원하는 사람을 위로하면서 원을 성취시켜 주기도 한다."

이처럼 시바 신을 지칭하는 관자재觀自在: Avalokitesvara/아발로키테스바라, 자재천自在天: Isvara/이스바라, 도회외도塗灰外道: Pashupati yogi/파슈파티 요기 등이 불교에 수용되면서 관세음보살로 포장되는 양상이 나타나고 있다.

더욱 놀라운 점은 시바 신과 비슈누 신이 불교에 수용될 때 제대로 구분조차 되지 않고 하나로 뒤섞인 채 수용된 것이다.
불공금강不空金剛; Amoghavajra/아모가바지라의 번역본에 실려 있는 청경 관자재Nilakantha Avalokitesvara의 성상聖像; icon에 대한 묘사에도 이러한 난맥상亂脈相이 극명하게 나타나 있다.

次當說此青頸觀自在菩薩畫像法。
其像三面。當前正面作慈悲溫怡貌。右邊作師子面。左邊作猪面。
首戴寶冠。冠中有化無量壽佛。
又有四臂。右第一臂執杖。第二臂執把蓮花。左第一執輪。左第二執螺。
以虎皮為裙。以黑鹿皮於左膊角絡。被黑蛇以為神線。
於八葉蓮花上立。瓔珞臂釧鐶珮光焰莊嚴其身。其神線從左膊角絡下。

"다음, 여기서 청경관자재보살 초상을 설명하고자 한다."　　　[시바]
"그는 3개의 얼굴이 있는데, 가운데 얼굴은 자비롭고 고요한 얼굴이며, 오른쪽 얼굴은 사자의 얼굴이며 왼쪽 얼굴은 멧돼지 얼굴이다."
　　　　　　　　　　　　　　　　　　　　　　　　　　　[비슈누]
"그의 머리 위에는 보관이 씌워져 있는데, 그 보관 안에는 아미타불의 모습이 있다."　　　　　　　　　　　　　　　　　　　　[비슈누]

"또한 그는 네 개의 팔이 있는데, 오른쪽 아래의 손에는 곤봉을 쥐고 있으며 왼쪽 아래 손에는 연꽃을, 오른쪽 위의 손에는 원반무기를 들고 있으며 왼쪽 위의 손에는 소라고둥을 쥐고 있다."

[비슈누]

"호랑이 가죽을 입고, 왼쪽 어깨에는 흑사슴 가죽을 걸치고, 목에는 검은 뱀을 그의 신성한 실로 삼아 감고 있다."

[시바]

"그는 8잎의 연꽃 위에 앉아, 목걸이와 팔찌, 장신구들이 그의 몸을 장식하고, 그의 뱀은 신성한 실처럼 왼쪽어깨에서 아래로 드리워져 있다."

[시바]

대승불교에서는 신묘장구대다라니의 수용 이유에 대해 다음과 같이 참으로 매끄럽게 유화적으로 표현하고 있다.

"중생을 구원하고자 자기희생적, 이타적 행위를 하였던 힌두교 청경관자재靑頸觀自在 시바 신의 자비심과 위신력을 불교적으로 해석하여 관세음보살의 대자비심이라는 틀 속에 수용한 것이다."

그러나 신묘장구대다라니는 심각한 문제를 내포하고 있다. 그것은 바로 신묘장구대다라니의 내용의 문제로 해석해보면 그 심각성이 간단히 드러난다.

문제의 핵심은 이 다라니가 불교에 수용될 때, 그 속에 들어있는 시바 신, 비슈누 신, 인드라 신을 예찬하는 내용을 불교에 맞게 수정도 하지 않은 채 그대로 받아들여 신묘장구대다라니로 자리 잡게 된 점이다.

그리하여 힌두교의 《닐라칸타 다라니》를 이름은 불교식으로 《천수관음 다라니》 또는 《신묘장구대다라니》로 고쳐서 쓰고는 있으나, 그 내용은 여전히 힌두교의 성관자재 청경 시바 신을 중심으로 하는 힌두 신들의 덕과 위업을 찬양하는 내용 그대로 남아있게 되었다.

결과적으로 우리가 마음으로는 관세음보살에게 발원하며 신묘장구대다라니를 독송 내지는 염송하는 것일지라도, 실제로 입으로는 시바 신, 비슈누 신, 인드라 신과 같은 힌두 신들을 부르고 또 불러가며 예찬하고 그들에게 귀의한다는 내용으로 가득 차 있는 것이다.

이렇듯 《신묘장구대다라니》라는 이름의 《닐라칸타 다라니Nilakantha Dharani; 청경다라니/靑頸陀羅尼》는 석가모니 부처님과 불교의 근본 가르침에서 한참 비껴나 있는 것이다.

이러한 껄끄러운 문제 내지는 소위 불편한 진실에 대해 불교계에서 지금까지 취하여 온 방법은 항구적인 해결책이 아니라 임시방편적 미봉책이었다.

간단히 말해, 신묘장구대다라니를 해석하지 못하게 갖가지 이유특히 5종불번五種不飜: 다라니를 번역할 수 없는 5가지 이유를 들어 방해하여 왔다.

그러나 오늘날 정보화 시대에 접어들어 신묘장구대다라니천수다라니/千手陀羅尼가 속속들이 해석되면서 실상이 명백히 드러나 안 보려 해도 안볼 수도 없게 되었다.

다라니를 가득 채우고 있는 힌두 신들의 명호가 적나라하게 드러나고 우리가 그동안 염송해 온 다라니가 실은 석가모니 부처님이 아닌 힌두 신들에 대한 예찬문이라는 사실을 깨닫게 될 것이다.

 다라니란?

여기서 만트라mantra와 다라니dharani라는 용어를 간단히 살펴보기로 하자.

만트라와 다라니는 주문呪文: spell의 일종이다. 오늘날에는 만트라와 다라니의 구별이 모호해져 혼용되고 있는데, 보통 짧은 것은 만트라mantra: 진언/眞言: 呪/주, 내용이 긴 것은 다라니dharani/드하라니: 大呪/대주라고 한다.

고대 인도에서 만트라는 베다시대 이래로 고대 성전인 베다에 등장하는 신들에 대한 주술적 종교의례에서 행해져 왔다.

베다에서 만트라는 신들에게 기원하는 성구聖句로, 고대 인도인들은 이 성구에는 신성한 힘이 깃들어 있어 신들을 기원자의 뜻대로 움직일 수 있다고 믿었다.

산스크리트Sanskrit; 梵語/범어 원어로 mantra는 어근 man 「사유하다, 사념하다to think」 + 접미사 -tra 「도구, 그릇」의 합성어이다. 따라서 만트라mantra의 문자적 의미는 '사유의 도구instrument of thought', 즉 언어인데, 힌두성전 베다에 나오는 '신들의 덕을 사념하고 찬미하는 진실한 언어[그릇]'를 의미한다.

만트라mantra는 우리말로는 진언眞言, 주呪로 번역된다. 진언의 문자 그대로의 뜻은 '거짓 없는 참말, 진실한 말'이라는 뜻이지만, 보다 넓은 의미로는 '신들을 부르고 신들에게 뜻을 전하는 신성한 힘이 깃들어 있는 진실한 주문'으로 해석된다.

다라니dharani; 陀羅尼란 산스크리트 dharani「지키다, 유지하다to hold or maintain」를 음역音譯한 것으로 원 뜻은 '기억하여 잊지 않는다' 또는 '정신을 통일하고 마음을 한 곳에 집중시켜 그 상태를 지속시킨다'는 의미이다.

나중에는 '가르침을 잘 기억하고 간직하여 악으로부터 자기 스스로를 보호하고 재앙을 막는 등의 공덕을 지닌 주문'으로 간주되었다.

다라니는 본래 경전을 기억하기 위해 경전을 간단히 요약한 짧은 요약이다. 따라서 다라니는 경전의 내용을 함축하고 있다 하여 총지總持; 모든 이치가 다 갖추어져 있다라고 의역한다.

석가모니 부처님 재세 시의 근본불교根本佛敎; Fundamental Buddhism; 원시불교/Primitive Buddhism에서는 힌두교의 주술이나 밀법密法을 행하는 것을 엄금하였다.

그러나 부처님 입멸 후부터 불교 경전에 힌두교의 주呪가 침투하기 시작하였으며, 대승불교 초기부터는 다라니가 불교에도 본격 수용되어 차차 늘어나게 되었다.

# 《신묘장구대다라니》에 등장하는 힌두 3신

신묘장구대다라니神妙章句大陀羅尼; 천수다라니/千手陀羅尼를 이루고 있는 전체 30 문장 중에는 시바, 비슈누, 인드라의 힌두 3신의 명호와 특징을 묘사하는 호칭들이 포함되어 있음을 볼 수 있다. 이러한 힌두3신들의 명칭들은 힌두 창세신화의 내용에 근거하여 보면 그 지칭하는 대상을 쉽게 알 수 있다.

오른쪽 도표에서 볼 수 있듯이, 신묘장구대다라니에는 총 28개의 항목에 달하는 신들의 명칭이 등장하고 있는데, 이 중 시바 신이 16번, 비슈누 신이 11번, 그리고 인드라 신이 단 1번 언급되어 있다.

보통 힌두 3주신三主神 중의 하나인 브라흐만의 창조주로서의 기능은 실질적 창조주 비슈누padma-nabha; 배꼽에서 연꽃이 피어나는 분의 기능에 포함되어 여기서는 언급조차 되지 않았다.

이 도표에서의 등장횟수가 말하여 주듯이 신묘장구대다라니는 샤이비즘Shaivism; 시바 신앙과 바이슈나비즘Vaishnavism; 비슈누 신앙이 결합되어 신앙적 주축을 이루고 있음을 알 수 있다.

한편 이 도표에서 단 1번 등장하는 인드라 신은 인드라 신앙의 쇠퇴의 흔적을 보이고 있다.

인드라 신은 고대 인도에 침입해 원주민들을 정복한 아리아인들의 수호신이자 전쟁신이다. 베다시대에는 《리그베다》에서 최고의 신이자 신들의 제왕으로 숭배되었다.

그러나 훗날 토착 드라비다족이 세력을 확장하면서 그와 더불어 토착신들인 브라흐마·비슈누·시바가 아리안족의 인드라 신을 밀어냈던 것이다. 그 결과 신묘장구대다라니에는 인드라가 아수라와 싸우는 대목에서 단 한 번 언급되었을 뿐이다.

신묘장구대다라니에 등장하고 있는 힌두 3신의 명칭들을 모아 하나의 도표로 정리해보면 다음과 같다.

| 구 분 | 힌두 3신의 명호 | | |
|---|---|---|---|
| | 시바(16회) | 비슈누(11회) | 인드라(1회) |
| 귀의문 [귀경] | ② 성관자재(aryavalokitesvara) 보살(bodhisattva), 대보살(mahasattva) 대자대비하신 분(mahakarunika) | ● ● ● | |
| | ③ 구원해 주시는 분(trana-kara) | ● | |
| | ④ 성관자재(aryavalokitesvara) 청경(nilakantha) | ● ● | |
| 발원문 | ⑦ 하레(Hare) | | ● |
| 힌두 3신에의 주문 | ⑧ 대보살(maha-bodhisattva) | ● | |
| | ⑩ 승리자(vijayantae) | | | ● |
| | ⑪ 대지를 지탱하는 신(dharanidharesvara) | | ● |
| | ⑫ 번뇌를 여읜 청정한 님(amala-murte) | | ● |
| | ⑬ 세자재(世自在)(lokesvara) | | ● |
| | ⑰ 하레(Hare) 배꼽에서 연꽃이 피어나는 분(padma-nabha) | | ● ● |
| | ⑲ 깨달은 분(budh) | | ● |
| | ⑳ 청경(nilakantha) | ● | |
| | ㉑ 성취하신 분, 성자(siddha) 요가(Yoga)의 성취자(siddha-yogesvara) 청경(nilakantha) | ● ● ● | |
| | ㉒ 멧돼지 얼굴을 가지신 분(varaha-mukha) 사자 얼굴을 가지신 분(simha-mukha) | | ● ● |
| | ㉓ 손에 연꽃을 드신 분(padma-hasta) | | ● |
| | ㉔ 손에 원반형 무기를 드신 분(cakra-yudha) | | ● |
| | ㉕ 소라나팔 소리로 깨우치시는 분 (sankha-sabda-nibodhana) | | ● |
| | ㉖ 큰 곤봉을 드신 분(mahalakuta-dhara) | ● | |
| | ㉗ 흑사슴 가죽을 걸치신 분(krsna-ajina) | ● | |
| | ㉘ 호랑이 가죽옷을 두른 분 (vyaghra-carma-nivasana) | ● | |
| 귀의문 | ㉚ 성관자재(aryavalokitesvara) | ● | |

# 6장

## 《신묘장구대다라니》
## 본문 해석 및 상세해설

 **《신묘장구대다라니》의 우리말·영문·산스크리트 원문 보기**

　신묘장구대다라니神妙章句大陀羅尼는 귀경歸敬: 귀의문/歸依文, 발원대상 보살명호의 언명, 공덕회향功德回向, 주문呪文, 결미結尾: 결분/結分의 5부분으로 구성되어 있다.

　여기서는 신묘장구대다라니의 정확한 의미를 이해하기 쉽고 찾아보기 쉽도록 하기 위해, 불공삼장不空金剛: Amoghavajra이 84개로 나눈 어구를 토대로 신묘장구대다라니를 30개의 문장으로 나누어 상세하게 해석 및 해설을 하였다.

　또한 산스크리트 원문과 영문을 찾는 젊은 세대 독자들의 요청에 부응하여 산스크리트 원문, 우리말 번역, 영문번역을 모두 수록하여 독자들의 이해를 돕고자 하였다.

　특히, 여기에 실린 우리말 번역, 영문번역, 산스크리트 번역은 저자가 이미 10여 년 전에 번역한 것으로, 《천수경도서출판 블루리본 발간》에도 수록되어 있다.

## 🏵 신묘장구대다라니(神妙章句大陀羅尼)

이 다라니Dharani는 산스크리트Sanskri로 된 것을 음역音譯한 것으로, 이해를 돕기 위해 30문장으로 구분하였음

①나모라 다나다라 야야 ②나막알야 바로기제 새바라야 모지 사다바야 마하 사다바야 마하가로 니가야 ③옴 살바 바예수 다라나 가라야 다사명 나막 까리다바 이맘알야 바로기제 새바라 다바 니라간타 나막 ④하리나야 마발다 이사미 ⑤살발타 사다남 수반아예염 살바 보다남 바바마라 미수다감 ⑥다냐타 ⑦옴 아로계 아로가 마지로가 지가란제 혜혜하례 ⑧마하모지 사다바 사마라 사마라 하리나야 ⑨구로구로 갈마 사다야 사다야 ⑩도로도로 미연제 마하미연제 ⑪다라다라 다린나례 새바라 ⑫자라자라 마라 미마라 아마라 몰제 ⑬예혜혜 로계 새바라 ⑭라아 미사미 나사야 ⑮나베 사미사미 나사야 ⑯모하자라 미사미 나사야 ⑰호로호로 마라호로 하례 바나마 나바 ⑱사라사라 시리시리 소로소로 ⑲못쟈못쟈 모다야 모다야 ⑳매다리야 니라간타 가마사 날사남 바라 하라나야 마낙 사바하 ㉑싯다야 사바하 마하싯다야 사바하 싯다유예 새바라야 사바하 니라간타야 사바하 ㉒바라하 목카싱하 목카야 사바하 ㉓바나마 하따야 사바하 ㉔자가라 욕다야 사바하 ㉕상카섭나네 모다나야 사바하 ㉖마하라 구타다라야 사바하 ㉗바마사간타 이사시체다 가릿나이나야 사바하 ㉘먀가라 잘마 이바사나야 사바하
『㉙나모라 다나다라 야야 ㉚나막알야 바로기제 새바라야 사바하』(세번)

# 우리말 신묘장구대다라니

韓譯 法眞 李進雨 奉行

자비로우신 푸른 목의 관자재님을 예찬하는 진언

1. 삼보시바 신·비슈누 신·인드라 신에 귀의하나이다.
2. 성스러운 관자재님께, 보살님께, 큰 보살님께, 대자대비하신 분께 귀의하나이다.
3. 옴! 모든 두려움으로부터 지켜주시는 분께, 이를[중생구제의 위업]을 행하신 성관자재시바 신님께 당신의 명호 청경푸른 목을 예찬하나이다.
4. (성 관자재님을 예찬하여) 이 다라니를 염송하옵니다.
5. (이 다라니는) 일체의 소망을 성취케 하고, 복을 받게 하며, 무적의 것이며, 일체 중생의 삶의 길을 청정케 하옵니다.
6. (이 진언은) 이러하오니:
7. 옴! 빛이여! 빛과 같은 지혜여! 세속을 초월하신 분이시여! 오소서, 하리비슈누 신이시여!
8. 대보살님이시여! 이 진언을 기억하소서, 기억해 주소서!
9. (중생구제의 위업을) 행하소서, 행하소서! (그 위업을) 이루소서, 이루소서!
10. 수호하소서, 수호하소서! 승리자시여, 위대한 승리자인드라 신시여!
11. (대지를 떠받쳐) 지지支持하소서, 지지하소서, 대지를 떠받치고 있는 분비슈누 신이시여!
12. 움직이소서, 움직이소서, 번뇌를 여읜 청정한 님이시여! 청정한 해탈로 이끄소서!
13. 바라옵나니, 어서 오소서! 세상을 다스리는 분이시여!
14. 탐욕의 독을 소멸케 하소서!

15 노여움의 독을 소멸케 하소서!

16 어리석음의 독을 소멸케 하소서!

17 번뇌를 없애주소서!
배꼽에서 연꽃이 피어나는 분연화성존 하리 비슈누 신이시여!

18 감로의 법을 주소서! 지혜의 빛이 모든 곳에 이르게 하소서!

19 깨달은 분이시여, 깨달은 분이시여!
깨닫게 하소서, 깨닫게 하소서!

20 자비심 깊은 청경성존靑頸聖尊: 시바 신이시여!
애욕(의 공허한 본질)을 성찰하시고 크게 기뻐하시는 분에게 공경을!
이루게 하소서!

21 성취하신 분께 비나이다! 크게 성취하신 분께 비나이다!
요가를 성취하신 자재자시바 신께 비나이다!
청경성존靑頸聖尊: 시바 신이시여, 이루게 하소서!

22 산돼지 얼굴, 사자 얼굴로 현신하시는 분비슈누 신께 경배하옵니다!
이루게 하소서!

23 손에 연꽃을 드신 분비슈누 신께 경배하옵니다. 이루게 하소서!

24 원반형 회전칼날무기를 드신 분께 경배하옵니다. 이루게 하소서!

25 소라나팔 소리로 깨우쳐 주시는 분께 경배하옵니다. 이루게 하소서!

26 큰 곤봉을 지닌 분께 경배하옵니다. 이루게 하소서!

27 왼쪽 어깨에 흑사슴가죽을 걸치신 분시바 신께 경배하옵니다.
이루게 하소서!

28 호랑이가죽 옷을 두른 분께 경배하옵니다. 이루게 하소서!

29 삼보시바 신·비슈누 신·인드라 신에 귀의하나이다.

30 거룩하신 관자재님시바 신께 귀의하나이다.

옴! 이 모든 신묘한 주문이 원만히 이루어지게 하소서!

# The Great Compassion Dharani to the Blue-necked Avalokitesvara

*translated and dedicated by* 法眞 李進雨

1. I, with reverence, take refuge in the Triple Treasure!
2. Adoration to the Holy Lord who looks down,
    to the Enlightened Sentient Being,
    to the Great Sentient Being,
    to the Compassionate One!
3. Aum! Adoration to One who delivers all beings from any fear or any peril: hereby adoration to the Holy Lord by the name of the Blue-necked One!
4. Now I, in praise of the Holy Lord, enunciate the heart dharani,
5. which ensures all the wishes of all beings,
    invokes fortune, holds invincible
    and purifies the path of existence for all living beings.
6. Like this:
7. Aum! My Lord who emits great brilliance!
    Brilliance of wisdom!
    The World-Transcending One!
    Come, Hari, my Lord Vishnu!
8. My Great Bodhisattva, please do bear my heart dharani in mind.
9. Do, do the great work of delivering all beings! Accomplish, do accomplish!
10. Hold fast, hold fast!
    O victorious one, the great victorious one!
11. Hold on, hold on, My Lord who supports the earth!
12. Move, move onto my immaculate liberation from rebirth!

13. Descend, descend, our Lord!
14. May the poison of attachment be destroyed!
15. May the poison of anger be destroyed!
16. May the poison of delusion be destroyed!
17. May my heart be purified!
    O my Lord from whose navel grows a louts!
18. Let the ambrosia of dharma fluid!
    Let the light of dharma leak out!
19. Enlightened one, Enlightened one!; enlighten me, enlighten me!
20. Adoration to the merciful Blue-necked One,
    rejoicing over penetrating the passion, hail!
21. Adoration to the Successful One, hail!
           to the Great Successful One, Hail!
           to the Successful Lord of the yogis, hail!
           to the Blue-necked One, hail!
22. Adoration to the Lord incarnated in the Boar-faced One,
                   in the Lion-faced One, hail!
23. To One who sports a red lotus in his hand, hail!
24. To the holder of discus in his hand, hail!
25. To One who holds the conch in his hand, hail!
26. To the bearer of the mace in his hand, hail!
27. To One who covers his left shoulder with black deerskin, hail!
28. To One who wears tiger skin, hail!
29. I, with reverence, take refuge in the Triple Treasure!
30. Adoration to the Holy Lord who looks down, hail!

Aum! May all these invocation verses be achieved! So be it!

## 🕉 신묘장구대다라니 산스크리트 원어독송

**①** Namo ratna-trayaya
나모   라뜨나   뜨라야-야

**②** Namah     ary-avalokitesvaraya    bodhisattvaya
나마하     아리야왈로끼떼슈와-라야     보드히쌋뜨와-야

maha-sattvaya        maha-karunikaya
마하-쌋뜨와-야        마하-까루니까야

**③** Aum sarva-bhayesu   trana-karaya tasmai namah
옴   싸르와-브하예쑤    뜨라-나 까라야  따스마이 나마하

Krtva     imam     saryavalokitesvara
끄리뜨와-   이-맘    아리야왈로끼떼슈와-라

tava   Nila-kantha nama
따와   닐라깐타     나 마

④ Hrdayama  vartayi-syami
흐리다얌아  와르따이샤-미

⑤ Sarvartha-sadhanam subham ajeyam
싸르와-르타 삿다남   슈브함   아예얌

sarva-bhutanam bhava-marga-visuddhakam
싸르와-브후따남   브하와-마르가   위쇼드하깜

⑥ Tadyatha
따드야타-

⑦ Aum  aloke  aloka-mati loka-tikrante he he hare
옴   알로께  알로까-마띠  로까-띠그란-떼  헤 헤 하레

⑧ Mahaboddhisattva smara smara hrdaya
마하-보드히샃뜨와-  쓰마라  쓰마라  흐리다야

⑨ Kuru kuru  karma sadhaya sadhaya
꾸루 꾸루   까르마  싸-드하야  싸-드하야

제3부 신묘장구대다라니 본문해석 및 상세해설 | 149

⑩ Dhru dhru vijayantae maha-vijayantae
드후루 드후루 위자얀떼   마하-위자얀떼

⑪ Dhara dhara dharanimdharesvara
드하라 드하라 드하라님드하레스와-라

⑫ Cala cala mala vimala amala-murte
짤라 짤라 말라 위말라 아말라-무르떼

⑬ Ehyehe Lokesvara
에흐예헤 로께스와-라-

⑭ Raga-visa vinasaya
라가-위샤 위나-샤야

⑮ Dvesa-visa vinasaya
드웨샤-위샤 위나-샤야

⑯ Mohacala-visa vinasaya
모하짤라-위샤 위나-샤야

⑰ Huru huru mala huru hare    padma-nabha
후루 후루 말라 후루 하레    빠드마 나-브하-

⑱ Sara sara    Siri siri    Sru sru
싸라 싸라    씨리 씨리    쓰루 쓰루

⑲ Budhya budhya bodhaya bodhaya
붇드흐야 붇드흐야 보드하야 보드하야

⑳ Maitreya-nila-kantha kamasya
마이뜨리-야 닐라 깐 타    까 마 쓰 야

dharsanam prahladaya-manah svaha
다르샤나-암    쁘라흘라다야    마-나흐 쓰와-하-

㉑ Siddhaya svaha maha-siddhaya svaha
싯드하-야 쓰와-하- 마하-싯드하-야 쓰와-하-

siddha-yogesvaraya    svaha    Nila-kanthaya svaha
싯 다-요게스와-라야    쓰와-하-    닐라-깐 타야    쓰와-하-

### 22
Varaha-mukha simha-mukhaya svaha
와라하 무카  씽하 무카야  쓰와-하-

### 23
Padma-hastaya svaha
빠드마- 하스따야 쓰와-하-

### 24
Cakra-yudhaya svaha
짜끄라-유드하아야  쓰와-하-

### 25
Sankha-sabda nibodhanaya svaha
샹카-샤브다   니보드하나야 쓰와-하-

### 26
Maha-lakuta-dharaya       svaha
마 하-라꾸따- 드하라야      쓰와-하-

### 27
Vama-skandha-disasthita-krsna-ajinaya svaha
와마-스깐다   디샤쓰티따 끄리슈나 아지나야 쓰와-하-

### 28
Vyagra-carma-nivasanaya  svaha
브야그라 짜르마 니와싸나야    쓰와-하-

㉙ Namo ratna-trayaya
나모    라뜨나 뜨라야-야

㉚ Namah    ary-avalokitesvaraya svaha
나마하     아리야왈로끼떼슈와-라야    쓰와-하-

Aum sidhyantu mantra-padaya svaha
옴    씨디얀뚜    만뜨라    빠다야    쓰와-하-

# 《신묘장구대다라니》 본문 해석 및 상세 해설

신묘장구대다라니를 살펴보면 Ⅰ.귀경歸敬, Ⅱ.발원대상 보살명호의 언명, Ⅲ.공덕회향功德回向, Ⅳ.주문呪文, Ⅴ.결미結尾의 5부분으로 구성되어 있음을 알 수 있다.

또한 불공삼장이 82개로 나눈 어절를 토대로 30개의 문장으로 나누어 보면 그 의미를 한결 쉽게 이해할 수 있다.

각 문장별, 어구별, 어휘별 의미를 보면 다음과 같다.

### Ⅰ.귀경歸敬: 귀의문/歸依文; Initial Salutation

> **1** 「나모라 다나다라 야야」　　《현행의 잘못된 읽기》
> 『나모 라뜨나 뜨라야-야』　　《원음대로의 올바른 읽기》
> Namo ratna-trayaya
>
> 《삼보시바 신·비슈누 신·인드라 신에 귀의하나이다.》

○ 나모 namo(=namah ← namas): 귀의하다(take refuge in),
　　　　　　　　　　　　　　　경배하다(adoration to)

### 🔥 나모namo, 나마하namah

이 용어는 불교에서 시작된 불교 고유의 것은 아니다. 원래 인도 고대종교인 브라흐만교Brahmanism에서 신들에게 바치는 기도의 서두에 붙이는 귀경歸敬의 용어였다. 브라흐만교의 후신인 힌두교Hinduism는 물론, 불교, 자이나교Jainism, 시크교Sikhism 등도 거의 모두 이 귀경의 용어를 수용하였다.

나모namo, 나마하namah의 대표적 용례는 오늘날 힌두교에서 가장 널리 염송되고 있는 진언인 '옴 나마하 쉬바야Aum Namah Shivaya; 성/聖 관자재 시바 신께 귀의하나이다'에서도 볼 수 있다.

오늘날 인도인의 인사말의 하나인 나마스테Namaste; 당신에게 인사드립니다(← 당신 안의 신께 경배드립니다) 역시 한 용례이다.

○ 라뜨나 뜨라야-야
　ratna-trayaya: 삼보(시바 신·비슈누 신·인드라 신)께
　(ratna 보물 + traya 삼(三) + ya ~에게(여격어미))

💧 **삼보**三寶; ratna-traya; triratna/트라이라트나; three jewels

고대 아리아인들의 조로아스터교는 인도인의 종교관에도 심대한 영향을 주어, 베다시대에는 아그니Agni; 불의 신, 인드라Indra; 천둥번개의 신, 수르야Surya; 태양신로 이루어지는 베다 삼보Vedic Triad; Vedic Triratna가 형성되었다.

베다시대 후기에 이르러서는 브라흐마·비슈누·시바로 구성되는 힌두 삼보Hindu Trimurti로 발전되었으나, 신묘장구대다라니에서는 인드라가 유명무실한 브라흐마를 대신하고 있다.

그 후에 생성된 불교, 자이나교, 시크교 등도 이 개념을 받아들여 각자의 종교관에 맞는 삼보개념을 정립시키게 되었다.

불교에서는 불佛; Buddha·법法; Dharma·승僧; Sangha 삼보三寶의 개념이 정립되었으며, 한편 불교와 동시대에 성립된 자이나교의 삼보는 삼먁다르샤나Samyakdarsana; 正見, 삼먁즈냐나Samyakjnana; 正知, 삼먁챠리타Samyakcarita; 正行이다.

▶ **불의 신 아그니**
조로아스터교의 영향을 보여주는 신으로, 우리말 '아궁이'의 어원이기도 하다. 또한 무량광 아미타여래의 기원과도 연관이 있다.

▲ 삼보륜에 예배하는 사람들

② 「나막알약 바로기제 새바라야　모지 사다바야」
『나마하 아리야아왈로끼떼슈와-라야 보드히쌋뜨와-야』
　　Namah　　aryavalokitesvaraya　　boddhisattvaya

「마하사다바야 마하가로 니가야」
『마하-쌋뜨와-야 마하-까루니까야』
　　mahasattvaya　　mahakarunikaya

《거룩하신 관자재님께, 보살님께,
　큰 보살님께, 대자대비하신 분께 귀의하나이다.》

○ 나마하; namah=namo, namas): 귀의하(여 받들)다,
　　　　　　　　　　　　　　　　경배하다(pay homage to)

○ 아리야아왈로끼떼슈와-라야]
　aryavalokitesvaraya: 성스러운 관자재님께
　[ary- 성(聖)스러운, 고귀한 + avalokitesvara 관자재 + ya ~에게]

🔥 Avalokitesvara: 세상을 굽어 살펴보시는 하느님
　(Lord Who Looks Down the World)
　[ava 아래(down) + lok 보다(look) + ita ~한(분사) + isvara 주(主)]

　Avalokitesvara는 브라흐만교-힌두교에서 시바 신과 비슈누 신에 대한 예경禮敬의 호칭으로, 문자 그대로의 뜻은 '세상을 굽어 살피시며 스스로 계시는 절대자, 즉 하느님, 주主; Lord'라는 뜻이다. 한문으로는 '관자재觀自在'로 번역된다.

　시바 신의 명호는 Avalokitesvara관자재/觀自在 이외에도 무려 수천 개가 있는데, 그 중 가장 널리 쓰이는 것으로는 '로께슈와라Lokesvara', '이슈와라Isvara' 등이 있다.

Lokesvara: 세자재(世自在; 세상을 다스리는 분, 하느님)
　　　　　[loke 세간, 세상 + isvara 자재자]
Isvara 주(主, lord, 하느님), 왕, 통치자(ruler, master)


　브라흐만교-힌두교에서 시바 신과 비슈누 신을 가리키는 예경禮敬의 호칭 Avalokitesvara아발로키테스바라; 관자재/觀自在는 후에 불교에도 수용되었다.
　그러나 불교에서는 이 관자재觀自在를 가져다 본래의 위격位格; 지위와 품격인 '힌두교 최고의 하느님'이 아니라, 부처님보다 아래 단계인 '관세음보살'로 왜곡 격하시켜 버렸다.

≪pp158~159 관자재 상세해설 참조≫


　이렇게 남의 것을 받아들이는 경우, '습합쩝合: 철학이나 종교 따위에서 서로 다른 학설이나 교리를 절충함'이라는 왜색용어보다는 종교적 수용, 또는 종교적 혼합주의syncretism/씽크레티즘이라는 말이 더 정확한 표현이다.


○ 보드히쌋뜨와-야; bodhisattvaya: 보살님에게
　[boddhi 지혜, 깨달음 + sattva 존재 + ya ~에게]

🔥 bodhisattva: 보살(菩薩)
　[boddhi 지혜, 깨달음 + sat 지혜로운 자 + tva 추상명사어미]

○ 마하쌋뜨와-
　mahasattva: 마하살(麻賀薩), 대보살, 구세주 시바 신(mahat)
　[maha- 큰, 대(大) + bodhisattva 보살]

○ 마하-까루니까야
　mahakarunikaya: 대자대비하신 분[시바 신]에게
　[maha- 큰, 대(大) + karuna 자비(慈悲) + ika 자(者) + ya ~에게]

## 신묘장구대다라니에 나오는
## 관자재(觀自在; Avalokitesvara)는 누구를 가리키는가?

　우리는 보통 반야심경(般若心經)의 첫 어구로 등장하는 관자재보살이라는 말에 너무나 익숙해 있어서 관자재를 불교의 관세음보살로 착각하기 쉽다.
　그러나 현장삼장 역(譯)의 반야심경에 등장하는 관자재보살의 의미와는 전혀 다르다. 현장삼장의 관자재보살은 힌두교의 관자재보살, 즉 시바 신과 비슈누 신을 가져다 불교에 수용하여 불교식으로 변용한 것이다.

　본래 브라흐만-힌두교에서는 시바(Shiva) 신과 비슈누(Vishnu) 신에 대한 예경(禮敬)의 뜻을 담은 명호로 아왈로끼테슈와라(Avalokitesvara), 로께슈와라(Lokesvara), 이슈와라(Isvara) 등을 사용하였다.
　이 두 신의 명호들에 대한 한역어(漢譯語)와 우리말 뜻을 살펴보자.

◆ Avalokitesvara: 관자재(觀自在; 세상을 굽어 살펴보시는 하느님/Lord Who Looks Down the World)로 한역되며 그 뜻은 '주(主)', '하느님'이다.
　[ava 아래(down) + lok 보다(look) + ita ~한(분사) + isvara 주(主, lord)]

◆ Lokesvara: 세자재(世自在; 세상의 자재자, 세상을 다스리는 분, 하느님)
　[loke 세간, 세상 + isvara 자재천()주(主, lord), 왕, 통치자, 하느님]

　이처럼 시바외 비슈누 신의 명호 '관자재(觀自在)'의 문자 그대로의 뜻은 '세상을 굽어 살피시며 스스로 계시는 절대자, 즉 하느님'이라는 뜻이다.

　한편, 이 아왈로끼테슈와라(Avalokitesvara; 관자재)는 후에 불교에도 수용되었으나, 불교에서는 이 관자재(Avalokitesvara)를 본래의 뜻 '최고의 하느님'이 아닌 부처님보다 아래 단계인 관음보살 33응신(應身; 화신/化身; 변화신) 중의 하나인 '천수관음'으로 신격을 격하하고 의미를 변질시켜버렸다.

　우리 모두가 익히 알고 있는 구마라습의 구역 '관세음(觀世音)'이든 현장의 신역 '관자재(觀自在)'이든, 양쪽 다 불교에 수용된 이후의 왜곡된 의미를 한역한 것에 지나지 않는 것으로, 인도에서의 원 뜻과는 전혀 다른 것이다. 결론적으로 브라흐만-힌두교의 시바 신과 비슈누 신을 가리키는 관자재(觀自在; Avalokitesvara)라는 명호가 불교에 수용되어서는 힌두 최고신 시바와 비슈누 신과는 전혀 무관한 관세음보살의 명호로 바뀌어버린 것이다.

▲ 관자재 비슈누(Lord Visnu)    ▲ 관자재 시바(Lord Shiva)

그럼에도 불구하고, 불공금강(不空金剛; Amoghavajra)의 한역 '청경관자재보살심다라니경(靑頸觀自在菩薩心陀羅尼經; Sutra of the Bodhisattva Nīlakantha Avalokitesvara's Heart Dharanī)'에서는 관자재보살이 청경 시바 신이라는 사실을 확증(確證)하고 있으며, 시바 신이 본디 인도 최고의 신인 점에 비추어 관자재가 하느님이라는 의미를 나타내고 있다.

산스크리트 학자들은 관자재(觀自在)가 시바 신을 가리키는 명호(名號)이며, 신묘장구대다라니는 청경 관자재 시바 신에 대한 귀의문이자 예찬의 기도문이라는 것을 이미 오래 전부터 알고 있었다.

불교에서는 힌두교의 중생구제와 자비의 닐라칸타 청경관자재보살 마하살을 가져다 그 위에 자비의 보살 관세음보살이라는 이름으로 덮어써버렸다. 청경관자재 시바 신의 명호를 청경관음(靑頸觀音), 천수관음이라는 변형된 이름을 붙여 관세음보살 33응신 중의 하나로 둔갑시켜버렸다.

'수용'이라는 말 한마디로 힌두교 최고의 신이 불교에 봉사하는 중간급의 신격으로 격하되어버린 것이다.

불교에서 '수용'이라는 말은 만능의 도구인가? 불교가 아무리 '포용의 종교'라고는 하지만 어떠한 외도(外道; 불교 이외의 종교)의 신이든, '수용하였다'라는 말 한 마디면 그 즉시 불교의 신격이 될 수 있는 것인가?

또한 타종교의 최고신을 무단으로 수용하여 자기 종교의 교조보다 하위의 신으로 격하하여 모독하는 종교를 과연 진정한 포용의 종교라 할 수 있는가?

## II. 발원대상 보살명호의 언명 歸敬: Declaring the Names of the Avalokitesvaras

③ 「옴 살바 바예수 다라나 가라야 다사명 나막
『옴 싸르와- 브하예쑤 뜨라-나 까라야 따스마이 나마하
　Aum sarva　bhayesu　trana-karaya　　tasmai　　namah

까리 다바 이맘알야 바로기제새바라 다바 니라간타 나막」
끄리뜨와- 이-마암 아리야왈로끼떼스와-라 따와 닐라깐타 나마』
krtva　　　imam　　aryavalokitesvara　　tava　nilakantha nama

《옴! 모든 두려움으로부터 지켜주시는 분께, 이를[중생구제의 위업을]
행하신 성관자재님시바 신과 비슈누 신께, 당신의 명호 청경을
예찬하나이다.》

○ 옴; aum, om: 우주적 본질을 의미하는 근본적 진언
○ 싸르와-; sarva: 모든, 일체의 (것)
○ 브하예쑤; bhayesu: 두려움, 위험
　[bhi 두려워하다 + -esu 처소격어미]
○ 뜨라-나 까라야; trana-karaya: 구원해 주시는 분에게
　[trana 보호, 구원 + kara 행위자(←kr; do) + ya ~에게(여격)]
○ 따스마이; tasmai: 그에게(him)
○ 나마하; namah(=namo, namas): 귀의하다, 경배하다
○ 끄리뜨와- 이-마암
　krtva imam: 이에; 중생구원의 위업을 행하셨기에
　[krtva ~을 하고서(←kr 하다(do): having done; doing so)
　　　　　＋ imam 이것을(this); 이제)]
○ 아르야왈로끼떼스와라; aryavalokitesvara: 성 관자재(觀自在)
○ 따와; tava: 그대의, 당신의(←2인칭 대명사 yusmad의 소유격)
○ 닐라깐타; Nila-kantha: 푸른 목, 청경성존(靑頸聖尊)
　　　　　　[nila 푸른 + kantha 목(구멍)→푸른 목을 지닌 시바 신]
○ 나마; nama: 이름(name), 명호(名號)

## 옴 Aum, Om; 唵

많은 불교인들은 '옴(AUM)'자가 불교의 상징인줄로 알고 있지만, 사실은 힌두교의 상징이다.

산스크리트 옴은 인도에서 고대로부터 종교의식 전후에 암송하는 베다나 진언 등의 서두에 놓이는 가장 신성하게 여겨지는 음절이다.

옴은 태초에 존재하던 원초적 소리로 모든 음과 모든 말과 모든 진언을 응축한 우주의 근본적 진언이다.

옴의 의미는 시대와 문화에 따라 다양하게 해석되어왔는데, 우파니샤드Upanishad에 따르면 옴은 전 우주를 구성하는 근본물질인 세 단어의 머리글자 아A-우U-움M을 합성한 것이다. 그 세 단어란 아카라a-kara; 형체가 있는 물체, 우카라u-kara; 물이나 공기, 불처럼 정해진 형체가 없는 물질, 마카라ma-kara; 전파처럼 형체가 있는 것도 없는 것도 아닌 것이다.

바가바드 기타Bhagavad Gita에서는 옴이 3베다, 즉 리그베다Rig-Veda, 사마베다Sama-Veda, 야주르베다Yajur-Veda를 의미한다.

힌두교에서 옴은 힌두 삼신Hindu Trimurti/힌두 트리무르티을 상징하는 신비한 이름으로 a는 브라흐마Brahma; 창조의 신, u는 비슈누Vishnu; 유지의 신, m은 마하데비Mahadev; 파괴의 신 Shiva의 별칭의 결합이다. 여기서 옴은 탄생·삶·죽음의 순환과정을 의미한다.

불교에서도 옴을 수용하여 관세음보살본심미묘육자대명왕진언觀世音菩薩本心微妙六字大名王眞言 '옴 마니 반메 훔Aum Mani Padme Hum/옴 마니 빠드메 훔'의 경우에서와 같이 진언이나 다라니의 첫 부분에 붙이는 경우가 많다.

## 닐라깐타 Nilakantha: 청경/青頸; the Blue-necked Lord Shiva

시바Shiva 신은 108 가지의 명호로 불리는데 그 중의 하나가 바로 닐라깐타이다. '닐라깐타Nilakantha'의 말 그대로의 의미는 '청경青頸', 즉 '푸른 목 (또는 목구멍)'이란 뜻이다.

성관자재 청경 시바 신이 세상을 구원하고자 기꺼이 독을 마신 자기희생정신과 이타적 행위를 불교적으로 해석하여 관세음보살의 대자비심이라는 틀 속에 수용한 것이다.

### 시바 신은 왜 푸른 목을 지니게 되었나?

태고에 선신 데바들(Devas)이 악신 아수라들(Asuras)과의 전쟁에서 부상하여 죽어가게 되자, 데바들은 비슈누(Vishnu) 신의 조언에 따라 만다라 산을 뽑아다 회전봉으로 삼아 우유의 바다를 휘저어 영생불멸의 영약 암리타(Amrita; 불교에서는 감로/甘露로 수용)를 얻기로 하였다.

신들은 그들 힘만으로는 산을 회전시킬 수 없자, 아수라들에게도 암리타를 나누어주겠다고 설득하여 우유의 바다를 휘젓는 일에 동참하게 하였다.

그들은 거대한 뱀의 왕(Nagaraja/나가라자; 불교에는 팔부신중 가운데 하나인 용왕으로 수용됨) 바수키(Vasuki)에게 만다라 산을 휘감게 하고 뱀의 몸통을 밧줄로 삼아 양쪽에서 잡아당겨 바다를 휘저었다.

이 과정에서 바다에서 많은 것들이 나왔다. 비슈누 신의 아내가 되는 아름다운 부와 행운의 여신 락슈미(Lakshmi)도 이때 연꽃을 타고 떠올라왔다. 그런데 우주 바다의 심연에 있던 맹독 할라할라(Halahala)가 떠올라 세상의 모든 생명들이 전멸할 위기에 처하게 되었으나 어느 신도 감당하려 하지 않았다.

비슈누 신이 시바 신에게 인류의 구원을 간청하자, 시바 신은 중생을 구원하기 위해 기꺼이 독을 마셔 없애버리는 희생적 조치를 취하였다.

우주의 맹독은 최고의 신 시바에게 해를 입히지 못하였으나 그의 목구멍이 검푸르게 물들어 닐라칸타(Nilakantha; 청경/青頸; 푸른 목구멍)이란 명호로 불리어지게 되었다.

힌두 창조신화 사무드라 만탄(samudra manthan; 우주의 바다 휘젓기)에서 우주의 바다는 우유로 되어 있다. 바다의 수면과 파도가 우윳빛으로 묘사되어 있는 것이 무척 흥미롭다. 멀리 바다를 휘젓는 거대한 산이 있고 그 옆에는 밧줄 역할을 하는 거대한 뱀의 왕 바수키의 몸통이 보인다.

흰 우유의 바다 위로 보이는 검은 띠 모양의 액체가 바로 인류를 멸망에 처하게 한 맹독 할라할라(Halahala; 칼라쿠다/Kalakuta)이다.

◀ 모든 중생을 구원하기 위해 우주의 맹독을 마시는 시바 신

인류와 모든 중생들을 구원하기 위해 자신을 희생하며 독을 마시는 시바 신의 대자비는 바로 관세음보살님의 모티프 프로토타입원형(原形)화신으로서 보는 이들을 숙연하게 한다.

사무드라 만탄(Samudra Manthan) ▶
우유의 바다를 휘저음
Angkor Wat, Cambodia

여기서 유해(乳海), 즉 우유의 바다란 사실은 산호가루로 하얗게 보이는 바다를 말한다는 학설도 있다.

위는 앙코르와트의 벽면에 있는 부조물로서 시바 신이 닐라깐타, 즉 청경관자재로 불리게 된 연유를 묘사하고 있다. 이 부조는 '우유의 바다를 휘저음 (the Churning of the Sea of Milk)'이란 제목으로 잘 알려져 있다.

가운데에 비슈누 신이 있으며 바로 아래에는 그의 두 번째 화신 쿠르마(Kurma; 거북)가 있으며, 왼쪽과 오른 쪽에는 아수라(Asura)와 데바(Deva; 천신(天神)들이 있다. 회전봉 역할을 하는 만다라 산위에서 균형을 잡고 있는 신은 인드라(Indra: 불교에는 제석천/帝釋天이란 이름으로 수용됨)이다.

## Ⅲ. 공덕회향 功德廻向; Sloka enunciation of the merit of the hrdaya-dharani

> **4** 「하리나야 마발다 이사미」
> 『흐리다얌아 와르따이샤-미』
>    Hrdayama   vartayisyami
>
> 《(성 관자재님을 찬양하여) 이 다라니를 염송하옵니다.》

○ 흐리다야
   hrdaya: 마음, 심장, 정수; 베다(Veda);
           다라니; 심진언(心眞言)

○ 와르따이샤-미
   vartayisyami: 염송할 것이다(vrt 빛나다, 말하다의 미래형)

> **5** 「살발타 사다남 수반아예염 살바 보다남
> 『싸르와-르타- 싸드하나암 슈브함 아예얌 싸르와-브후-따-남
>    Sarvartha-sadhanam    subham ajeyam    sarva-bhutanam
>
> 바바마라 미수다감」
> 브하와 마르가 위쇼드하깜』
>    bhava-marga-visoddhakam
>
> 《(이 다라니는) 일체의 소망을 성취하게 하고, 복을 받게하며, 무적의 것이며, 일체의 생명 있는 존재[일체중생/一切衆生]가 윤회하는 삼유三有의 길을 청정하게 하는 것이옵니다.》

○ 싸르와-르타-
   sarvartha: 일체의 소망, 모든 바라는 바의 목적
   [sarva 일체의, 모든 + artha 소망, 목적, 재산, 이로움]

○ 싸드하나암
　sadhanam: 성취, 완성
　　　　　　(←sidh 성취하다, 완성하다(achieve, fulfill))

○ 슈브함; subham: 행복, 복, 행운, 풍요, 아름다움(←subh)

○ 아제얌; ajeyam: 무적의(invincible)

○ 싸르와-브후-따-남
　sarva-bhutanam: 일체의 생명이 있는 존재, 일체중생(一切衆生)
　[sarva 일체의 + bhutanam 생명이 있는 존재(any living being)]

○ 브하와 마르가 위쇼드하깜
　bhava-marga-visoddhakam: 삶의 길을 정화하는 것
　[bhava 탄생, 존재, 삶; 삼유(三有) + marga 길, 통로
　(← marga 찾다) + visoddhakam 청정케 하는 것
　(vi- 분리 + sudh 정화하다 + kam 청정]

💮 **삼유**三有: tri-bhava: 3 states of being or worldly existence

존재의 세 가지 형태로서 욕계欲界, 색계色界, 무색계無色界의 삼계三界: trayodhatav 또는 현유現有: 현재의 몸과 마음의 상태, 당유當有: 미래의 몸과 마음의 상태, 중유中有: 현재와 미래 중간의 몸과 마음의 상태를 가리킨다.

### 신묘장구대다라니에 묘사되어 있는 시바 신의 모습과 그 의미

시바(Shiva)는 본래의 이름을 가리키는 고유명사가 아니라 '상서로운', '자비로운' 등의 뜻을 가진 형용사로, 폭풍의 신 루드라(Rudra)에게 붙이는 유화적 별칭이다.

《리그 베다》에 나타나는 루드라 신이 민간신앙과 혼합되어 힌두교의 최고 신이 되고 그 발전의 싹은 브라마나(Brahmana) 문헌에 나타나있다.

시바는 파괴의 신이라는 말 때문에 부정적으로 여겨지는 경향이 있다. 그러나 시바 신의 파괴는 브라흐마 신의 창조를 위한 선행과정으로, 이로써 창조-유지-파괴-재창조로 이어지는 우주의 순환 고리가 완성되는 것이다.

▲ 시바 신상이 새겨진 쿠샨제국(Kushan Empire)의 금화

삼지창을 든 시바 신과 그의 황소 난디가 뚜렷하다. BCE 1-2C

시바 신은 현재 전지전능한 힌두교 최고의 신이지만, 동시에 불교에는 대자재천(大自在天; Mahesvara)이란 이름의 호법신(護法神)으로 지위가 격하되어 수용되어 있다.

여기서 한 가지 흥미로운 점은 시바 신의 본명인 폭풍의 신 루드라 역시 십일면관음(十一面觀音; Ekadasa-mukha Avalokitesvara)과 부동명왕(不動明王; Aryacalanatha/아리야칼라나타; 아짤라/Acala; 대광보조관음/大光普照觀音)이라는 전혀 다른 2개의 이름으로 불교에 수용되어 있는 점이다.

결과적으로 힌두교 시바 신 한 분이 불교에 수용되어서는 분신술이라도 부렸는지 5분의 신격, 즉 청경관음, 천수관음, 대자재천, 십일면관음, 부동명왕으로 수용되어 하나의 힌두교 신이 불교에는 각기 다른 5분의 신격으로 수용되어 있는 것이다.《상세한 내용은 4부 참조》

베다의 서사시에 따르면, 시바 신은 극한의 요가를 수행하는 신으로 요기(yogi; 요가수행자; 遊街行者/유가행자)의 왕이라 불린다. 그가 요가를 수행할 때는 많은 열을 발산하므로 열을 식히기 위해 히말라야 산중의 눈 덮인 카일라쉬 산(Mt. Kailash; Sumeru/수메루; 불교에는 수미산으로 수용됨)에 거주한다.

그의 면모를 보자면, 그는 4개의 얼굴, 10개의 팔, 3개의 눈을 가졌으며, 중생을 구원하기 위해 맹독을 마셔 푸른 목(구멍)을 하고 있다.

머리 위에는 하늘에서 내린 갠지스 강과 달을 이고 있고, 사슴 가죽과 호랑이 가죽을 걸치고 있으며, 삼지창·활·도끼 등의 무기를 가지고 있으며, 탈 것(vahana/바하나)로 흰 수소 난디(nandhi)를 타고 다닌다.

시바의 배우자 여신들은 여성의 창조적인 힘을 인격화한 샥티(Shakti)의 면면을 나타낸 것이다. 얌전하게 시바 신을 공경한 사티(Sati), 그녀의 환생으로 사랑을 쟁취한 현모양처 측면의 파르바티와 그녀의 환생 우마(Parvati; 우마/Uma), 사자나 호랑이를 타고 악마를 물리치는 성스러운 여전사 두르가(Durga), 화가 난 난폭하고 무서운 측면을 나타낸 칼리(Kali) 등이 있다.

시바 신의 배우자 신 우마(Uma), 파르바티(Parvati) 또는 두르가(Durga)는 본래 산악지대의 원주민이 믿어온 여신이다.

시바의 또 다른 별칭 하라(Hara; 파괴자)는 광폭한 성품을 나타낸다. 무서운 파괴의 신이지만, 춤과 음악을 관장하고 즐긴다.

또한 시바 신은 성(性)과 생식(生殖)을 지배하는 신이어서 그의 신상 앞에는 링가(Linga; 男根)와 요니(Yoni; 女根)의 결합상이 있다. 이것은 생명이 남녀의 육체적 결합에서 태동하듯이 시바 신이 만드는 창조-유지-파괴의 우주 순환과정에도 성적 에너지가 근원이 된다는 뜻이다. 링가와 요니의 결합은 음과 양이 결합되었을 때 비로소 존재의 완전성을 갖추게 된다는 종교관을 보여주는 것이다.

◆ 시바 신의 모습과 그 의미

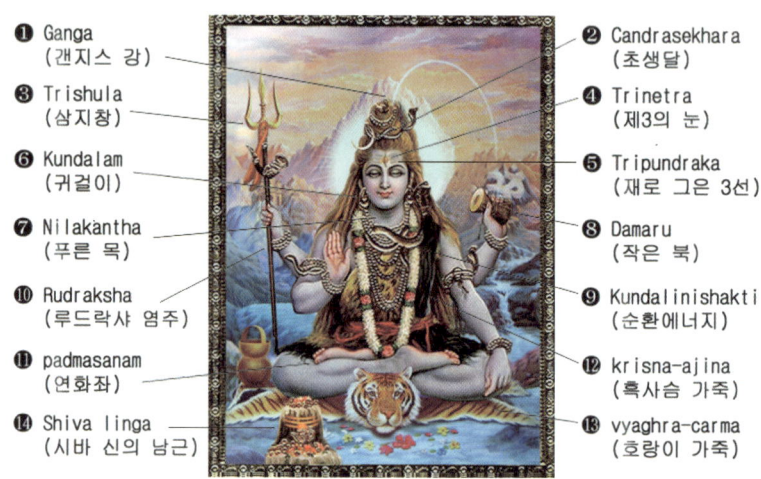

❶ Ganga (갠지스 강)
❷ Candrasekhara (초생달)
❸ Trishula (삼지창)
❹ Trinetra (제3의 눈)
❻ Kundalam (귀걸이)
❺ Tripundraka (재로 그은 3선)
❼ Nilakantha (푸른 목)
❽ Damaru (작은 북)
❿ Rudraksha (루드락샤 염주)
❾ Kundalinishakti (순환에너지)
⓫ padmasanam (연화좌)
⓬ krisna-ajina (흑사슴 가죽)
⓮ Shiva linga (시바 신의 남근)
⓭ vyaghra-carma (호랑이 가죽)

① 강가(Ganga/강가; 항하/恒河)

갠지스 강을 인격화한 것. 시바 신의 머리타래에서 흘러나오는, 인간을 정화시키는 가장 성스러운 강이다. 금강경에는 셀 수 없이 많음을 의미하는 용어로 항하사수(恒河沙數; 항하의 모래알갱이 수)라는 비유가 자주 등장하는데, 이 항하(恒河)란 바로 인도의 갠지스 강을 말하는 것이다

② 초승달(Candrasekhara/찬드라세카라)
머리타래 위에 있는 초승달은 시간에 대한 지배를 나타낸다.

③ 삼지창(Trishula/트리슐라)
힌두3신의 삼위일체 또는 신성한 세 글자의 음인 옴(AUM)을 상징.

④ 제3의 눈(Trinetra/트리네트라)
시바 신의 이마에 있는 지혜의 눈으로 과거·현재·미래의 일을 모두 알 수 있다. 또한 빛을 쏘아 모든 것을 불태워 버릴 수도 있다.

⑤ 이마의 3선(Tripundraka/트리푼드라카)
신성한 재를 개어 이마에 그은 세 선(three ash lines)은 구세주로서의 시바 신의 의지, 지식, 행동을, 또한 탐·진·치 극복을 상징하기도 한다.

⑥ 귀걸이(Kundalam/쿤달람)
왼쪽은 여성용 원형 귀걸이, 오른쪽은 남성용 악어 귀걸이다. 이것은 시바 신이 남성도, 여성도 아닌 성을 초월한 존재임을 상징한다.

⑦ 푸른 목(Nilakantha/닐라칸타)
모든 중생을 구원하기 위해 우주의 맹독을 마셔 푸른 목을 지니게 되었다.

⑧ 북(Damaru/다마루)
북은 모든 소리의 원천으로 시바 신이 모든 보편 언어와 소리의 창시자임을 나타낸다.

⑨ 순환에너지(Kundalinishakti/쿤달리니샥티)
코브라 목걸이. 치명적인 뱀을 목에 두름으로써 시바 신이 죽지 않는 영원한 존재임을 상징한다.

⑩ 염주(Rudraksha/루드락샤)
루드락샤 열매는 신의 빛의 파장을 음파로 바꿈으로써 인간과 신이 교감할 수 있게 한다.

⑪ 연화좌(蓮華坐; Padmasanam/빠드마사남)
요가의 완성자(siddha-yogesvara) 시바 신은 결가부좌로 앉아서 명상을 한다. 그의 수인(手印; mudra/무드라)은 시무외인(abhaya)이다.

⑫ 흑사슴 가죽(Krisna-ajina/크리슈나 아지나)
흑사슴 가죽이나 표범 가죽을 걸친 것은 마음의 동요를 극복하였음을 상징한다.

⑬ 호랑이 가죽(Vyaghra-carma/브야그라 차르마)
시바 신이 호랑이 가죽을 깔고 앉아 있는 것은 두려움과 오욕을 극복하였음을 상징한다.

⑭ 링가(Shiva linga)
시바 신은 보통 그의 상징물인 링가(Linga; 남근/男根)로 숭배된다. 링가와 요니(Yoni; 여근)의 결합은 음과 양이 결합되었을 때 비로소 존재의 완전성을 갖추게 됨을 상징한다.

◀ 링가와 요니의 결합

## Ⅳ. 주문呪文: Dharani

> **6** 「다냐타」
> 『따드야타-』
> Tadyatha
>
> 《(이 진언은) 이러하오니:》

○ 따드야타-; tadyatha: (진언은) 이러하니(Like this),
　　　　　　　즉설주왈(卽說呪曰), 그것은 즉

💧 따드야타 tadyatha

다라니는 따드야타 tadyatha라는 어구로써 주부主部로 도입하는 것이 일반적이다. 그러므로 따드야타 다음에 비로소 핵심이 되는 주문呪文이 온다.

반야심경에도 나오는 '즉설주왈卽說呪曰'이 바로 산스크리트 원어로 따드야타이다.

이 '따드야타'를 여전히 '다냐타'로 독송하고 있는 것이다.

> **7** 「옴 아로계 아로가 마지로가 지가란제 혜혜하례」
> 『옴 알로께 알로까 마띠 로까-띠끄란-떼 헤 헤 하레』
> Aum aloke aloka-mati  lokatikrante  he he hare
>
> 《옴! 빛이여! 빛과 같은 지혜여! 세속을 초월하신 분이시여!
> 오소서, 하리비슈누 신이시여!》

○ 알로께; aloke: 빛, 광명(←lok 빛나다)
　　　　　　　; 관조, 통찰, 주시(←lok 보다)

○ 알로까-마띠; aloka-mati: 빛과 같은 지혜(로운 자)
　　　　　　　　　[aloka 빛 + mati 지혜]

○ 로까-띠끄란-떼
 lokatikrante: 세속을 초월하신 분이시여(호격)
 [loka 세상, 세속 + ati ~을 넘어, 초월하여 + kranta 거침없이 가다]
○ 헤헤; he he: 여기에, 이리로(here)(←iha iha iha의 연음)
○ 하레; hare: 하리(Hari; 비슈누 신; Narayana)의 호격
 cf. Hari = '죄를 멸하는 자(One who takes away)'라는 뜻
    Hara = 시바 신; Mahesvara
    Hari sarvottama = Indra 제석천

### 하리 · 하라三有: tri-bhava: 3 states of being or worldly existence

하리와 하라의 문자 그대로의 의미는 성육자成育子와 파괴자이다. 하리는 비쉬누 신에 대한 별칭으로 갱신과 성장을 의미하며, 하라는 시바 신에 대한 별칭으로 창조를 위한 선행단계로서의 파괴를 의미한다. 하리는 성장을 통한 유지의 개념을, 하라는 파괴의 개념을 인격화시킨 것이다.

비슈누 신은 정의롭고 자애로운 구세주적 존재로서 질서를 바로잡는 역할을 한다. 한편 창조에는 파괴가 선행되어야 하는 것이기에 시바 신의 파괴를 통해 브라흐마 신의 창조가 일어나는 것이다. 이로써 창조-유지-파괴-재창조로 이어지는 우주의 순환 고리가 완성된다고 보는 것이다.

◀ 하리-하라(Vishnu-Shiva)

> ⑧ 「마하모지 사다바 사마라 사마라 하리나야」
> **『마하-보드히삿뜨와- 쓰마라 쓰마라 흐리다야』**
>   Mahaboddhisattva    smara    smara    hrdaya
>
> 《대보살님이시여! 이 진언을 기억하소서, 기억해 주소서!》

○ 마하-보드히쌋뜨와아
  maha-boddhisattva: 대보살이시여, 시바 신(mahat)이시여(호격)

○ 쓰마라; smara: 기억하소서
         [smr 쓰므리: 기억하다/remember 의 명령형]

○ 흐리다야; hrdaya: 마음, 심장, 정수; 베다(Veda)
         [hrdayam의 목적격 ← hr, hrih]

### 흐리다얌 hrdayam

hrdayam에는 '마음', '심장'이란 뜻 외에도 '정수精髓', '진실한 지식', '비밀스런 지식' 등의 뜻이 있는데 이 말들은 모두 베다eda; 성전/經典이란 뜻을 지칭한다.

베다는 제식 때 신들을 불러오고 찬양하는 종교시로서 재앙을 막고 복이 오게 하는 주문이 수록되어 있다. 베다를 이루고 있는 싯구는 만뜨라mantra; 진언/眞言로 되어있으므로 여기서 흐리다얌은 이 진언 또는 다라니를 의미한다. 불공삼장不空三藏; Amoghavajra은 hrdayam을 심진언心眞言으로 해석하였다.

> ⑨ 「구로구로 갈마 사다야 사다야」
> **『꾸루 꾸루 까르마 싸-드하야 싸-드하야』**
>   Kuru kuru karma    sadhaya    sadhaya
>
> 《(중생구제의 위업을) 행하소서, 행하소서!
>    (그 위업을) 이루소서, 이루소서!》

○ 꾸르; kuru: 행하소서(kr 끄리: 행하다(do)의 명령형)
○ 까르마; karma: 업(業); action, work, task
○ 싸-드하야; sadhaya: 이루소서
  [sadh 싸-드흐: 이루다, 성취하다(accomplish, achieve)의 명령형]

10 「도로도로 미연제 마하미연제」
  『드후루 드후루 위자얀떼 마하-위자얀떼』
   Dhru  dhru  vijayantae maha-vijayantae

  《수호하소서, 수호하소서! 승리자시여, 위대한 승리자시여!》

○ 드후루; dhuru: 지키다, 수호하다
○ 위자얀떼; vijayantae: 승리하다(be victorious),
          [vijaya=victory; victor 승리; 승리자]
○ 마하-위자얀떼; maha-vijayantae: 대 승리자; 크게 승리하다

🔥 수호자이자 승리자 인드라 신

'수호하소서!'라는 발원문구는 힌두 창세신화에서 인드라 신이 신들의 왕으로서 천상의 질서를 수호하는 수호자로서의 성격을 나태내고 있다.

'승리하소서!'라는 발원문구는 신들의 최후의 전쟁에서 아수라들을 쳐부순 전쟁의 신 인드라의 위용을 드러내고 있다.

산스크리트 학자들은 인드라가 토착신 시바로 대체되는 양상을 리그베다 Rig Veda 에서 인드라가 자신을 시바로 칭하고 있는 부분들 2:20:3, 6:45:17, 8:93:3 을 들어 설명하고 있다.

⑪ 「다라다라 다린나례 새바라」
　　『드하라 드하라 드하라님드하레스와-라』
　　　Dhara　dhara　dharanimdharesvara

　《(대지를 떠받쳐) 지지하소서,
　　대지를 떠받치고 있는 신비슈누 신이시여!》

○ 드하라; dhara: 지키다, 지지(支持)하다, 지탱하다
○ 드하라님드하레스와-라:
　dharanimdharesvara: 대지를 지탱하는 신, 비시누 신
　[dharani 대지(大地) + dhare 지탱하는(bearing, supporting
　　　　　　　　　+ isvara 주(主, lord), 왕, 하느님]

🔥 드하라님드하레스와라 dharanmidharesvara

　드하라니를 '다라니경'이란 뜻으로 보고 '다라니의 수호자'로 해석한 학자들도 있다. 그러나 dharani에는 '대지 大地, earth'라는 뜻도 있으며 여기서는 '대지를 지탱하는 신', 즉 비슈누 신으로 해석하는 것이 힌두 창조신화와도 일치한다.

　힌두 창세신화에 의하면, 유해교반의 회전축으로 쓰인 만다라 산 Mandara; 대지를 상징이 가라앉게 되자 비슈누 신이 그의 두 번째 화신인 쿠르마 Kurma, 거북로 변신하여 바다 밑으로 잠수하여 그의 등으로 만다라 산을 떠받쳐 대지를 지탱하였다.

▲ 비슈누 신이 두 번째 화신 거북 쿠르마로 화현하여
　 등으로 대지를 떠받쳐 인류를 구해내고 있다.

## 요가자세 쿠르마사나 Kurmasana

비슈누 신이 2번째 화신 거북 쿠르마(Kurma)로 화현하여 등으로 대지를 떠받쳐 인류를 구해낸 위업을 기리는 요가자세이다.

◀ 거북자세
쿠르마사나(Kurmasana)

◀ 잠자는 거북자세
숩타 쿠르마사나 (Supta Kurmasana)

---

12. 「자라자라 마라 미마라 아마라 몰제」
『짤라 짤라 말라 위말라 아말라 무-르떼』
　　Cala cala mala vimala　amala-murte

《움직이소서, 움직이소서, 번뇌를 여읜 청정한 님이시여!
청정한 해탈로 이끄소서!》

○ 짤라; cala: 움직이소서(cal 짤: 움직이다 의 명령형)

○ 위말라; vimala: 깨끗한, 순수한 (것)
　　　　　　　[vi- 없음(접두어) + mala 번뇌, 때, 더러움]

○ 아말라 무-르떼
　amala-murte: 번뇌를 여읜 청정한 몸
　　　　　　　생사윤회로부터의 완전한 해탈
　　　　　　　(release from rebirth)
　[amala 청정한 + murte, murti 몸, 실체]

##  비슈누 신의 2번째 화신 거북 쿠르마(Kurma)

힌두 우주론에 의하면 수레바퀴처럼 영원히 반복하여 순환하는 우주의 역사는 네 우주기(宇宙期; Yuga/유가)로 나누어지는데, 비슈누 신은 이 4우주기 동안 10개의 화신(化身; 아바타/avatar)으로 세상에 현신한다.

◆ 제1우주기: 끄리따 유가(Krita Yuga)에는

　①물고기(Matsya) ②거북(Kurma) ③멧돼지(Varrha)
　④반인-반사자(Narasingha)로 화현한다.

◆ 제2우주기: 뜨레따 유가(Treta Yuga)에는

　⑤난쟁이(Vamana) ⑥빠라슈라마(Parashurama) ⑦라마(Rama)로,

◆ 제3우주기: 드와빠라 유가(Dvapara Yuga)에는

　⑧끄리슈나(Krishna)로,

◆ 제4우주기: 깔리 유가(Kali Yuga)

　⑨붓다(Buddha) ⑩칼키(Kalki; Kalkin/깔낀)으로 화현한다.

### 13 「예혜혜 로계 새바라」
『에흐예헤 로께스와-라-』
Ehyehe    Lokesvara

《바라옵나니 어서 오소서!
세상을 다스리는 분시바 신이시여!》

○ 에흐예헤; ehyehe: 오다, 강림하다(come here; descend)
  [ehi 오소서(발원어구; come near) + iha 여기로(here)
                    + ihe 소망하다, 바라다(ih의 1인칭)]

○ 로께스와-라-
  lokesvara: 세상을 다스리는 분, 세상의 자재자, 세자재(世自在)
  [loke 세간, 세상 + isvara 주(主, lord), 왕, 통치자, 하느님]

▲ 성호(聖湖) 마나사로바에서 바라 본 시바 신의 상주처 카일라쉬 산

　마나사로바 호(Lake Manasarovar)는 세계에서 가장 높은 곳에 위치한 호수(4,586m)로서 남쵸(Nam Lake), 얌드록쵸(Yamdrok Lake)와 더불어 티베트의 3대 성스러운 호수로 불린다.
　마나사로바 호수는 카일라스 산의 빙하가 녹은 물을 받아들여 여러 강으로 물을 내보낸다. 4대강을 잉태하는 어머니로서의 역할을 한다하여 마나사로바는 '우주의 자궁'으로 비유되기도 한다.

> ⑭ 「라아 미사미 나사야」
> 『라-가 위샤 위나-샤야』
>   Raga-visa  vinasaya
>
> 《탐욕의 독을 소멸케 하옵소서!》

○ 라-가 위샤; raga-visa: 애착(attachment), 탐심(貪心),
　　　　　　　　　　　탐욕이라는 독심
　　　　　[raga 애착, 욕망, 탐욕 + visa(=visam) 독(毒)]

○ 위나-샤야; vinasaya: 소멸케 하다, 사라지게 하다(destroy)

🪷 **삼독**三毒; Tri-visa/트리위샤; 탐욕/貪慾·진에/瞋恚·우치/愚癡

　깨달음에 장애가 되는 세 가지의 근본적 번뇌를 가리키는 것으로서 탐貪; 탐욕 · 진瞋; 성냄 · 치痴; 어리석음를 말한다.

　힌두 창조신화에서 사무드라 만탄Samudra Manthan; 우유의 바다 휘젓기의 과정에서 흘러나온 우주의 맹독으로 모든 중생이 위험에 처하게 되자 시바 신이 중생을 구원하기 위해 이를 마신다. 그 결과, 그는 닐라칸타, 즉 푸른 목을 갖게 되었다.

　힌두 창조신화에 바탕을 두고 있는 신묘장구대다라니에는 닐라칸타 청경관음 시바 신이 마셔버린 죽음의 맹독이 탐attachment · 진hatred · 치ignorance 3독으로 비유적으로 등장하고 있다. 모든 중생과 인류를 멸망시킬 수 있는 맹독 할라할라는 탐·진·치 3독을 상징적으로 나타낸 것이다.

　암리타Amrita; 감로/甘露를 얻기 위해 천년동안 우유의 바다를 휘젓는 고된 과정은 탐·진·치 3독을 소멸하기 위한 고된 수행정진 과정을, 그리고 우유의 바다를 휘저어 마침내 얻어진 암리타는 고된 수행의 결과 도달하게 되는 탐·진·치 3독이 소멸된 후의 목샤moksha; 해탈를 상징적으로 나타낸 것이다.

> 15 「나베 사미사미 나사야」
> 『드웨샤 위샤 위나-샤야』
>    Dvesa-visa   vinasaya
>
> 《노여움의 독을 소멸케 하옵소서!》

○ 드웨샤-위샤; dvesa-visa: 진심(瞋心), 화내는 독심
          [dvesa 화 + visa(=visam) 독(poison)]

> 16 「모하자라 미사미 나사야」
> 『모하-짤라 위샤 위나-샤야』
>    Mohacala-visa   vinasaya
>
> 《어리석음의 독을 소멸케 하옵소서!》

○ 모하-짤라 위샤
mohacala-visa: 치심(痴心), 태산, 암벽같이 견고한 어리석음
[moha 어리석음, 치암, 무명 + acala 산, 암벽; 견고한
                    + visa(=visam) 독(毒), poison)]

🔥 시바 신의 이마에 그려져 있는 세 선의 의미는?

시바 신의 이마에 재로 그린 3선은 트리푼드라카Tripundraka, 그리고 그 재는 비브후티Vibhuti: 성스러운 재/holy ash라 한다.

이것은 목샤moksha; 해탈에 도달하기 위해 소멸해야 할 탐·진·치 3독을 뜻한다.

걸국 드리푼드라가는 탐·진·치 3독을 극복한 요가의 완성자 시바 신에 대한 예찬의 상징인 동시에, 해탈을 추구하는 이들에게 선결과제를 제시하고 있는 것이다.

17 「호로호로 마라 호로 하례 바나마 나바」
『후루 후루 말라 후루 하레 빠드마 나-브하-』
Huru huru mala huru Hare Padma-nabha

《번뇌를 없애주소서!
배꼽에서 연꽃이 피어나는 분연화성존 하리 비슈누 신이시여!》

○ 후루; huru: 가져가다; 정화하다(hr 흐리)의 명령형
○ 말라; mala: 번뇌, 때, 더러움(dirt, impurity)
○ 빠드마 나-브하-
  padma-nabha: 배꼽에서 연꽃이 피어나는 분, 연화성존; 비슈누
  [padma 연꽃 + nabha 배꼽, 중심]
○ 하레; Hare: 하리(Hari; 연화성존 비슈누 신)의 호격
  (cf. Hara = 시바 신, Hari sarvottama = Indra 제석천)

 **"배꼽에서 연꽃이 피어나는 분"이란 누구를 가리키는가?**

인도의 고대종교문헌 푸라나(Purana)에 따르면, 구세주 비슈누 신은 세상이 위기에 처할 때마다 중생을 구원하기 위해 현신한다.

그는 세상이 평화로울 때는 거대한 우주의 뱀 쉐샤나가(Shesha naga)를 타고 자신의 배우자 락슈미(Lakshmi) 여신의 시중을 받으며 우주의 대양을 떠돌며 휴식을 취한다.

비슈누 신이 누워 쉬고 있을 때 창조를 꿈꾸면 그의 배꼽에서 연꽃이 피어난다.

그리고 그 연꽃 속에서 창조의 신 브라흐마(Brahma)가 태어난다.

 이런 연유로 브라흐마 신은 나브히자타(Nabhijata; '배꼽에서 태어났다 (sprung from a navel)'라는 뜻)라고 불리기도 한다.

 이처럼 힌두 창조신화를 알지 못하면 '배꼽에서 연꽃이 피어나는 분'이라는 말은 괴상망측하게만 들릴 뿐이다. 도대체 무슨 소린지 짐작조차 할 수도 없으며, 도무지 알 길이 없는 것이다.
 관세음보살님의 배꼽에서 연꽃이 피어난다는 말은 경전이나 자타카나 설화 어디에도 없다. 이처럼 신묘장구대다라니의 내용은 불교와는 하등의 관계도 없는 철저히 힌두교의 것이다.

▲ 비슈누 신의 배꼽에서 피어난 연꽃 속에서 탄생하는 브라흐마 신
　 Kbal Spean, Angkor, Cambodia

⑱ 「사라사라 시리시리 소로소로」
『싸라 싸라 씨리 씨리 쓰루 쓰루』
　Sara sara  Siri siri  suru suru

《감로의 법을 주소서!
　지혜의 빛이 모든 곳에 이르게 하소서!》

○ 싸라; sara: (감로의 법을) 흘려 보내주다(fluid)
○ 씨리; siri: (지혜의) 빛, 광명(light, splendor)
○ 쓰루; suru(←sru): 흐르다, 모든 곳에 이르다

⑲ 「못쟈못쟈 모다야 모다야」
『붓드흐야 붓드흐야 보드하야 보드하야』
　Budhya  budhya  bodhaya  bodhaya

《깨달은 분이시여, 깨달은 분시바 신이시여,
　깨닫게 하소서, 깨닫게 하소서!》

○ 붓드흐야; budhya: 깨달은 존재가 되어(being enlightened),
　　　　　　　　　　 각자(覺者)가 되어
○ 보드하야; bodhaya: 깨닫게 하다
　　　　　　　　[budh 깨닫다, 알려주다, 가르치다 등의 사역형]

⑳ 「매다리야 니라간타
『마이뜨리-야 닐라깐타
　Maitriya    Nilakantha

가마사 날사남 바라 하라나야 마낙 사바하」
까마쓰야 다르샤남-암 쁘라흘라다야 마-나흐 쓰와-하-』
kamasya dharsanam  prahladaya  manah  svaha

《자비심 깊은 청경성존이시여! 애욕(의 공허한 본질)을 성찰
　하시고 크게 기뻐하시는 분에게 공경을! 이루게 하소서!》

○ 마이뜨리-야; maitriya: 자비로운
　　　　　　(←mitra 자비; 벗, 우정; 태양신 미트라)
○ 닐라깐타; Nila-kantha: 푸른 목(구멍), 청경(靑頸)관자재
　　　　　푸른 목을 지닌 청경성존(靑頸聖尊) 시바 신
○ 까마쓰야; kamasya: 애욕, 욕망(desire, lust)
　　　　　　(←kam 사랑하다, 성교하다)
○ 다르샤나-암; dharsanam: 성찰(←darsana: introspection)
○ 쁘라흘라다야; prahladaya: 크게 기뻐하시는 분께
　　　　　　[prahlada 기쁨(delight) + ya ~에게]
○ 마-나흐; manah: 공경, 경외(man 존경하다 + ah 명사어미)
○ 쓰와-하-
　svaha: 아아! 성취되기를! 이루어지소서! 이루게 하소서!
　　　　비나이다!(성취, 완성의 뜻이 담긴 종결어미)

💠 **마이트리야**Maitriya; Maitreya/마이트레야

　maitriya는 '자비로운merciful'이란 뜻의 형용사이지만 고유명사 Maitriya로 쓰일 경우에는 자씨慈氏: 자비로운 분 보살, 즉 미래불未來佛인 미륵보살彌勒菩薩을 의미한다.

　아래 도표에서 볼 수 있듯이, 페르시아 태양신 '미트라Mithra'가 불교에서는 미륵으로, 기독교에서는 메시아라는 이름으로 자리 잡게 되었다. ≪법화경과 신약성서 p57, pp191-193 참조≫

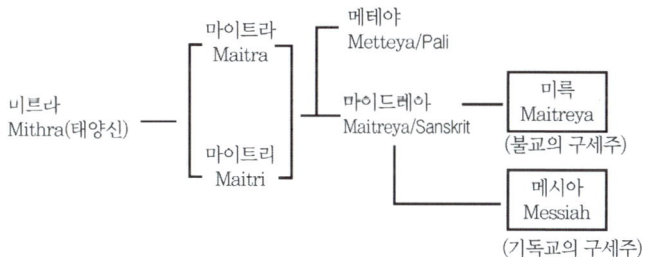

▲ 페르시아 태양신 Mithra에서 미륵으로, 그리고 메시아로

21 「싯다야 사바하 마하싯다야 사바하
**싯드하-야 쓰와-하- 마하-싯드하-야 쓰와-하-**
　　Siddhaya　svaha　　mahasiddhaya　svaha

싯다유예 새바라야 사바하 니라간타야 사바하」
**싯드하-요게스와-라야 쓰와-하- 닐라깐타야 쓰와-하-**
siddha-yogesvaraya　　svaha　　Nilakanthaya svaha

《성취하신 분께 비나이다! 크게 성취하신 분께 비나이다!
요가를 성취하신 자재자께 비나이다!
청경성존靑頸聖尊; 시바 신이시여, 이루게 하소서!》

○ 싯드하-야
　siddhaya: 성취하신 분께, 성자께
　[siddha 성자, 성취한(achieved) + ya ~에게(여격어미)]

○ 마하-싯드하-야
　maha-siddhaya: 크게(maha-) 성취하신 분께

○ 싯드하-요게스와-라야
　siddha-yogesvaraya: 요가(Yoga)를 성취하여 자재(自在)한
　　　　　　　　　　　경지에 이른 분에게

○ 요게스와라; Yogesvara: 요가 수행자의 왕(Lord of Yogis)
　　　　　　　　　　　; 시바 신의 별칭
　　　　　[yogi 요기 + isvara 자재자, 왕(lord), 주(主),
　　　　　　　　　　　　　　　대가(master), 통치자, 하느님]
　　　　　cf. yogi: 요가(yoga)수행자; 유가행자(瑜伽行者)

○ 닐라깐타야
　Nilakanthaya: 푸른 목을 지닌 시바 신에게
　Nilakantha: 푸른 목, 청경성존(靑頸聖尊) 시바
　[nila 푸른 + kantha 목(구멍) → 푸른 목을 지닌 시바 신
　　　　　　　　　　　　+ ya ~에게(여격어미)]

## 🌸 요가수행자의 왕, 시바 신

시바 신은 만년설로 덮인 카일라쉬 산에서 연화좌로 앉아 명상하며 극한의 요가를 수행한다. 우주의 맹독을 마심으로써 중생을 구원한 시바 신의 능력은 그가 요가를 성취하여 자재自在한 경지에 이르렀기 때문에 가능하였다고 한다.

그 때문에 그에게는 마하싯다Maha-siddha; 요가를 크게 성취하신 분, 마하 요기Maha-yogi; 위대한 요가수행자, 요게스와라yogesvara; Lord of Yogis; 요가수행자들의 왕라는 칭호가 부여된 것이다.

요가수행자의 앉음새는 연꽃을 닮았다하여 흔히 연화좌蓮華坐; padmasana/빠드마사나; lotus position; yogic posture라 하는데, 이것은 다리를 교차하여 양 발등을 각각 맞은편 허벅지 위에 올리는 자세이다. 보통 결가부좌結跏趺坐; paryanka-asana/빠리양카 아싸나라고도 하는데, 문자 그대로의 뜻은 발바닥가/跏과 발등부/趺을 맺는결/結는 앉음새좌/坐라는 뜻이다.

연화좌는 요가의 완성자 시바 신의 경우에서 볼 수 있듯이, 고대 인도의 요가수행에서 기원한 자세로 요가 명상수행에 필요한 호흡과 신체적 안정성을 촉진하기 위한 것이다.

> 22 「바라하 목카싱하 목카야 사바하」
> 『와라하 무카 씽하 무카야 쓰와-하-』
> Varaha-mukha simha-mukhaya svaha
>
> 《산돼지 얼굴, 사자 얼굴로 현신하시는 분 비슈누 신께 경배하옵니다, 이루게 하소서!》

○ 와라하 무카
  varaha-mukha: 산돼지 얼굴[varaha 산돼지 + mukha 얼굴]
○ 씽하 무카야
  simha-mukhaya: 사자 얼굴[simha 사자 + mukha 얼굴
                            + ya ~에게]

### 신묘장구대다라니에는 등장하는 산돼지 얼굴과 사자 얼굴을 한 신이 정녕 천수관음보살님인가?

 인도 고대종교 브라흐만교에서 비슈누(Vishnu) 신은 세상이 혼란해지면 그때마다 다른 모습으로 현신하여 악을 몰아내고 질서를 바로잡는다. 비슈누 신은 열 가지의 화신(化身; avatar/아바타)으로 나타나는데 그 중에는 산돼지 얼굴이나 사자 얼굴의 화신도 있다.
 신묘장구대다라니는 본래 힌두교의 신들인 시바 신, 비슈누 신, 그리고 인드라 신에 대한 예찬 기도문이었다.
 이 다라니가 불교에 수용될 때, 그 속에 들어있던 힌두 신들을 예찬하는 내용이 불교에 맞게 수정이나 번안조차 되지 않은 채 그대로 받아들여졌다. 그 결과, 성스럽고 자애로우신 천수관음보살님의 상호가 산돼지 얼굴 또는 사자 얼굴을 한 그로테스크한 힌두 신들로 오인되고 있는 망측한 사태를 낳게 된 것이다.

◀ 인도 프라티하라(Pratihara) 제국의 동전에 새겨진 바라하 상
CE 850-900, 대영박물관

◆ 멧돼지 얼굴, 바라하 무카(Varaha-mukha)

바라하(Varaha)는 비슈누 신의 3번째 화신이다. 그러므로 머리는 멧돼지의 형상이지만 네 손에는 각기 비슈누 신의 상징 지물(持物; 신의 권능이나 특성의 상징으로 손에 지니고 있는 물건)인 연꽃, 원반, 소라나팔, 곤봉을 들고 있다.

인도의 대서사시 마하바라(Mahabharata)를 비롯한 여러 푸라나(Purana; '고대의 전설', 또는 '오래된 이야기'라는 뜻)는 물론, 특히 바가바타 푸라나(Bhagavata Purana)에는 다음과 같은 이야기가 나온다.

창조의 시기 초기에 고대 7현인(rishi/리쉬; sage) 중의 한 사람인 카샤파(Kashyapa)와 그의 부인 디티(Diti) 사이에는 히란약샤(Hiranyaksha; 산스크리트(Sanskrit; 범어/梵語)로 "황금빛 눈/golden-eyed"이란 뜻)와 히란약까쉬뿌(Hiranyakashipu)라는 이름의 아수라 쌍둥이 아들 형제가 있었다.
그들은 원래 비슈누 신의 문지기였는데, 신들로부터 저주를 받아 악마로 태어났으며 자연히 비슈누 신의 적이 되었다.

이 쌍둥이 형제들 중, 히란약샤(Hiranyaksha)는 오랜 기간 브라흐마 신에게 바치는 희생제와 고행을 실천했던 바, 브라흐마 신이 나타나 그에게 소원을 물었다.

그러자 히란약샤는 브라흐마 신이 창조한 신이나 인간, 동물들의 이름을 열거하면서 그들에 의해 죽임을 당하지 않는 권능을 갖기를 원하였다.
그리하여 그는 마침내 창조의 신 브라흐마에게서 이러한 강력한 권능을 부여받게 되었다.
히란약샤는 브라흐마 신에게서 받은 권능으로 힘이 매우 강해지자, 비슈누 신이 자신보다 강하다는 것이 못마땅하게 여겨졌다. 그는 비슈누 신을 공격할 기회를 찾기 시작하였다.

어느 때 한 쌍의 갈매기가 거대한 대양의 바닷가에 둥지를 틀고 살고 있었다. 해마다 암컷 갈매기가 해변에 알을 낳았으나 파도가 휩쓸어가 버리곤 하였다. 갈매기는 절망하여 위대한 보호자 비슈누 신에게 호소하였다.
비슈누 신이 갈매기를 가엾게 여겨 입을 열어 한 모금에 바닷물을 삼켜버리자, 그 자리에는 대지(Prithvi mata쁘리트위 마타/; Mother Earth; 지구)가 드러났다. 이 거대한 일을 하느라 피곤해진 비슈누 신은 누워서 잠시 깊은 잠에 빠졌다.

그러자 악마[아수라] 히란약샤가 이 틈을 타 몰래 다가와 무방비 상태의 쁘리트위 여신(Prithvi; 지구)을 공격하였다. 그의 무자비한 공격에 쁘리트위이의 부러진 갈비뼈들이 하늘로 치솟아 나와 히말라야산맥이 되었다.

히란약샤의 비슈누 신에 대한 도전과 횡포는 나날이 심해져갔다. 그는 신들과 중생들을 괴롭히다가, 마침내는 브라흐마 신이 잠든 사이에 그가 가지고 있던 베다 성전(聖典)까지 훔쳐가 버리는 등 횡포를 일삼았다.

이를 견디다 못한 데바들과 인간들이 비슈누 신에게 달려가 도움을 청하자, 비슈누 신은 깊은 명상 속에서 그 악마 히란약샤가 브라흐마 신에게 소원을 말할 때 멧돼지의 이름을 빠뜨렸다는 것을 알아냈다.

이에 비슈누 신은 거대한 멧돼지의 형상으로 변신하여 그와 싸움을 벌였다. 싸움 도중 악마 히란약샤가 쁘리트위를 뽑아 들고 소로 변신하여 우주의 대양(Cosmic ocean)으로 끌고 가 심연으로 던져 넣었다.

지구를 구하려는 비슈누 신과 이것을 방해하려는 히란약샤와의 싸움은 천년간이나 계속되었다. 끈질긴 싸움 끝에 비슈누 신은 차크라(Chakra; 원반형 회전칼날무기)를 날려 악마의 목을 잘라 죽였다.

▲ 멧돼지 바라하로 화현한 비슈누 신이 원반형 회전칼날무기인 차크라를 던져 악마 히란약샤의 목을 잘라 죽이고 있다.

▲ 비슈누 신이 세 번째 화신 바라하로 현신하여 인류를 구해내고 있다.

 비슈누 신의 세 번째 화신인 바라하(Varaha; 멧돼지)는 악마를 죽인 후, 우주 대양(Cosmic ocean; Garbhodaka ocean)의 깊은 바다 속으로 뛰어들어 심연으로 침몰한 지구를 두 송곳니로 들어 올렸다.
 그는 건져낸 지구를 원래의 위치로 되돌려 놓아 인류를 구원하였다

 모든 신들과 중생들은 주 비슈누 신의 자비와 정의의 수호신으로서의 이 위업을 기리며 크게 찬양하였다.

 저자는 오랫동안 비슈누 신이 왜 수많은 동물 중에서 멧돼지 형상을 하였을까? 하는 궁금증을 품어왔다.
 물론 그 이유는 앞에서 언급하였듯이, 비슈누 신은 악마 히란약샤가 브라흐마 신에게 소원을 말할 때 멧돼지의 이름을 빠뜨렸다는 것을 알아냈기 때문이었다.
 그런데 저자의 생각으로는 또 다른 이유를 든다면, 유럽인들이 금값만큼 값비싼 송로버섯(松露; truttle)을 땅속에서 찾아내는데 (멧)돼지를 이용한다는 사실이다. 놀랄 만큼 예민한 후각을 가진 주둥이로 땅을 헤집으며 냄새만으로 사물을 찾는데 있어서 (멧)돼지를 능가하는 것은 없기 때문이다.
 우주대양 심연의 암흑 속에서 지구를 찾으려는 비슈누 신으로서는 바로 멧돼지의 예민한 후각이 필요했기 때문이었던 것이라 생각된다.

비슈누 신의 세 번째 화신 바라하(Varaha; 멧돼지) 이야기는 그 기원을 브라흐마나에 두고 있지만 원주민들의 토테미즘에서 발전한 것으로 보인다.

◀ 바라하 상
Khajuraho, Madhya Pradesh, India

몇 해 전 경주 불국사에서 황금돼지가 발견되었다고 언론과 방송에서 크게 화제가 된 적이 있었다. 불국사 극락전 처마 밑에서 50cm 가량의 황금빛 돼지 목조형물이 우연히 발견되었는데, 그동안 극락전 현판에 가려져 눈에 띄지 않고 숨겨진 채 오랜 세월 잠자고 있었던 것이다.

언론 방송에서는 연일 보는 사람에게 행운을 가져다주는 황금돼지라고 수선을 피우고, 황금돼지를 만지면 복을 받고 재수가 좋다 하여 수많은 (불교 신자들이라기 보다는) 관광객들이 몰려들어 북새통을 이루었다. 아예 극락전 앞마당에는 황금 복(福)돼지 상이 세워지고 관광 상품화되기에 이르렀다.

당시 이러한 사태에 한 원로스님이 개탄하시던 목소리가 생생하다.
"경주 불국사 황금돼지는 길쭉한 코, 입 밖으로 솟아나온 송곳니 … 저건 분명 멧돼지다. 황금돼지상이라는 조각상의 이름조차 잘못된 것이다.
정말로 심각한 문제는 저 황금멧돼지가 불교와는 하등의 상관없는 힌두교 비슈누 신의 화신 바라하 신상이라는 사실조차 인식하지 못하고 있는 불교계의 현 실태이다. 부처님이 그토록 금하셨던 기복신앙은 차치하고서 라도, 힌두교가 불국사 부처님의 전각 처마 밑에까지 숨어들어 부처님의 가르침을 오도하고 있다는 사실을 다시금 확인하게 되어 씁쓸하기만 할 뿐이다."

### ◆ 사자 얼굴, 싱하 무카(Singha-mukha)

 푸라나(Purana), 마하바라타(Mahabharata), 리그 베다(Rig Veda), 우파니샤드(Upanishad) 등의 인도 고대종교 경전에는 비슈누가 사람의 몸통에 사자의 얼굴과 발톱을 가진 반인-반사자(man-lion)인 나라씽하(Narasingha)의 형상으로 현신한다고 묘사되어 있다.
 원문에는 나라-씽하-무카(nara-simha-mukha; man-lion incarnation)로 되어 있으나 불교로 수용되는 과정에서 '나라(nara-)'가 누락되었다.

 인도의 대서사시 마하바라타(Mahabharata)와 여러 푸라나(Purana; '고대의 전설', 또는 '오래된 이야기'라는 뜻)는 물론, 특히 바가바타 푸라나 Bhagavata Purana에는 다음과 같은 이야기가 나온다.

 악마 히란약샤(Hiranyaksha)에게는 히란약까쉬뿌(Hiranyakashipu; 산스크리트(Sanskrit; 범어/梵語)로 hiranya「gold」+ kashipu「soft cushion」이라는 뜻)라는 아수라 쌍둥이 형이 있었다. 그는 그의 이름이 말하여주듯이 재물과 여색을 매우 좋아하였다.

 비슈누 신의 3번째 화신인 바라하가 악마 히란약샤를 죽이자, 그의 형 히란약까쉬뿌(Hiranyakashipu)는 몹시 분노하여 비슈누와 그 신도들을 증오하게 된다.

 그는 신비한 힘을 얻어 비슈누 신을 죽이기로 결심하였다.

그는 창조의 신 브라흐마(Brahma)의 환심을 사 자신의 목적을 성취하기 위해 브라흐마 신에게 바치는 희생제를 올리고 철저한 금욕과 고행을 행하였다.

◀ 개미굴 속에 앉아 뼈가 드러나도록
  극단의 고행을 하여 신들조차
  경탄하게 하고 있는 히란약까쉬뿌

마침내 이에 감동하여 브라흐마 신이 그에게 나타나 소원을 물으며 무슨 소원이든지 들어주겠다고 하였다.

히란약까쉬뿌는 브라흐마 신이 창조한 어떠한 인간, 신, 동물에 의해서도, 또한 어떠한 생명이 있거나 생명이 없는 무기에 의해서도, 낮이나 밤에도, 왕궁 안이나 밖에서도 죽음을 당하지 않게 해달라고 말하였다.

◀ 브라흐마 신에게 불사의 권능을
   간구하는 히란약샤

이리하여 히란약까쉬뿌(Hiranyakashipu)는 브라흐마 신에게서 막강한 힘을 부여받게 되었다. 그는 그야말로 역발산기개세(力拔山氣蓋世; 힘은 산을 뽑을 정도이고 기개는 세상을 덮을 정도)의 힘을 얻어 히말라야 산맥조차 흔들어 뽑아낼 수 있었다.

브라흐마 신에게서 그러한 특권을 부여받은 히란약까쉬뿌는 곧바로 하늘의 천신 데바들과 전쟁을 벌이고, 태양과 달, 심지어 지상과 지옥까지도 폭압으로 지배하였다.

브라흐마 푸라나(Brahmanda Purana)에 따르면, 이 악마는 107,280,000년 간이나 폭압을 휘둘렀다고 한다.

어느 날 히란약까쉬뿌가 고행하느라 집을 비웠을 때, 인드라 신과 데바들이 그의 집을 공격하였다.

이때 현인(Rishi) 나라다(Narada)가 히란약까쉬뿌(Hiranyakashipu)의 임신한 아내 카야두(Kayadhu)는 죄가 없다고 옹호하며 보호하여 데려갔다.

그의 보호 하에서 히란약까쉬뿌의 아들 프라흘라다(Prahlada; "기쁨/delight" 이라는 뜻)가 태어났다. 프라흘라다는 뱃속에 있을 때부터 현자의 교육을 받았으며, 태어나서도 올바르게 자라났으며 비슈누 신의 지극한 신봉자가 되었다.

폭압자 마왕 히란약까쉬뿌가 가는 곳마다 모두 복종하였는데, 오직 그의 아들 쁘라흘라다(prahlada)만이 그에게 복종하지 않았다. 그는 비슈누의 열렬한 숭배자였기 때문이었다.

히란약까쉬뿌는 몹시 화가 나서 자신의 숙적 비슈누 신의 신봉자가 된 자신의 아들 프라흘라다를 죽이기로 결심하였다. 그러나 매번 죽이려고 할 때마다 비슈누 신의 신비한 힘이 프라흘라다를 보호하였다.

어느 날 해가 질 무렵, 히란약까쉬뿌가 아들의 마음을 돌리고자 설득하던 중, 비슈누 신의 편재(遍在; 모든 공간의 한계를 초월하여 어디에서 있음; omnipresence)에 대해 논쟁을 벌이게 되었다.

"너는 비슈누가 모든 곳에 존재한다고 믿느냐?"
"그렇습니다. 비슈누 신이야말로 우주 최고의 전지전능한 신이시며 편재하시는(omnipresent) 절대자이십니다"

이 대답에 그는 화가 나서 가까이 있는 기둥을 가리키며 외쳤다.
"그렇다면 여기 이 기둥 속에도 비슈누가 존재하느냐?"

히란약까쉬뿌의 비웃음에 찬 질문에, 프라흘라다가 "그렇습니다" 하고 대답하자, 몹시 화가 나 분노를 참을 수 없었던 그는 쇠몽둥이로 문지방 기둥을 쳐부수었다.

그러자 굉음을 내며 부서지는 기둥 속에서 무시무시한 반인-반사자 나라씽하(Nara-singha)가 튀어나왔다.
그리고 순식간에 날카로운 사자발톱으로 그 마왕의 앞 가슴을 여덟 조각으로 찢고 내장을 꺼내고 조각조각 찢어 죽였다.

◀ 나라씽하가 히란약까쉬뿌를 찢어 죽이고 있다. 오른쪽 아래에는 비슈누의 숭배자 프라흘라다가 합장하고 있는 모습이 보인다.

    비슈누 신이 4번째 화신 나라씽하의 형상을 취한 까닭은 악마를 무찌르기 위해서였다. 악마 히란약까쉬뿌는 브라흐마 신의 은총을 받은 결과, 브라흐마 신이 창조한 신, 인간, 동물에 의해서도, 그리고 낮에도 밤에도 죽일 수 없었다.

    그러므로 비슈누 신은 그 어느 쪽도 아닌 반인-반사자인 나라씽하의 형상으로, 낮도 밤도 아닌 황혼 무렵에, 왕궁 안도 밖도 아닌 문지방에서, 생명이 있는 것도 생명이 없는 것도 아닌 무기인 발톱으로 죽였던 것이다.

    프라흘라다는 중생을 구원하고자 악의 세력을 쳐부수고 정의를 지키는 비슈누 신을 찬양하였다.

    그것이 바로 신묘장구대다라니에 나오는 "바라하 목카싱하 목카야 사바하"의 싱하 목카(씽하 무카; simha-mukha)로서, 오늘날에도 힌두교에서는 물론 심지어는 불교권역에서도 찬양되며 독송되고 있는 것이다.

 비슈누 신은 악마 히란약까쉬뿌(Hiranyakashipu)의 내장을 꺼내고 조각조각 찢어 죽였지만, 그 악마의 아들 프라흘라다(prahlada)에 대한 비슈누 신의 은총은 끝이 없었다.
 비슈누 신은 악마의 아들이지만 경건하고 현명한 프라흘라다를 왕위에 앉혔다.

 프라흘라다는 이후 태양족의 훌륭한 왕이 되었다.

▲ 악마의 아들이지만 현명하고 경건한 비슈누 신의
   신봉자로서 신의 은총으로 왕위에 오른 프라흘라다

23 「바나마 하따야 사바하」
『빠드마- 하스따야 쓰와-하-』
Padma-hastaya    svaha

《손에 연꽃을 드신 분비슈누 신께 경배하옵니다. 이루게 하소서!》

○ 빠드마; padma: 붉은 연꽃
○ 하스따야; hastaya: 손에 드신 분에게
　　　　　　　　[hasta 손 + ya ~에게]

 **신묘장구대다라니에 나오는 비슈누 신의 4가지 지물의 의미는?**

　비슈누(Vishnu) 신은 보통 노란 색 옷을 입고 4개의 손에는 각각 비슈누 신의 상징 지물(持物)인 붉은 연꽃(padma/빠드마), 원반형 회전톱날무기(cakra/차크라), 소라나팔(sankha/샹카) 그리고 곤봉(lakuta/라꾸타)을 들고 있는 형상으로 묘사된다.

1 힌두교에서 연꽃은 처염상정, 무집착, 순수, 깨달음 등을 상징한다.
2 차크라는 원반형 회전톱날무기로 적의 목을 잘라버리는 무시무시한 살상무기. 비슈누 신의 막강한 권능과 악의 제거를 상징한다.
3 곤봉은 적의 두개골이나 사지의 뼈를 부수어 죽이는 철퇴의 일종으로 인도의 전장에서 많이 사용되던 살상무기이다.
4 소라나팔 역시 전장에서 신호에 사용되었다. 종교의식에서는 우주의 원초적 소리 옴(AUM)을 상징한다.

빠드마(padma; 홍련)　　까말라(kamala; 적련)　　웃빨라(utpala; 청수련)

꾸무다(kumuda; 황련)　　닐롯빨라(Nilotpala; 청련)　　푼다리카(pundarika; 백련)

고대 산스크리트 문헌 리그베다(Rig Veda)에도 연꽃이 많이 언급되어 있는데, 빠드마(padma, 紅蓮), 까말라(kamala, 赤蓮), 웃빨라(utpala, 靑(水)蓮), 닐롯빨라(nilotpala, 靑蓮), 꾸무다(kumuda, 黃蓮), 푼다리까(pundarika, 白蓮) 등이다. 우리나라에서는 padma를 홍련(紅蓮)이라 번역하고 있지만 사실은 핑크색이며, 또한 산스크리트로 'padma'는 단지 '연꽃(lotus)'이라는 뜻이다.

◆ 옴 마니 빠드메 훔(Aum Mani Padme Hum)

불교에서는 Aum Mani Padme Hum(옴 마니 빠드메 훔)을 한자로 음역하여 '옴 마니 반메훔(唵麽抳鉢銘吽)'으로 읽는다. 이 주문을 육자대명왕진언(Six-Words Great Enlightening Mantra)이라 한다.

그러나 불교 스스로도 주문은 번역하지 않고 원음대로 읽어야 한다고 주장하고 있지 않는가! 그렇다면 산스크리트 원음대로 'Aum Mani Padme Hum/옴 마니 빠드메훔'으로 읽는 것이 옳다 하겠다.

해석에 있어서도 흔히 보는 '연꽃 속의 보주(寶珠)여!'라는 해석은 잘못된 것이다. 이것은 19세기 유럽의 산스크리트(Sanskrit) 학자들이 동격을 처격으로 질못 해석하여 보석(mani; 여의주, 보주/寶珠)이 연꽃(padme) 속에 있다고 오역한 결과이다. mani와 padme는 동격으로, 보주란 곧 처염상정, 깨달음의 상징인 연꽃인 것이다.

ॐमणि पद्मे हूँ　*Aum Mani Padme Hum* [옴 마니 빠드메 훔]
옴! 보주(寶珠) 연꽃이여!

> ㉔ 「자가라 욕다야 사바하」
> 『짜끄라 유드하아야 쓰와-하-』
> Cakra-yudhaya    svaha
>
> 《원반형 회전칼날무기를 드신 분(비슈누 신)께 경배하옵니다.
> 이루게 하소서!》

○ 짜끄라 유드하야

Cakra-yudhaya: 원반무기를 드신 분(비슈누 신)에게
[cakra 원반형 회전칼날무기 + yudha 갖추다 + ya ~에게]

🌸 신묘장구대다라니에 나오는 "자가라"가 법륜法輪이라고?

차크라Chakra; Cakra Skt.는 바퀴wheel; 륜/輪, 원반discus, 순환cycle 등 회전하거나 순환하는 모두를 가리킨다.

전륜성왕轉輪聖王을 산스크리트로 Cakravartin-raja/차크라바르틴라자; Cakra「바퀴(wheel)」+ vartin「굴리는(turning)」+raja「왕(king)」이라 한다. 전차의 수레바퀴를 굴려 앞으로 나아가 세계를 정복하고 정법으로 통치하는 이상적 군주라는 뜻이다.

법륜法輪, 즉 법의 바퀴는 다르마 차크라Dharma Chakra이다.

비슈누 신이 위쪽 오른 손에 들고 있는 수다르샤나 차크라Sudarshana Chakra는 비슈누 신의 무기 중 하나로, 원반형의 날카로운 회전칼날이다. 이 원반형 회전칼날은 108개의 예리한 칼날이 톱니모양으로 배열되어 있다.

◀ 은화에 새겨져 있는 비슈누 신의 차크라
박트리아, BCE 180년경

▲ 비슈누 신(좌)과 그의 변신 모히니(우)가 차크라로 적의 목을 베는 장면

 이것은 원형 회전톱날과 같은 무시무시한 대량살상용 무기로, 적에게 던져서 적의 목이나 몸통을 동강내고 부메랑처럼 다시 주인의 손으로 되돌아오는 '죽음의 원반창'이다.
 이러한 잔인하고 무시무시한 살상무기인 차크라를 대자대비하신 부처님의 전법을 상징하는 '법륜法輪' 또는 '정신적 무지와 번뇌를 잘라 없애는 원반'이라는 식으로 견강부회牽强附會; 이치에 맞지 않는 말을 억지로 끌어 붙여 자기주장의 조건에 맞게 함하는 고의적 오역들이 있다. 그 모두가 부처님의 가르침을 오도하고 폄훼하는 실로 심각한 문제가 아닐 수 없는 것이다.

 1960~70년대에는 홍콩에서 제작되는 무협영화가 붐을 이루었는데, 당시 왕우王羽; Wang Yu라는 배우가 아주 유명하였다.
 그가 주연 감독한 무협영화들 중에서, 《혈적자血滴子; The Flying Guillotine, 1975년 작》, 《혈연환血連環; 소림은창, 1977년 작》이라는 영화에 바로 이 차크라가 치명적인 가공可恐할 무기로 등장한다.

 이 영화들의 제목인 '날으는 길로틴'이나 '혈연환'은 모두 차크라의 중국어, 영어 표현이다.

25 「상카섭나녜 모다나야 사바하」
『샹카-샤브다 니보드하나야 쓰와-하-』
Sankha-sabda nibodhanaya svaha

《소라나팔 소리로 깨우쳐 주시는 분비슈누 신께 경배하옵니다. 이루게 하소서!》

○ 샹카 샤브다; sankha-sabdane: 소라 소리
    [sankha 소라 + sabda 소리]
○ 니보드하나야; nibodhanaya: 깨닫게 하는 이에게
    [nibodhana 깨닫게 함 + ya ~에게]

### 비슈누 신의 신성한 소라나팔 샹카 Sankha

비슈누 신이 위쪽 왼손에 들고 있는 소라 샹카 Sankha는 모든 생명과 존재의 기원이 되는 5원소물·불·공기·땅·하늘를 상징한다. 비슈누 신이 가장 원초적인 창조와 우주 유지의 신이라는 것을 나타내는 소리 옴 Aum 을 나타낸다.

샹카는 과거에는 전장戰場에서 나팔로 사용되었으며 오늘날에도 힌두 의식에서 여전히 사용되고 있다. 힌두성전에서는 샹카가 명성, 장수와 번영을 주고 죄를 씻어주는 것으로 찬양하고 있다.

> 26 「마하라 구타다라야 사바하」
> 『마하-라꾸따- 드하라야 쓰와-하-』
> Maha-lakuta- dharaya svaha
>
> 《큰 곤봉을 지닌 분비슈누 신께 경배하옵니다.
> 이루게 하소서!》

○ 마하-라꾸따-드하라야

　maha-lakuta-dharaya: 큰 곤봉을 가지신 분에게

　[maha 큰 + lakuta 곤봉(mace) + dhara 지니다 + ya ~에게]

💧 비슈누 신이 아래쪽 오른 손에 들고 있는 곤봉은 적의 두개골이나 몸의 뼈를 부수어 죽이는 전투용 살상무기이다.

　과연 우리의 대자대비하신 부처님께서 뼈를 부수어 죽이는 살상무기를 들고 중생들을 때려잡아가며 제도하신 적이 있던가?

💧 Sanskrit 학자가 듣고도 이해하지 못한 천수다라니 읽기

　현행 천수다라니, 즉 신묘장구대다라니에서는 그 의미 파악은 말할 것도 없고 띄어쓰기조차 잘못되어 있다.

　《원음대로의 올바른 읽기》　　『마하 라꾸따 드하라야』
　《현행의 잘못된 읽기》　　　　「마하라 구타다라야」

　실로 "아버지 가방에 들어가신다"를 방불케 한다.

　또한 "큰 병瓶을 지니신 관음이시여"라는 엉뚱한 해석도 있다. 비슈누 신의 곤봉을 관음보살님의 손에 든 정병淨瓶; kundika/쿤디카과 모양이 비슷하여 혼동한데서 비롯된 것이 아닌가 생각된다.

> ㉗ 「바마사간타 이사시체다 가릿나 이나야 사바하」
> 『와마 쓰깐드하 데샤 쓰티따 끄리슈나지나야 쓰와-하-』
> Vama-skandha-desa-sthita-krsna-ajinaya svaha
>
> 《왼쪽 어깨에 흑사슴 가죽을 걸치신 분시바 신께 경배하옵니다. 이루게 하소서!》

○ 와마 스깐드하; vama-skandha: 왼쪽 어깨
　　　　　　　[vama 왼쪽 + skandha 어깨]
○ 데샤 스티따; desa-sthita: ~에 서있는
　　　　　　　[desa 부분 + sthita 서있는(←stha 거주하다)]
○ 끄리슈나 아지나야; krsna-ajinaya: 흑사슴 가죽을 걸치신 분께
　　　　　　　[krsna 검은 색; 흑사슴; 비슈누 신의 8번째 화신
　　　　　　　+ ajina 동물의 가죽(skin), 모피(fur) + ya ~에게)]

🔥 krisna-ajina 가 흑사슴 가죽black deerskin으로 쓰인 용례는 아래의 힌두 성전聖典 Srimad Bhagavatam 11.5.21에서도 확인할 수 있다.

*krte suklas catur-bahur*
*jatilo valkalambarah*
*krsnajinopavitaksan*
*bibhrad danda-kamandalu*

in Satya-yuga, white, having four arms,
with matted locks, wearing a garment of tree bark,
a black deerskin, a sacred thread, aksa prayer beads,
carrying a rod and waterpot,
　　　…

불공금강不空金剛; Amoghavajra/아모가바지라의 번역본에 실려 있는 청경관자재Nilakantha Avalokitesvara의 성상聖像; icon에 대한 묘사에도 이 사실이 극명하게 나타나 있다.

"以虎皮為裙。以黑鹿皮於左膊角絡。被黑蛇以為神線。"

"호랑이 가죽을 입고, 왼쪽 어깨에는 흑사슴 가죽을 걸치고, 목에는 검은 뱀을 그의 신성한 실로 삼아 감고 있다."

"Wearing a tiger skin, a black antelope[deer] skin draped over his left shoulder, a black serpent is worn as his sacred thread."

이제 지금껏 여기저기 지면을 어지럽혀 온 "오른쪽 어깨에 검은 서상을 하신 관음이시여", "왼쪽 어깨에 서있는 승리의 크리슈나를 위하여" 또는 "왼쪽의 공격자 쪽에 있는 흑색성자께"라는 식의 근거 없는 억지해석은 더 이상은 없었으면 한다.

이와 같이 '왼쪽 어깨에 흑사슴 가죽을 걸치신 시바 신'을 불교에서는 무단으로 가져다 관세음보살 33응신 중의 한 분인 청경관음으로 만들어버렸다.

그리고는 "힌두교에서 중생을 구원하고자 자기희생적 행위를 하였던 청경관자재 시바신의 자비심과 위신력을 불교적으로 해석하여 관세음보살의 대자비심이라는 틀 속에 수용한 것이다."라고 참으로 매끄럽게 말의 성찬을 벌이고 있는 것이다.

◀ 시바 신이 왼쪽 어깨에 흑사슴 가죽을 두른 것을 왼손에 흑사슴을 든 것으로 표현한 상

> 28 「먀가라 잘마 이바사나야 사바하」
> 『브야그흐라 짜르마 니와싸나야 쓰와-하-』
> Vyaghra-carma-nivasanaya    svaha
>
> 《호랑이가죽 옷을 두른 분께 경배하옵니다. 이루게 하소서!》

○ 브야그흐라 짜르마 니와싸나야
  vyaghra-carma-nivasanaya: 호랑이 가죽옷을 두른 분
  [vyaghra 호랑이 + carma 가죽 + nivasa 입다 + ya ~께]

🌸 시바 신이 두르고 있는 흑사슴 가죽과 호랑이 가죽은 무엇을 의미하는가?

인도 고대종교에서 호랑이는 힘이나 창조적 에너지를 상징한다. 여신 두르가Durga는 호랑이를 타고 전장을 달리며 악마들을 물리쳤다. 힘의 여신 샥티Shakti도 호랑이를 타고 다녔다.

호랑이는 요가 수행자가 요가수행에서 극복해야 할 갈애渴愛; trsna/ 뜨리슈나; thirst, desire; 오욕의 탐; 목이 말라 애타게 물을 찾듯이, 몹시 탐내어 오욕/五慾에 집착함; 탐내어 그칠 줄 모르는 애욕를 상징하기도 한다.

따라서 호랑이 가죽위에 앉아있는 시바 신의 모습은 그가 모든 갈애를 정복하였음을 나타낸다. '호랑이가죽 옷을 두른 분'이라는 말은 갈애를 극복한 요가 수행자의 주Yogesvara/요게스와라; Lord of Yogis 시바 신에 대한 예찬의 표현인 것이다.

시바 신이 흑사슴 가죽krsna-ajina/크리슈나 아지나을 어깨에 걸치거나 허리에 두르고 있는 것은 그가 사슴이 뛰듯이 동요하는 마음을 극복하였음을 나타낸다.

시바 신은 코끼리 가죽도 두르고 있는데 이것은 그가 육중한 코끼리로 상징되는 자부심이나 자만심을 극복하였음을 나타내는 것이다.

◀ 어깨와 허리에 흑사슴 가죽과 표범 가죽을 두르고 호랑이 가죽위에 앉아서 요가 명상 중인 시바 신

🔥 사슴 가죽과 호랑이 가죽을 두른 관세음보살님이 있는가?

사바세계 모든 중생들의 고통을 들으시고 일체의 고통에서 구해내시는 대자대비하신 관세음보살님이 동물의 생명을 빼앗고 그 가죽을 벗겨 옷으로 입고 깔개로 사용한다는 것은 상상조차 할 수 없는 일이다.

이와 같이 신묘장구대다라니 속에 있는 어구와 문장들은 곳곳에서 천수천안관세음보살님과는 너무나 상충된다.

이러한 현상은 본래 고대인도의 종교의식에서 시바 신과 비슈누 신에게 바치는 기도문인 천수다라니, 즉 신묘장구대다라니를 불교에서 그 내용을 수정조차하지 않은 채 그대로 수용하여 시바 신과 비슈누 신에게 관세음보살의 의미를 부여하여 사용하는데서 일어나는 필연적 현상인 것이다.

## V. 결미 結尾; 결분/結分; Final Salutation

> ㉙ 「나모라 다나다라 야야」
> 『나모 라뜨나 뜨라야-야』
>   Namo ratna-trayaya
>
> 《삼보시바 신·비슈누 신·인드라 신에 귀의하나이다.》

○ 나모; namo(← namas): 귀의하다, 경배하다
○ 라뜨나 뜨라야-야
　ratna-trayaya: 삼보(시바 신 · 비슈누 신 · 인드라 신)께
　[ratna 보물 + traya 삼(三) + ya ~에게(여격어미)]

> ㉚ 「나막알약 바로기제 새바라야 사바하」
> 『나마흐 아르야왈로끼떼스와-라야 쓰와-하-』
>   Namah aryavalokitesvaraya　　　svaha
>
> 《거룩하신 관자재님시바 신께 귀의하나이다. 이루게 하소서!》

○ 나마하; namah(=namo, namas): 귀의하다, 경배하다

○ 아리야아왈로끼떼슈와라야; aryavalokitesvaraya: 성관자재님께
　[ary- 성(聖)스러운, 고귀한 + avalokitesvara 관자재 + ya ~에게]

🔥 Avalokitesvara: 세상을 굽어 살펴보시는 하느님
　　　　　　　(Lord Who Looks Down the World)
　[ava 아래(down) + lok 보다(look) + ita ~한(분사) + isvara 주(主)]

　Avalokitesvara는 브라흐만교-힌두교에서 시바 신과 비슈누 신에 대한 예경禮敬의 호칭으로, 문자 그대로의 뜻은 '세상을 굽어 살피시며 스스로 계시는 절대자, 즉 하느님, 주主; Lord'라는 뜻이다. 한문으로는 '관자재觀自在'로 번역된다.

『옴 씨드호얀뚜 만뜨라 빠다야 쓰와-하-』
Aum sidhyantu mantra-padaya  svaha

《옴! 이 모든 신묘한 주문이 원만히 이루어지게 하소서!》

○ 씨드호얀뚜; sidhyantu: 성취하다(achieve)
○ 만뜨라 빠다야; mantra-padaya: 주문(呪文; invocation spells)
○ 쓰와-하-; svaha: 이루게 하소서!(So be it!)

# 제4부
## 신묘장구대다라니에 나오는 불교에 수용된 힌두교 신들과 상징들

# 7장

## 《신묘장구대다라니》에 나오는 불교에 수용된 힌두교 신들

 힌두교 신들의 불교수용에 따른 신격의 격하와 변질

신묘장구대다라니神妙章句大陀羅尼; 천수다라니/千手陀羅尼에 대한 해석은 인도의 고대종교 브라흐만교Brahmanism; 바라문교/婆羅門敎를 이해하지 않고서 산스크리트 어학 지식만으로는 실로 불가능하다.

특히 브라흐만교와 토착종교의 융합으로 일어난 힌두교는 불교와 그 생성의 토양을 함께 하였으며 상호투쟁하며 많은 요소들을 수용하고 동화하는 등 상호 영향을 주며 발전하였으므로 힌두교에 대한 이해는 더욱 필요하다.

실제로 많은 인도 브라흐만교-힌두교 신들이 불교에 수용되어 불법佛法을 수호하는 신격으로 자리 잡고 있는데, 그 뿌리를 브라흐만교-힌두교 문헌에서 쉽게 확인할 수 있다.

그런데 불교가 힌두교 신들을 수용한 정도가 심하여 '수용'이라는 완곡어법婉曲語法: euphemism보다는 귀에 거슬릴지언정 '차용하였다'라는 말이 진솔한 표현일 것이다.

예를 들어, 힌두 창조신화에 나오는 모든 신들 역시 예외 없이 모조리 불교에 수용되어 있다.

신묘장구대다라니와 그 출발지인 힌두 창조신화에 나오는 브라흐마, 비슈누, 시바, 인드라 등등 수많은 고대 인도의 신들은 석가모니 부처님께서 이 세상에 태어나기보다 수십 억 년 앞서 우주 창조라는 대역사大役事를 행한 신들이다.

그런데 석가모니 부처님께서 대체 언제 이 수많은 브라흐만교-힌두교의 신들을 때려잡아다 복속시켜 자신의 호위신장이나 비서 수행원으로 만들었다는 것이지 참으로 모를 일이다.

이처럼 불교에서는 '수용'이라는 말 한마디로 힌두교 최고의 신들을 불교에 봉사하는 중간급의 신격으로 격하시켜 버렸다.

저자가 인도에서 수년째 장기 체류하며 집필하는 호텔에서의 일이었다. 어느 날 차 한 잔 하러 로비에 갔을 때였다. 거기서 우연히 한 시크교도 가족과 합석하게 되었다. 그때 그 가족 중 영특해 보이는 대학생이 저자가 불교인인 것을 알고서, 나이치고는 꽤나 예리한 질문을 하여 저자를 감탄케 하였다.

그의 질문 내용은 다음과 같았다.

"불교에서 '수용'이라는 말은 만능의 도구인가? 불교가 아무리 '포용의 종교'라고는 하지만 어떠한 외도外道; 불교 이외의 종교의 신이든, 수용하기만 하면 불교의 신격이 될 수 있는가?

이런 식의 소위 '수용'이 타당한 것이라면, 앞으로 여호와 신, 예수 신 등 더 많은 외도의 신들도 언젠가는 불교에 수용되어 부처님의 호법신이나 호위신장이 되지 않겠는가?

또한 타종교의 최고신을 무단으로 수용하여 자기 종교의 교조보다 하위의 신으로 격하하여 모독하는 종교를 과연 진정한 포용의 종교라 할 수 있는가?"

실제로 거의 모든 힌두교 신들이 불교에 수용되어 있는데, 문제는 신격의 격하와 변질 등 왜곡의 정도가 심하다는 점이다. 그 대표적 사례로 힌두 창조신화에 나오는 힌두교 신들의 경우를 살펴보기로 하자.

| 힌두 창조신화에 나오는 힌두교 신들 ➜ 불교에 수용된 후의 신격 |

❶ 창조신 브라흐마(Brahma)    ➜    범천(梵天)

4개의 얼굴, 4개의 팔, 연화좌대 등은 불교에 범천이란 이름으로 수용된 후에도 그대로이다.

지금도 전 세계 15억의 힌두교인들이 지극정성으로 숭배하고 있는 힌두교 최고의 창조신 브라흐마 하느님을 비롯한 힌두 신들이 불교에서는 석가모니 붓다의 하위 신으로 취급되고 있는 것이다.

4세기경 힌두교 신들에 대한 이러한 신성모독에 대한 반작용으로 힌두교인들은 붓다를 힌두교 비슈누 신의 9번째 화신으로 격하 수용하였다.

법화경이나 화엄경 등의 대승불교 경전들을 읽어보면 힌두신화의 신들을 마구잡이로 가져다 석가모니 부처님의 수호신, 호법신으로 만들어 놓았음을 볼 수 있다.

대승경전 편집자들이 힌두 신들을 수용하여 불·보살들보다 낮은 호법신으로 격하시켜 불교의 위상을 올리고, 불·보살들을 중심으로 한 법화 또는 화엄 세계를 장엄하기 위한 소재로 변질시켜 이용하였던 것이다.

예를 들어, 불교의 소위 '십이천十二天; 수미산을 수호하는 열두 천신'은 힌두 신들을 그대로 가져다 불교에 편입시킨 것이다. 베다시대의 힌두신화에 나오는 방위신 로카팔라Lokapalas; Guardians of the World를 그대로 수용한 것이다.

### 힌두교의 로카팔라(Lokapalas)를 수용한 불교의 십이천(十二天)
팔방의 8 방위신, 하늘과 땅의 상하를 관장하는 둘, 해와 달을 합친 12이다.

| 힌두교 ➜ 불교 | 방위 | 주관하는 곳 |
|---|---|---|
| ❶ 인드라/Indra ➜ 제석천/帝釋天 | 동 | 수미산 정상 도리천의 왕으로, 사천왕과 32신(神)을 통솔함 |
| ❷ 아그니/Agni ➜ 화천/火天 | 남동 | 불을 다스리는 신 |
| ❸ 야마/Yama ➜ 염마천/焰摩天 | 남 | 염라대왕. 생전의 행적에 따라 상벌을 준다는 저승의 왕 |
| ❹ 락샤사/Rakshasa ➜ 나찰천/羅刹天 | 남서 | 나찰과 나찰녀를 다스리는 신 |
| ❺ 바루나/Varuna ➜ 수천/水天 | 서 | 물과 용의 무리를 다스리는 신 |
| ❻ 바유/Vayu ➜ 풍천/風天 | 북서 | 바람을 다스리는 신 |
| ❼ 바이슈라바나/Vaishravana ➜ 비사문천/毘沙門天 | 북 | 수미산 중턱의 북쪽을 지키는 신. 사천왕 중의 하나 |
| ❽ Ishana/이샤나 ➜ 이사나천/伊舍那天 | 북동 | 색계의 맨 위에 있는 색구경천에 사는 신 |
| ❾ 브라흐마/Brahma ➜ 범천/梵天 | 하늘(상) | 색계 초선천의 왕 |
| ❿ 프리트비/Pritvi ➜ 지천/地天 | 땅(하) | 대지를 주관하는 신 |
| ⓫ 수리야/Surya ➜ 일천/日天 | 해 | 태양을 신격화한 명칭 |
| ⓬ 찬드라/Chandra ➜ 월천/月天 | 달 | 달을 신격화한 명칭 |

이처럼 대승경전 편집자들이 힌두 신들을 끌어다 석가모니 부처님의 호법신으로 격하시켜 수용하였는데, 불·보살들의 위상을 올리고자 한 그 의도는 가상하다 할 수 있을지 모르지만 그 방법은 다음과 같은 이유에서 크게 잘못된 것이다.

우선, 부처님의 가르침에 정면으로 위배된다. 불교는 분명히 무신종교로서 신을 인정치 않는다.

그럼에도 불구하고 석가모니 부처님께서 철저하게 부정하고 배격하셨던 외도 유신종교 힌두교의 신들을 끌어들여 불교를 유신종교화 하였으며, 결국 석가모니 부처님과 불·보살들마저 신격화는 치명적 폐해를 낳게 되었다.

이것은 부처님의 가르침을 거꾸로 뒤집는 행위이다. 이 점에 대해서는 7장과 9장에서 상세히 다루고 있다.

둘째, 부처님에 대한 모독이다. 부처님의 가르침이 다른 종교의 신들까지 끌어다 치장해야 할 만큼 취약한 것인가?

석가모니 부처님께서 힌두교 최고의 신 브라흐마나 인드라 등을 때려잡아다 자신을 양옆에서 시위하는 호법신으로 삼는 초자연적 힘을 보여주었기 때문에 부처님이 위대한 것인가?

부처님의 위대함은 미개한 원시적 유신종교에서 흔히 볼 수 있듯이 과대 포장된 초자연적인 힘으로 다른 신들과 힘겨루기를 한다든지, 적을 모조리 진멸한다든지 하는 데 있는 것이 아니라, 지혜와 자비에 있다. 즉, 실상지혜實相智慧: 세상을 있는 그대로 직관하여 보는 지혜, 반야지혜般若智慧: 우주만물이 작용하는 근본법칙을 보는 지혜, 해탈지혜解脫智慧: 번뇌를 벗어나는 지혜, 그리고 대자대비大慈大悲: 모든 생명에 대한 분별없는 평등한 자비심에 있다.

셋째, '힌두교 최고의 신 브라흐마나 인드라를 비롯한 힌두 신들이 부처님에게 귀의하여 호법신이 되었다'는 소리는 망어妄語: 거짓된 말이며 기어綺語: 근거 없는 허황된 말이다.

힌두 창조신화에 나오는 브라흐마, 비슈누, 시바, 인드라 등등 수많은 고대 인도의 신들은 석가모니 부처님께서 이 세상에 태어나기보다 수십 억 년 앞서 우주 창조라는 대역사大役事를 행한 신들이다.

역사적 인물인 석가모니 부처님께서 대체 언제 어떻게 역사적으로 존재하지도 않았던 창조의 개념신 브라흐마를 끌어다 복속시켜 자신의 호법신 범천으로 만들 수 있었다는 말인가?

이 모두가 대승경전 편집자들의 일방적인 주장일 뿐 결코 그런 일은 일어난 적은 없다.

사람들이 무지몽매하였던 과거시대에는 이런 말이 받아들여질 수 있었을지 모르나 오늘날과 같은 첨단과학문명시대에 이런 주장은 한낱 비웃음거리에 지나지 않는다.

종교의 한 가지 재미있는 현상은 비이성적, 비논리적 주장을 무조건 믿는 사람은 신앙심이 깊은 신자로 칭송받고, 이성과 논리를 갖춘 사람은 신앙심이 결여된 사람으로 치부되는 경향이 있다는 사실이다.

무조건적 믿음, 즉 이성이 마비된 맹신을 뜨거운 신앙심으로 포장하고, 그것이야말로 바람직한 신앙적 태도라고 부추기고 세뇌시키는 가장 대표적인 종교는 기독교일 것이다.

기독교에서는 지금도 여전히 태양이 지구의 주위를 돌고, 진흙을 주물러서 사람을 만들고, 남자의 갈비뼈를 뽑아서 여자를 만들었다고 말하고 있다.

그런가하면 처녀가 애를 낳고, 물을 포도주로 변하게 하고, 보리떡 5개와 물고기 2마리로 수천 명을 먹이고, 죽은 사람을 살려내고, 예수가 물위를 걷고, 죽었다가 부활하여 하늘로 승천하고, …. 이 정도면 공상소설도 이런 공상소설은 없다.

기독교에서는 불합리, 비이성적, 비과학적 결함들을 한편으로는 기적이라는 이름의 포장으로 은폐를 시도하며, 다른 한편으로는 노골적으로 이성을 마비시키고 맹신을 조장하고 세뇌시킴으로써 그 명맥을 유지해왔던 것이다.

그러나 어떠한 억지를 써도 본래 불합리한 것을 합리적인 것으로 만들 수는 없는 것이다. 그리하여 마침내 초기 기독교의 교부 테르툴리아누스Tertullianus; Tertullian, 160~220는 "불합리하기 때문에 나는 믿는다Credo quia absurdum; I believe because it is absurd." 라는 괴변까지 늘어놓기에 이른다. 이 말처럼 기독교도들의 맹신 속성을 단적으로 드러내는 표현은 없을 것이다.

사실이나 실증주의가 아닌 허위나 공상에 근거하여 신자들에게 거짓된 내용이나 허황된 내용을 유포하는 것은 부처님께서 금하신 망어妄語: 거짓된 말, 기어綺語: 근거 없는 허황된 말로서, 구업을 짓는 일이 아닐 수 없다.

부처님께서는 이를 경계하여 《천수경》에서 '망어중죄 금일참회, 기어중죄 금일참회' 라는 구절로 우리를 일깨워주시고 있다. ≪천수경 십악참회, 도서출판 블루리본 참조≫

망어중죄 금일참회　거짓된 말로 지은 죄를
妄語衆罪　今日懺悔　오늘 모두 참회하나이다
기어중죄 금일참회　허황된 말로 지은 죄를
綺語衆罪　今日懺悔　오늘 모두 참회하나이다

넷째, 불교가 힌두교에서 브라흐마 신과 인드라 신을 무단으로 끌어다 석가모니 붓다를 양옆에서 시위하는 범천과 제석천이라는 이름의 호법신으로 격하 변질시켜 수용하고 있는 것은 힌두교인들의 입장에서 보면 심각한 신성모독이다.

석가모니 부처님에게 굴복하여 불교에 귀의하여 부처님의 호법신 범천梵天과 제석천帝釋天이 되었다는 힌두교의 창조신 브라흐마 하느님과 고대 인도 아리안의 하늘님 인드라 신이 실제로는 버젓이 힌두교에서 최고신으로 군림하고 있다.

힌두 신들이 정말로 석가모니 부처님에게 굴복하여 부처님의 호법신으로 귀의하였다면 힌두교는 이미 오래 전에 불교에 흡수되어 사라졌어야 하는 것이 아닌가!

그런데 오히려 인도 대륙에서 흡수되어 사라진 쪽은 힌두교가 아닌 불교이다.

브라흐마 신이나 인드라 신이 석가모니 부처님의 위대한 법력에 굴복하고 귀의하여 범천과 제석천이란 이름의 호법신이 되었다는 불교에서의 주장은 우리 불제자들로서는 듣기에는 좋을지도 모른다. 아니 솔직히 좋다.

그러나 사실이 아닌, 이러한 불교에서의 일방적 주장은 인도뿐만 아니라 전 세계에 퍼져 있는 15억 힌두교인들에게는 심각한 불경不敬이요 신성모독神聖冒瀆: blasphemy이 아닐 수 없다.

전 세계 15억의 힌두교인들은 불교에서의 이러한 일방적 주장에 대해 어이없어 할 뿐이다.

그들은 오히려 붓다가 힌두교에 복속되었다고 말한다. 힌두교에서는 굽타시대 말기인 4세기 경 석가모니 붓다를 '힌두교 비슈누 신의 9번째 화신化身: avatar/아바타'으로 만들어 버렸다.

힌두교-불교의 경우에서와 같이, 타종교의 최고신을 가져다 자기 종교 교조의 하위의 신이나 호법신으로 격하 수용함으로써 자기 종교 교조의 위상을 높이는 수법은 세계의 거의 모든 종교에서 흔히 볼 수 있는 보편적 현상이다.

유대교-기독교에서도 이와 같은 현상이 있었는데, 그들의 경우 상대 종교의 교조에 대한 신성모독이 심각한 종교적 갈등과 대량살육을 불러 일으켜왔다.

유대인들은 왜 기독교도들을 증오하며, 왜 예수를 홀로코스트를 자행한 히틀러보다 더 지독하게 저주하는가?

그것은 기독교도들이 이스라엘의 민족신 여호와 신을 훔쳐다 조작하여 모든 인류의 신으로 왜곡 변질시켰기 때문이다.

또한 엄연한 인간 예수를 여호와 신이 지상에 출현한 현신, 즉 '예수=여호와 신'이라고 주장하는 신성모독을 저지르고 있기 때문이다. 예수는 유대교 최악의 이단자인 것이다.

이는 마치 단군은 우리 한민족의 조상인데, 중국인들이 동북공정의 일환으로 자기들 마음대로 가져다 만주에 단군기념공원을 만들고 '단군은 모든 만주지역 소수민족들의 조상이다'라고 주장하고 있는 것과 같다.

유대인들이 자신들의 민족신 여호와 신을 훔쳐다 도용하는 기독교도들과 이스라엘 민족종교의 이단아 예수를 저주하는 등 기독교와 대립하게 되자, 기독교도들은 유대인들을 끊임없이 박해하고 대량살육을 자행해왔다.

대표적인 예로, 기독교가 주도한 십자군 전쟁과 제2차 세계대전 당시 나치독일에 의한 홀로코스트에서 기독교의 협조로 수많은 유대인들이 대량살육을 당하였다. 그로 인해 유대인들은 오늘날에도 십자가 표시 사용을 철저히 금기시하고 있다.

## 범천권청(梵天勸請)의 진실

석가모니 부처님께서 성도(成道; 깨달음을 얻음)하신 후, 자신이 깨우친 법이 대중들도 깨닫기에는 너무 심오하여 이대로 조용히 홀로 열반에 들까, 아니면 자신의 깨달음을 전파해 중생들을 구원할까 고민하고 있었다.

이때 맨 먼저 신들의 왕 인드라(불교에 수용된 후의 이름은 제석천)가 하늘에서 내려 와 부처님에게 중생들을 위해 법을 설하여 주시도록 설득하려 했으나 성공하지 못하였다.

그 다음으로는 힌두교의 창조신 브라흐마가 하늘에서 내려와 석가모니 부처님에게 중생들에게 법을 펴실 것을 권유하고 간청하였다. 그리하여 그는 마침내 석가모니 부처님을 설득하는데 성공하여 불교를 세우게 하였는바, 이를 범천권청(梵天勸請)이라 한다.

브라흐마는 이후 불법에 귀의하여 '범천(Brahma Sahampati/브라흐마 사함파티)'이라는 불교식 이름을 얻고 불교의 수호신들 중의 하나가 된다.

▲ 부처님 좌우의 범천과 제석천

▲ 범천의 귀의(상상도)

우리는 이러한 범천권청이 브라흐만교-힌두교의 최고신인 브라흐마가 붓다에게 설법을 권청하는 구도를 설정함으로써 후발종교였던 불교와 붓다의 권위를 높이기 위해 후대에 의도적으로 만들어진 전설임을 알 수 있다.

역사적 인물인 석가모니 부처님께서 이 세상에 태어나기보다 수십 억 년 앞서 우주를 창조하였다는 (역사적으로는 존재하지도 않았던) 창조의 개념신 브라흐마를 어떻게 만날 수 있다는 말인가?

이에 저자는 다음과 같이 정리하고자 한다: 범천권청(梵天勸請; Brahma Entreats Buddha to Preach)은 진리이기는 하나 사실은 아니다.

| 힌두 창조신화에 나오는 힌두교 신들 → 불교에 수용된 후의 신격 |

② 청경관자재 시바(shiva) → 청경관음 → 천수관음

▲ 불교에서는 힌두교의 청경관자재 시바 신을 가져다 불교 관세음보살의 화신인 청경관음, 천수관음 등으로 수용하였다.

시바Shiva; Siva는 본래의 이름이 아니라 '상서로운', '자비로운' 등의 뜻을 가진 형용사로, 《리그베다》에 등장하는 폭풍의 신 루드라Rudra에게 붙이는 유화적 별칭別稱; epithet이었다.

시바라는 이름에서도 알 수 있듯이 그는 원래 부와 행복을 주고, 병을 낫게 해 주는 은총의 신, 길조를 의미하는 길상신吉祥神이었다.

시바 신은 나중에 민간신앙과 혼합되어 《브라흐마나Brahmana; 범서/梵書; 힌두교 성전 《베다》의 해설서》 이후 차차 중요한 신격으로 발전하였는데 시바는 자기의 원형인 루드라의 파괴자로서의 면모를 지니고 있어 파괴의 신 시바라 불리게 되었다.

시바 신은 힌두교 최고의 신이지만, 동시에 불교에서는 시바 신을 가져다 그 지위를 크게 격하시키고 성격도 변질시켜 호법신護法神으로 수용하고 있다.

여기서 한 가지 흥미로운 점은 하나의 힌두교 신 시바가 불교에 수용되어서는 분신술이라도 부렸는지 각기 다른 여러 신격들로 수용되어 있다는 사실이다.

그 대표적인 예를 들면 다음과 같다.

○ 청경관자재 시바 Nilakantha Shvia → 청경관음, 천수관음
○ 시바 마헤슈바라 Shiva Mahesvara → 대자재천,
○ 시바 루드라 Shiva Rudra → 십일면관음, 대광보조관음
○ 시바 아짤라나타 Shiva Acalanatha → 부동명왕
○ 시바 이샤나 Shiva Ishana → 이사나천

우선 시바 신이 인류를 구원하기 위해 맹독을 마심으로써 닐라칸타, 즉 '푸른 목청경/靑頸'을 갖게 되어 청경관자재라는 명호를 갖게 된 연원은 이미 앞에서 여러 번 다루었다.

불교에서는 힌두교 청경관자재 시바 신을 가져다 청경관음으로 수용하였다. 그런데 여기서 흥미로운 점은 힌두교의 청경관자재 상은 목 부분이 '청경靑頸: 푸른 목'이라는 말 그대로 파랗게 되어있으나, 불교에서의 청경관음상은 이름만 청경일 뿐 목 부분이 파란색이 아니다. 즉 청경의 연원과 그 진정한 의미를 이해하지 못한 채 이름만 수용하였던 것이다.

천수관음千手千眼觀音: 천 개의 손과 천 개의 눈을 가진 관음은 천 개의 눈을 가졌다는 인드라 신이나 청경관자재 시바 신과 같은 힌두 신들의 특성이 그대로 불교에 수용된 것이다.

우리는 여기서 이성적 판단과 과학적 사고를 강조하신 석가모니 부처님께서 1000개의 눈과 1000개의 손이라는 미개한 원시적 유신종교 힌두교의 신들을 받아들이신 적이 있는지 생각해보아야 할 필요가 있을 것이다.

청경관음과 천수관음의 원형인 청경관자재 시바 신에게 올리는 예찬문인 대비주大悲呪, 즉 《신묘장구대다라니》역시 이때 천수관음과 함께 불교에 수용된 것이다.

● 시바 신의 설산수도상    → 붓다의 설산수도상

▲ 시바 신은 왜 설산에서 수도를 하는가?

　베다 서사시에 따르면, 시바 신은 극한의 요가를 수행하는 신으로 요가수행자의 왕 (Yogesvara; Lord of the Yogis)이라 불린다.
　그가 요가를 수행할 때는 많은 열을 발산하는데, 그는 열을 식히기 위해 히말라야 산 중의 눈 덮인 카일라쉬(Kailash; Meru) 산에 거주하는 것이다.

 **팔상도(八相圖)에 숨겨져 있는 심각한 오류**

　어느 절이나 대웅전 벽화를 보게 되면 가장 많이 그려져 있는 그림이 바로 팔상도(八相圖)이다. 주지하다시피 팔상도는 석가모니 부처님의 일생을 8단계로 나누어 가장 중요한 극적인 장면을 그림으로 나타낸 것이다.
　그 중의 하나가 소위 '설산수도상(雪山修道相)'인데, 이것은 부처님께서 깨달음을 얻기 위해 설산(雪山; himalaya; 산스크리트로 hima「눈/snow」+alaya「거처/abode; 창고」= '눈이 머무는 곳', '눈 창고'라는 뜻)에서 고행하시는 모습을 그린 그림이다.

　그런데 문제는 석가모니 부처님께서는 히말라야에서 설산수도를 하신 적이 없다는 사실이다. 아니 설산(雪山; 히말라야) 근처에도 가신 적이 없다. 고행림(苦行林)에서 설산 히말라야까지의 거리는 항공직선거리로만 해도 700km가 넘는 멀고 먼 거리이다.

　이러한 사실에도 불구하고 부처님이 설산에서 6년 동안 수행했다는 이야기가 마치 기정사실인양 굳건히 자리 잡고 있는 것이 현실이다.

실제로는 부처님께서는 출가 후, 마가다국 라자그리하(Rajagriha; 王舍城/왕사성: 현재의 비하르주 라지기르/Rajgir, Bihar) 서남쪽 네란자라강(Neranjara; Niranjana River; 尼連禪河/니련선하) 유역에 있는 고행림이라는 숲속에 들어가셔서 안나콘단냐(Anna-Kondanna; 아야교진여/阿若憍陳如)를 비롯한 다섯 비구과 함께 6년 동안 고행하셨다.

성지순례를 해보면 알 수 있듯이, 부처님이 실제 수행하셨던 보드가야 네란자라강 유역의 우루벨라 마을 동편의 고행림은 추운 겨울에도 섭씨 20도를 웃도는 고온다습한 지역으로 눈이란 한 조각도 찾아볼 수 없는 곳이다.

▲ 시바 신의 수행처 설산 카일라쉬   ▲ 부처님의 실제 수행처였던 고행림 눈이 내리지 않는 기후지역이다.

그렇다면 팔상도(八相圖)에 숨겨져 있는 이와 같은 심각한 오류가 일어나게 된 원인은 무엇인가?
이러한 오류는 힌두교 신들이 대량으로 불교에 수용되는 과정에서 빚어진 오류들 중의 하나에 불과한 것으로, 힌두교 시바 신의 설산수도 이야기가 여과 없이 그대로 불교에 수용된 결과이다.

불제자로서 부처님의 일생에 대해 제대로 알려고 하지 않는다면, 그것은 부처님에 대한 예의나 도리가 아니며 부끄러워해야 할 일이 아닐 수 없다. 또한 뒤늦게나마 오류가 발견되었다면 마땅히 바로잡아야 할 의무가 있다.

그러므로 우리 불제자들은 이제부터라도 하루속히 팔상도의 '설산수도상'을 '고행림수도상'이나 '아란야(阿蘭若; aranya; 적정처/寂靜處)수행상'으로 그 명칭을 바꾸어야 하며, 또한 그림도 그에 걸맞게 제대로 다시 그려야 한다고 본 저자는 생각한다.

| 힌두 창조신화에 나오는 힌두교 신들 → 불교에 수용된 후의 신격 |

**3** 비슈누(Vishnu) 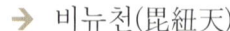 비뉴천(毘紐天)

▲ 비슈누 신이 손에 들고 있는 차크라(Chakra; 원반 무기), 그리고 그의 배우자인 부·행운·미의 여신 락슈미(Lakshmi)와 탄 가루다(Garuda; 불교에서는 금시조/金翅鳥)까지 그대로 불교에 수용되어 있다.

힌두교 최고의 신격인 힌두 삼주신三主神; Trimurt/트리무르티i; 힌두교의 주요 3신인 브라흐마·비슈누·시바 중의 한 분이다.

비슈누 신은 주로 부유층에서 숭배되며, 시바 신은 사회 하층부에서 고행, 주술, 열광적 제의 등을 통해 숭배된다.

비슈누 신은 지금도 전 세계 15억의 힌두교인들이 지극정성으로 숭배하고 있는 힌두교 최고의 신이다.

그런데 문제는 이 힌두교 최고의 신 비슈누 하느님을 불교에서 가져다 비뉴천毘紐天이라는 이름을 붙여 석가모니 붓다의 하위 신인 호법신護法神으로 앉혀놓고 있다는 점이다.

타종교 최고신에 대한 불교에서의 이러한 신격의 격하와 왜곡은 전 세계에 퍼져 있는 15억 힌두교인들에게는 심각한 신성모독이 아닐 수 없으며, 그에 따른 반작용 역시 심각하다.

남을 존중하지 않으면서 내가 존중받는 것이 과연 가능한 일인가?

● 비슈누의 별칭 나라야나　　→ 나라연천(那羅延天), 인왕(仁王)

　비슈누 신은 이미 비뉴천으로 불교에 수용되었는데, 비슈누의 별칭 나라야나Narayana가 또 다시 불교에 나라연천那羅延天이라는 다른 신격으로 수용되었다.
　결국 한 분의 힌두교 신이 불교에는 각기 다른 두 분의 신격으로 수용되는 이치에 맞지 않는 현상이 일어난 것이다.

　힌두교 비슈누 신의 별칭 나라야나Narayana; '태초의 바다에서 온 자'라는 뜻는 불교에 나라연천那羅延天이라는 이름으로 불법의 수호신이자 천상의 역사力士로 수용되었다. 나라연천은 나라연금강, 금강역사, 인왕仁王 등으로도 불린다.
　천상의 역사 나라연금강那羅延金剛; 입을 벌리고 있어 '아금강'이라고도 함은 밀적금강密迹金剛; 입을 다물고 있어 '훔금강'이라고도 함과 함께 사찰 양쪽을 지키는 수문장으로 수용되어 있다.
　이와 같이 힌두교 최고의 비슈누 신이 불교에서는 한낱 문지기로 격하되고 왜곡 변질되어 수용되어 있는 것이다.

　아직 불교수용 초기인 둔황석굴의 벽화에는 가루다Garuda; Sanskrit로 '독수리'라는 뜻를 탄 비슈누의 모습으로 그려져 있다.

● 비슈누 신의 화현(化現; avatar) 개념

▲ 비슈누 신의 본신

변화신들

MATSYA
KURMA
RAMA
VARAHA
BALARAM
NARASIMHA
BUDDHA
PARASHURAM
VAMAN
KALKI

　비슈누 신의 특징은 화신化身; 아바타/avatar; incarnation 개념이다. 비슈누 신은 세상이 혼란할 때마다 질서를 회복하고 세상을 구원하기 위해 상황에 따라 10가지 아바타Dashavatar/다쉬아바타 중 하나의 모습으로 세상에 출현한다. 비슈누 신이야말로 삼세三世에 걸친 진정한 구세주라는 뜻이다.

➜ 관음보살의 보문시현(普門示現) 개념

천수관음　준제관음

➜ 변화신들

마두관음　불공견삭관음

▲ 관음의 본신 성관음

십일면관음　여의륜관음

　불교에서는 힌두교 신들의 화현化現; avatar/아바타; incarnation 개념을 수용하여 불교 관세음보살의 보문시현普門示現; 불보살이 중생을 제도하기 위해 중생의 근기에 맞추어 여러 가지로 몸을 나타냄; the Universal Gate; the universal teachings and manifestations이라는 개념으로 변용 발전시켜 나갔다.

이와 같이 불교가 힌두 신들의 화현 개념을 수용하여 관세음보살의 보문시현 개념으로 변용함에 따라 불교에는 갖가지 수많은 관음들이 생겨나게 되었다.

특히 관세음보살의 보문시현에 따른 7관음, 더 나아가 동아시아에서는 33관음이 정착되고, 힌두교의 신들이 불교에 유입되면서 각종 불보살이라는 신격들도 증가하여 불교는 유신론적 신앙 형태로 변질되어 갔다.

원래 관세음보살은 페르시아 조로아스터교Zoraostrianism의 성스러운 물의 여신 아나히타Aredvi Sura-Anahita에서 기원하였다.

동서 문화의 교차로에 놓여있었던 간다라Gandhara; 오늘날 파키스탄 북서부 페샤와르/Peshawar 지역는 페르시아와 인접하여 조로아스터교의 지속적인 영향을 받았다.

그리하여 조로아스터교의 수신水神이자 풍요의 여신인 아나히타 역시 당시 간다라 지역에 유입되어 나나야Nanaya 여신으로 정착되어 있었다.

❶ 페르시아(현 이란)
아나히타 여신의 물병에서 물이 쏟아지고 있다.

❷ 간다라(현 파키스탄)
나나야 여신이 물병과 버들가지를 들고 있다.

❸ 동아시아
정병[물병]과 버들가지를 들고 있는 관음상

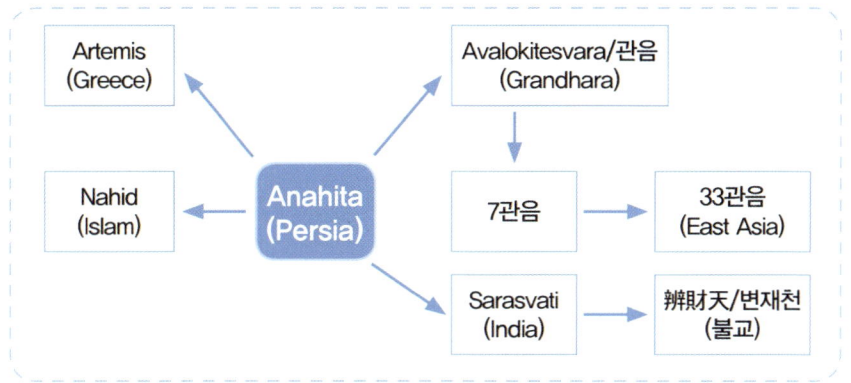

▲ 조로아스터교 아나히타 여신에서 성관음, 7관음, 그리고 33관음으로

아나히타 여신이 2세기 경 간다라에 전파되어 성관음<sup>聖觀音: Aryavalokitesvara/아리아발로키테스바라</sup>이 형성되었으며, 6세기 경 인도에 들어와서는 토착 힌두 신들, 특히 비슈누 신의 화현<sup>化現: avatar/아바타: incarnation</sup> 개념을 수용하여 관음의 본신<sup>本身: 관음 본래의 모습</sup>인 성관음이 힌두교 식으로 6가지로 화현<sup>化現: 불교용어로는 보문시현</sup>함으로써 모두 7관음으로 발전하였다.

그 후 동아시아에서 토착신앙과 결합하면서 33관음이 형성되었다.

특히 불교에서 극히 중요한 내용은 페르시아 조로아스터교의 물의 여신 아나히타가 성관음으로 발전한 과정, 이를 뒷받침하는 자료들, 7관음과 33관음 해설 등인데, 여기서는 지면 관계상 간단히 소개만 하였다.

다행히 앞서 출간된 본 저자들의 공저 《법화경과 신약성서, 제25장》에 상세하게 설명되어 있으니 독자 여러분께 도움이 될 것이라 확신한다.

우리는 보통 《반야심경》의 첫 어구로 등장하는 관자재보살Avalokitesvara Bodhisattva/아발로키테스바라 보디싸트바이라는 말에 익숙해 있어서 관자재를 불교의 관세음보살로 착각하기 쉽다.

그러나 본래 힌두교에서 Avalokitesvara Bodhisattva아발로키테스바라 보디싸트바; 관자재보살/觀自在菩薩는 힌두 최고신 시바Shiva 신과 비슈누Shiva 신에 대한 예경禮敬의 뜻을 담은 명호이다.

이 Avalokitesvara아발로키테스바라의 문자 그대로의 뜻은 '세상을 굽어 살피시며 스스로 계시는 절대자, 즉 하느님Lord Who Looks Down the World'라는 뜻이다. 한문으로는 '관자재觀自在'로 번역된다.≪pp158~159 관자재 상세해설 참조≫

불교에서는 이 관자재觀自在; Avalokitesvara를 가져다 그 본래의 위격位格; 지위와 품격인 '힌두교 최고의 하느님'이 아니라, 부처님보다 아래 단계인 '보살'로 격하시켜 버렸다.

또 다른 시바 신에 대한 예경 존칭어인 bodhisattva보디싸트바; 보살/菩薩와 mahasattva마하싸트바; 마하살/摩賀薩); 대보살; 시바 신/mahat의 존칭어 역시 마찬가지로 불교에 수용되어서는 본래의 시바 신과는 전혀 무관한 다른 신격과 의미로 왜곡 변질되어버린 것이다.≪p157 보살·마하살 상세해설 참조≫

이처럼 우리 모두가 익히 알고 있는 구마라습의 구역 '관세음觀世音'이든 현장의 신역 '관자재觀自在'이든, 양쪽 다 불교에 수용된 이후의 왜곡된 의미를 한역한 것에 지나지 않는 것으로, 인도에서의 원 뜻과는 전혀 다른 것이다.

힌두교에서 비슈누 신이 여러 가지 모습으로 화현하는 개념을 불교에서도 받아들여 관세음보살이 여러 가지 모습으로 화현化現; 아바타/avatar; 불교 용어로 보문시현普門示現한다.

7관음은 관음의 본신本身; 관음 본래의 모습 성관음이 6변화신으로 화현한 것으로, 천수관음, 마두관음, 십일면관음, 준제관음, 불공견삭관음, 여의륜관음의 이름을 가진다.

● 천 개의 팔과 눈을 가진 시바 신　　→　천수관음

힌두교 관자재 시바 신은 천수천안千手千眼, 즉 1000개의 팔과 1000개의 눈을 가지고 있다.


신들이 중생에게 이익을 주기 위해 천수천안千手千眼을 갖는다는 신화의 기원은 고대 힌두성전聖典 《리그베다Rig Veda》 제10권 푸루샤 찬가 Purusha sukta/푸루샤 숙타로 거슬러 올라간다.

거기에는 우주적 원시인간the Cosmic Man 푸루샤Purusha; 산스크리트로 '영혼', '자아', '인간', '남성' 등의 뜻는 천 개의 머리, 천 개의 눈, 천 개의 발을 가졌는데, 푸루샤의 각 부분에서 만물이 창조되었다는 거인해체巨人解體 창조 신화가 나온다.

힌두 신화에서 시바 신은 물론 비슈누 신도 1000개의 눈과 팔이 있으며, 인드라 신도 1000개의 눈을 가지고 있다.


이처럼 천수(천안)관음千手觀音; Sahasra-bhuja Sahasra-netra/사하스라-부자 사하스라-네트라 아발로키테스바라, Thousand-Armed, Thousand Eyed Avalokitesvara; 대비관음/大悲觀音은 시바 신이 불교에 수용되어 변용된 것이다.

대비주, 즉 《신묘장구대다라니》는 바로 청경관자재 천수관음, 즉 시바 신에게 올리는 예찬문이다.

● 십일면관음 시바 루드라  → 십일면관음(十一面觀音)

▲ 석굴암 벽면부조

시바 신의 본명은 루드라Rudra인데, 폭풍의 신 루드라는 "포효하는 자the Roarer" 또는 "울부짖는 자the Howler"로 번역된다.

고대인도 베다시대의 군소 신 루드라Rudra; 별칭은 에카다싸무카/Ekadasa-mukha; Eleven Faced; 十一面; 몸 하나에 11개의 얼굴을 가지고 있는 형상가 페르시아-간다라에서 들어온 관음사상 및 토착의 화현사상과 결합되어 힌두교의 십일면관음Ekadasa-mukha Avalokitesvara이 성립되었다. 이것은 인도에서 성립된 힌두교 최초의 변화관음이다.

힌두교의 십일면관음 역시 그대로 같은 이름으로 불교에 수용되었는데, 이것은 불교에 수용된 최초의 여러 얼굴을 가진 보살상이기도 하다. 십일면관음은 불교에서 한 번 더 가공되어 대광보조관음大光普照觀音; 아수라계를 비롯한 온갖 중생계를 구제하는 관음으로 불리기도 한다.

◀ 인도에서 자체 개발한 공격용 헬기 루드라(Rudra).

이 공격용 헬기가 미사일과 기관 포를 발사할 때 내뿜는 화염과 굉음은 실로 '포효하는 신 루드라'를 연상케 한다.

● 아모가-파사 아발로키테스바라    → 불공견삭관음

불공견삭不空羂索: Amogha-pasa/아모가-파사: Unfailing Lasso이란 산스크리트로 Amogha는 불공不空: 하고자 하는 일이 헛되지 않음, pasa는 견삭羂索: 옛날 인도에서 전쟁이나 사냥에 사용하던, 끝에 고리가 달려 있는 포승줄; 올가미밧줄; lasso이란 뜻이다.

그러므로 불공견삭관음不空羂索觀音이란 견삭을 던져 실패 없이 모든 사람을 구원하고 소원이 이루어지게 해주는 관음이란 뜻이다.

◀ 1960-70년대 미국의 인기만화 · TV시리즈 원더우먼의 '진실의 올가미밧줄(Lasso of Truth)'은 힌두교 불공견삭관음의 견삭(lasso), 즉 올가미밧줄이 모티프가 된 것이다.

| 힌두 창조신화에 나오는 힌두교 신들 → 불교에 수용된 후의 신격 |

❹ 신들의 왕 인드라(Indra)     → 제석천(帝釋天)

▲ 인드라 신이 손에 쥐고 있는 금강저(金剛杵; vajra/바즈라; 벼락(치는무기)가 불교에 수용된 후의 제석천의 손에도 그대로 들려있다.

인드라 신은 천둥 번개vajra/바즈라를 신격화한 것으로, 우파니샤드 시대에 와서는 아수라와의 전쟁에서 승리하여 모든 신들을 주재하는 신들의 왕이 된다.

본래 인드라 신은 고대 인도에 침입하여 원주민을 지배한 아리안족 the Aryans; 스스로를 아리안(Aryan; noble; 고귀한) 족속이라 칭한 족속의 수호신이자 전쟁신이자 최고의 신이었다.

BCE 1500년경부터 만들어진 고대 힌두성전《리그베다》에는 인드라 신이 아리아인의 적을 정복하는 이상적인 아리안 전사로 그려져 있다. 또한 리그베다에 수록된 대부분의 찬가는 아리안족을 수호해주는 인드라 신에게 바친 것이다.

베다시대에는 계속되는 전쟁으로 인하여 전쟁신의 비중이 높아져 아그니Agni; 불의 신, 바루나Varuna; 물의 신와 함께 베다시대 최고의 삼신三神; the Vedic Trimurti; 베딕 트리무르티을 형성한다.

그러나 그 후 토착신들이 힌두교의 삼주신三主神; the Hindu Trimurti; 브라흐마·비슈누·시바으로 떠오르면서, 이들에 밀려나 인드라의 지위는 점점 낮아졌다.

인드라 신 역시 예외 없이 일방적으로 불교에 편입되었다.

불교에서는 인도아리안 최고의 신 인드라를 가져다 제석천帝釋天이란 이름으로 범천梵天: 힌두 창조신 Brahma가 불교에 수용된 후의 불교식 이름; 범/梵은 Brahma의 음역과 함께 호법신護法神: 불법/佛法의 수호신으로 격하하고 그 신격도 왜곡 변질시켜 앉혀 놓았다.

불교에서 제석천은 수미산 정상의 도리천에 살면서 사천왕을 부하로 거느리는, 말하자면 경비대장 쯤으로 전락하였다.

 《금강경》의 본래 이름은 《벼락경》이다.

금강저(金剛杵) 바즈라(vajra)에는 '벼락(thunderbolt)'과 '금강(diamond)'이라는 두 개의 뜻이 있다.

불교에서는 저 대표적 대승경전을 흔히 「금강경」이라 부르고 있으나, 사실 정확한 뜻은 「벼락경(霹靂經/벽력경)」에 더 가깝다.

금강반야바라밀경[약칭 금강경]의 산스크리트(Sanskrit) 명칭은 Vajracchedika Prajna Paramita Sutra이다. 여기서 Vajra-cchedika(바즈라-쩨디카)는 「금강저로 벼락을 쳐서 자르다」라는 뜻이다.

그러므로 금강경의 산스크리트 원뜻은 「금강(diamond)같이 단단한 번뇌마저 자를 수 있는 벼락처럼 날카로운 지혜로써 모든 번뇌를 쳐부수어 없애고 완전한 깨달음의 저 언덕에 이르게 하는 경전」이라는 뜻이다.

◀ 국내는 물론 특히 해외에서 질산리에 최다 판매되고 있는 원문 · 한글 · 영문 3개 국어 금강경

≪책 오른쪽에 있는 것이 금강저(vajra)≫

- 페르시아 · 인도의
  인드라 디야우스 피타

→ 그리스 · 로마의
  제우스 · 주피터 신

▲ 번개(vajra)를 들고 있는 인드라

▲ 번개(vajra)를 들고 있는 제우스

인도의 신들의 왕이자 뇌정신雷霆神: 천둥·번개·벼락의 신 인드라는 그리스 신들의 왕이자 번개와 벼락의 신 제우스, 북유럽의 토르Thor, 또는 전쟁과 승리의 신 티르Tyr; Tyrr, 도교로 보면 옥황상제에 해당한다.

천둥번개의 신 인드라의 영향은 페르시아 아리안 민족에서 출발하여 동으로는 인도와 중국대륙을 지나 한반도를 거쳐 일본 섬까지 전파되었으며, 서쪽으로는 메소포타미아를 거쳐 그리스와 로마를 비롯한 유럽전역으로 퍼져 나갔다.

벼락을 쳐 적을 섬멸하는 인드라 신의 무기 금강저(바즈라)는 누가 만들었을까?

리그베다 푸루샤 찬가에 의하면, 천상의 대장장이 공예의 신 트바슈트리Tvashtri; Vishvakarma/비슈바카르마가 성선(聖仙) 다디치(Dadhichi)의 뼈를 사용하여 만들었다고 한다.

▲ 거대한 금강저, swayambhunath, Nepal

고대 인도 인드라 신의 별칭 '하느님 아버지 디야우스 피타Dyaus Pita; Father Sk)'가 같은 인도유럽어 권역의 그리스로 전파되어 디에우스 피테르Dieus piter가 되었다.

그리고 다시 구개음화하면서 지에우스, 제우스 파테르Zeus pater; 하느님 아버지; 하늘에 계신 아버지 하느님가 되었다. 이것이 로마에서는 주피터 파테르Jupiter pater가 되었다.

이처럼 인드라 신이야말로 동서고금을 통하여 가장 강력한 신일 것이다.

▲ 제우스, BCE 450년경　▲ 제우스, BCE 550년경　▲ 티폰과 싸우는 제우스

▲ 제우스와 바즈라, Sicily BCE 340년경　　　▲ 바빌로니아의 마르둑 신이
　바즈라 옆은 제우스의 상징 독수리　　　　　바즈라로 티아맛을 죽임

▲ 수메르 점토판에 묘사된 무기 바즈라　　▲ 켈트족 천둥번개신 타라니스

● 위대한 신들의 왕 인드라　　→　제석천·석제환인

　인드라 신은 어떻게 해서 제석천帝釋天 또는 석제환인釋帝桓因으로 번역되었을까?

　신들의 왕 인드라의 본래 이름은 '샤크라 데반드라 인드라Sakra-deva-Indra', 또는 간략히 '인드라 샤크라Indra Sakra'이다.

　인드라 샤크라Indra Sakra는 '위대한 하늘의 왕 인드라'라는 뜻이다.

　샤크라 데반드라[데바남 인드라]Sakra Devendra; Devanam Indra는 Sakra「강력한mighty, powerful」+ Devendra「신들의 왕the lord of deities」의 합성어로 '강력한 신들의 왕'이란 뜻이다.

　이를 제석천帝釋天 또는 석제환인釋帝桓因으로 한역漢譯한 이는 저 유명한 불교경전의 3대 번역가 중의 한 분으로 일컬어지는 구마라습鳩摩羅什; Kumarajiva/쿠마라지바이다.

　인드라의 한역은 거의 대부분 음역音譯; 소리 번역; 소리 나는 대로 한자로 옮겨쓰기으로 된 것이지만, 의역意譯; 뜻 번역된 부분도 있다.

　사실 인드라가 불교에 수용되어 제석천으로 불리고 있음을 모르는 이도 없지만, 인드라가 왜 제석천으로 한역되는지를 제대로 아는 이도 드물다.

◆ 인드라 샤크라(Indra Sakra)의 음역(音譯)과 의역(意譯)

|  | 인드라<br>Indra<br>⬇ | 샤크라<br>Sakra<br>⬇ | | |
|---|---|---|---|---|
| [의역] | 帝(天帝)<br>제 | 釋(迦羅)<br>석(가라) | 天(불교 호법신에 붙이는 용어) <br>천 | → 帝釋天<br>→ 제석천 |
| [의미] | 하늘의 왕 인드라<br>Indra | 강한, 위대한<br>mighty | → 위대한 하늘의 왕 인드라 호법신<br>→ Indra the Mighty God of Heaven | |

인드라는 어째서 석제천釋帝天이 아니라 제석천帝釋天으로 번역되었나?

인도유럽어에서는 왕이나 신에 대한 존칭어는 고유명사인 이름과 함께 쓰일 때는 보통 이름 뒤에서 후치수식하는 것이 관례이다.

그러므로 위대한 하늘의 왕 인드라는 Sakra Indra가 아니라 Indra Sakra가 된다.

예를 들어, 알렉산더 대왕을 the Great Alexander가 아니라 Alexander the Great라고 하는 것과 같은 이치이다.

◆ 샤크라 데바남 인드라(Sakra-devanam Indra)의 음역(音譯)

|  | 샤크라 | 데바 | 인드라 |  |
|---|---|---|---|---|
|  | Sakra | devanam | Indra |  |
|  | ↓ | ↓ | ↓ |  |
| [음역] | 釋(迦羅) | 帝桓 | 因(陀羅) | → 釋帝桓因(陀羅) |
|  | 석(가라) | 제환 | 인(다라) | → 석제환인(다라) |
| [의미] | '강한, 위대한 (mighty)' | deva deity(God) | 하늘의 왕 천제(天帝) | → 위대한 신 인드라 Mighty God Indra |

여기서 비록 한문으로 번역된 것이기는 하지만, 끊어 읽기를 제대로 하면 그 의미파악이 쉽다.

즉 [석제환인다라(釋帝桓因陀羅)] 식으로 붙여 읽는 것이 아니라, 원어처럼 [석-제환-인다라(釋-帝桓-因陀羅)] 식으로 본래의 3단어를 살려서 읽으면 [샤크라-데바남-인드라(Sakra- Devanam-Indra)]라는 원음과 뜻을 파악하기가 쉽다.

● 불교뿐만 아니라 자이나교에도 수용된 인드라 신

인드라 신은 불교뿐만 아니라 자이나교Jainism에도 수용되었다. 힌두교 신들의 왕이자 하느님인 인드라 신이 불교에는 석가모니 부처님의 수하인 호법신으로 수용되어있듯이, 자이나교에서 역시 성자 마하비라Mahavira; 대웅/大雄; 니간타 나타푸타Nigantha Nataputta, 448~376? BCE의 수하 시종역할을 한다.

전각 대웅전에도 쓰이는 '대웅大雄'이란 말은 고대 인도의 '마하비라Mahavira; maha「큰(大)」+ vira「영웅); 대 영웅'를 의역한 말로, 석가모니 등 깨달음을 이룬 성인들을 위대한 영웅, 즉 대웅이라 일컬은 데서 유래하였다.

자이나교의 마하비라 전기에 나오는 내용이다.

"왕자 마하비라는 30세 때 자신의 모든 재산과 보물들을 사람들에게 나누어주고 왕궁을 떠나 출가하여 고행을 시작하였다. 그는 이때 출가의식diksha/딕샤; 출가의식으로 독신의 맹세, 모든 개인적 소유물의 포기 및 가족과의 인연을 포함한 모든 세속적 의무와 속박을 포기함에서 세속을 떠나는 의미로 손으로 머리 양 쪽에 있는 자신의 머리카락을 5번 뽑는 의식을 행하며 서원을 하였다.

이때 신들이 와서 그의 출가를 축하하였는데, 인드라 신은 성자 마하비라의 앞에 서서 그의 머리카락을 공손히 두 손으로 받아들었다.

마하비라는 그 후 이틀 동안이나 선 채로 명상에 잠겨있었다. 인드라는 매일 하인처럼 마하비라를 시중들었는데 인드라는 그것을 자신의 신성한 의무로 여겼다."

이처럼 자기 종교의 위상을 높이기 위해 타종교 최고의 신을 끌어다 자기 종교 교조의 하인이나 수하로 만드는 종교의 유치한 행태行態에는 쓴웃음이 나온다.

이것은 분명 깨달음을 얻으신 성인들께서 하신 일이 아니라 그 분들을 높이려다 오히려 낮추게 하는 맹신자들의 우매함에서 비롯된 그릇된 행위이기 때문이다.

벨기에 출신의 한 비교종교학 전문가의 논평은 종교의 이러한 폐습을 시니컬하게 정곡을 찌르고 있다.

"인드라 신은 정말 바쁠 것이다. 몸은 하나인데 15억 힌두교인들의 하늘의 제왕 하느님으로 동분서주해야하고, 불교에서는 부처님의 호법신으로 일해야 하고, 자이나교에서는 마하비라의 시종으로 시중을 들어야 하니 말이다."

● 불교와 자이나교뿐만 아니라 우리민족 본래의 종교인 무교(巫敎)에도 수용된 인드라 신

▶ 한민족 본래의 종교인 무교(巫敎)에도 수용되어 있는 인드라 신
기나긴 경로와 곡절을 겪으며 인드라가 제석천이란 이름으로 수용되었지만 인드라가 들고 있는 바즈라(vajra: 金剛杵/금강저)는 여전히 또렷하다.

## 인드라가 1000개의 눈을 갖게 된 사연
### -성(聖)스러운 신들의 이면에 숨겨져 있는 성(性)스러운 이야기

　인드라 신은 '1,000개의 눈(Sahasraksha/사하스락샤; thousand-eyed)을 가진 자'라고도 불린다. 그런데 여기서 눈이란 사실은 요니(yoni; 여성의 성기)이다. 인드라의 몸에 새겨진 천 개의 여성성기 무늬는 그가 남의 아내와 통정하여 저주를 받아 생긴 것이다.
　인도의 대서사시 라마야나(Ramayana)와 파드마 푸라나(Padma Purana)에 나오는 이야기이다.

　창조의 신 브라흐마가 창조한 아할리야는 신들의 넋을 빼앗을 정도의 최고의 미인이었다. 인드라 신은 아할리야에게 반하여 그녀를 원하였으나, 브라흐마 신은 브라만교의 사제인 현자(Maharishi; Sage) 고타마(Gautama; 석가모니와는 동명이인)의 인격을 높이 평가하여 아할리야를 훨씬 나이가 많은 그와 맺어 주었다.

◀ 꽃을 꺾는 아할리야
오른 쪽 위에는 천마를 탄 인드라가
남의 아내 아할리야를 훔쳐보고 있다.

　인드라 신은 늘 그녀를 엿보다가, 어느 날 현자 고타마가 강으로 새벽기도 하러 나간 사이에 아할리야의 남편 모습으로 변하여 집안으로 들어갔다. 아할리야는 그의 정체를 알아챘으면서도 그를 받아들여 사랑을 나누었다.
　바로 그때 남편 고타마가 갑자기 돌아오자, 침대에 있던 인드라는 크게 놀라 고양이로 변신하여 달아나려 하였다.
　격분한 고타마는 고양이를 움켜쥐고 고환을 잘라 버리고는 저주하였다.
　"이 음탕한 놈아, 여자에 대한 네 집착 때문에 너는 파멸하리라. 네 몸이 1,000개의 여성 성기로 뒤덮일지어다!"
　고타마의 말이 떨어지자마자 인드라의 몸에는 온통 여성 성기 무늬 천 개가 나타났다.

　인드라는 몸에 천 개나 되는 여성 성기 무늬를 지닌 채 수치심 속에서 살아가게 되었다. 세상의 조롱거리가 된 그는 결코 남들 앞에 나올 수 없어 어둠 속에서 숨어 지내게 되었다.

▲ 인드라의 몸에 새겨진 천 개의 눈은 사실은 여성의 성기이다

 현자 고타마는 자신의 아내 아할리야에게는 바위의 일부분이 되어 수천 년 동안 숨만 쉬며 고통 받으며 살도록 저주를 내렸다.

 인드라가 그의 의무를 중단하게 되자, 천상계에는 큰 혼란이 일어나 신들은 브라흐마 신에게 몰려가 해결을 요청하였다.
 마침내 브라흐마 신이 중재에 나서 현자에게 호소하자, 그즈음 분노가 어느 정도 가라앉은 현자는 브라흐마 신의 호소를 받아들였다.
 현자 고타마는 자신이 내린 저주를 풀고 인드라의 몸에 덮여있는 1,000개의 여성 성기를 1,000개의 눈으로 바꾸어 주었다. 이리하여 인드라는 '천 개의 눈을 가진 신'으로 불리게 되었다.
 인드라는 나중에 다른 신들의 도움으로 염소의 고환을 갖게 된다.

 먼 훗날 비슈누 신의 7번째 화신 라마왕자(라마야나의 주인공)가 미틸라 왕국 근처 작은 언덕을 지날 때 라마의 발이 바위에 닿자, 저주가 풀려 그 바위에서 아름다운 여인이 나왔다. 바로 아할리야였다.
 현자 고타마는 라마 일행의 권고를 받아들여 아할리야를 다시 집으로 데려온다.

 힌두교와 불교에서는 '천수천안'이라는 말을 즐겨 쓴다. 그러나 사실 천수 '천안'에 관한 이와 같은 힌두신화의 이면에 숨겨진 내막을 알고 나면, '천수천안'이라는 말이 반드시 바람직하게 만은 들리지 않는다.

| 힌두 창조신화에 나오는 힌두교 신들 → 불교에 수용된 후의 신격 |

❺ 사라스바티(Sarasvati) → 변재천(辨財天)

힌두 신들은 그리스신화의 신들처럼 인격신들이다. 따라서 힌두 신들은 모두 인간처럼 오욕칠정五慾七情이 있으며, 결혼도 하고 자식도 낳는다.

창조주 브라흐마 신의 배우자는 사라스바티Sarasvati Skt.; Saraswati/사라스와티; Gayatri/가야트리라는 설도 있음 여신으로, 베다시대 이래로 힌두전통에서 학문과 언어, 음악 및 예술, 지혜와 학습을 주재하는 여신으로 인도 전역에서 숭배되고 있다.

오늘날에도 연초에 그녀를 기리는 축제Sarasvati Puja가 열리는데, 이때 아이들은 알파벳 쓰기를 배우기 시작한다.

본래 사라스바티는 인도에 들어온 아리아인이 최초로 정착했던 곳에 있던 성하聖河 사라스바티 강을 신격화 한 여신으로, 하천이 가져다주는 풍작, 정화를 관장하는 신이었다.

시간이 흐르면서 이 여신은 지혜를 상징하는 물의 여신으로서 학문과 언어, 음악과 예능, 뛰어난 말솜씨와 지혜를 주재하는 신으로 발전한다.

사라스바티는 페르시아의 물과 풍요의 여신 아나히타Anahita;관음보살의 기원이 된 여신와 기원이 같다. 아나히타는 페르시아에서 하라흐바티Harahvati; 산스크리트로는 Sarasvati/사라스바티라는 별칭으로도 불리는데, 이는 사라스바티의 페르시아어 발음이다.

페르시아의 수신水神 아나히타, 즉 하라흐바티Harahvati; 산스크리트로는 Sarasvati/사라스바티가 간다라Gandhara; 오늘날 파키스탄 북서부 페샤와르/Peshawar 지역에 들어와 힌두교의 관음으로 전화하였으며, 다시 인도대륙에 들어와 힌두 신 브라흐마의 배우자 여신 사라스바티로 자리 잡게 된 것이다.

이 여신은 피부가 희고 우아한 미인으로, 연꽃 위에 앉거나 서서 손에는 악기 비나vina; veena; 비파/琵琶, 또는 경전이나 연꽃을 들고 있는 모습으로 묘사된다.

◀ 사라바스티 여신의 악기, 경전, 바하나

여신의 비나는 물 흐르는 소리를 상징하며, 경전이나 연꽃은 학문과 지혜를 상징한다.
이 여신의 탈 것(vahana/바하나; vehicle)은 백조나 공작이다.
이러한 배경지식을 가지고 이 여신의 성화(聖畵)를 보면, 왜 사진에 백조와 공작이 있는지 비로소 이해할 수 있게 된다.

그 후 불교에는 변재천辯才天이란 명호로 수용되었다. 5세기 후반 성립된 금광명경金光明經: 인도출신의 학승 담무참이 번역에서는 불교의 여신으로 변모해 등장하고 있다.

불교에서는 이 여신이 변설辯舌; 언어를 자유자재로 구사함의 제주기 뛰어나다는 특징에서 변재천辯才天이라 이름 하였다.

이렇듯 사라스바티Sarasvati; 사라스와티는 힌두 음악의 여신에서 변재천辯才天이란 이름으로 불법佛法을 전하는 불교의 여신으로 수용되었다. 또한 자이나교에서도 숭배되고 있다.

절세미녀 사라스바티의 탄생신화에는 그녀의 아름다움에 대한 에피소드 하나가 있는데, 그 이야기는 다음과 같다.

브라흐마 신의 머리는 본래 다섯이었는데 브라흐마가 시바의 분노를 사서 시바가 그 벌로 브라흐마의 다섯 번째 머리를 잘라버렸다고 한다.

아직 우주가 창조되지 않아 브라흐마 신이 홀로 있던 때였다. 그는 함께 있을 누군가를 열망하게 되었다.

어느 날 그는 자신을 절반으로 나누어 여신 사라스바티를 만들어냈다. 그런데 만들어 놓고 보니, 그 여신이 너무나도 아름다운 것이었다. 그는 자신이 만들어냈음에도 불구하고 그 여신에게 한눈에 반하고 말았다.

(이 부분은 자신이 만든 조각상과 사랑에 빠진 그리스신화의 피그말리온(Pygmalion)과 비슷하다.
싸이프러스(Cyprus) 섬의 왕이자 조각가인 피그말리온은 문란하고 속물적인 시중 여인들을 혐오하여 자신이 직접 이상적인 여인의 조각상을 만들었는데, 그는 자신이 만든 그 상아 조각상을 실제의 여인으로 느끼게 되면서 뜨겁게 열망하게 된다. (여기까지는 피그말리온 신화와 닮아있다.)
그의 사랑에 감동한 아프로디테가 조각상에게 생명을 부여하여 실제의 여인으로 만들어주자, 피그말리온은 이 진짜 여인에게 갈라테이아(Galatea)라는 이름을 붙여주고 결혼하여 행복한 삶을 누리게 된다.)

그녀는 브라흐마의 몸에서 나왔기 때문에 논리적으로는 그의 딸이다. 그러나 브라흐마는 그녀의 아름다움에 매혹되어 강한 욕정을 느끼게 되었다.

마침내 그는 끓어오르는 욕정을 참지 못하고 그녀에게 잠자리를 간청하기에 이르렀다.

그러자 그녀는 크게 화를 내며 "당신의 입이 온당치 못한 말을 했으니 그 말을 한 입은 언제나 당신의 뜻과는 정반대로 말하게 될 것이오!"

하고 저주를 내렸다.

그날부터 브라흐마의 5번째 머리에 있는 입은 언제나 브라흐마의 뜻과는 달리 추악하고 거친 말을 내뱉었다.

어느 날 시바 신이 그의 아내 파르바티 여신과 함께 브라흐마에게 들렀을 때였다.

브라흐마의 4개의 머리에 있는 입들은 일제히 시바 신을 찬양하는 찬가를 바쳤으나 5번째 머리에 있는 입은 무례한 말을 함부로 쏟아내는 것이었다.

이에 시바 신이 격분하자, 평소에는 감겨 있던 그의 이마 정중앙에 있는 제3의 눈 Trinetra/트리네트라이 크게 번쩍 떠졌다.

그 순간 그 눈이 번쩍하며 광선을 내쏘았는데, 그 무시무시한 파괴의 빛은 불칼이 되어 그 머리를 잘라 불태워 버렸다.

그러고 나서 시바 신은 자신이 사랑하는 도시 베나레스 Benares: Varanasi/바라나시로 가버렸다.

[시바 푸라나 즈냐나상히타(Siva Purana, Jnanasamhita 49:65-80)]

이 신화는 힌두교 교파 간의 세력다툼에서 시바파와 비슈누파에 의해 브라흐마파의 세력이나 영향력이 크게 실추되었음을 상징적으로 나타내는 이야기가 아닌가 생각된다.

| 힌두 창조신화에 나오는 힌두교 신들 ➡ 불교에 수용된 후의 신격 |

❻ 슈리마하데비 락슈미　　　➡ 길상천(吉祥天)
　(Srimahadevi Lakshmi)

▲ 왼쪽의 힌두교 락슈미 여신의 성화가 오른 쪽의 불교묘탑인 산치대탑
(Sanchi Stupa) 부조에 빼다 박은 듯 그대로 옮겨져 있다.
힌두교 신들이 불교에 얼마나 철저하게 수용되어 있는가를 한 눈에 알 수 있다.

락슈미Lakshmi 여신은 힌두 창조신화 《사무드라 만탄Samudra Manthan; 유해교반/乳海攪拌; 우유의 바다 휘젓기》의 과정에서 바다에서 탄생하였으며, 비슈누 신의 배우자 여신이 되었다.

그녀는 부와 풍요 그리고 행운의 여신이자 또한 미의 여신이다. 미의 여신으로서의 락슈미는 그리스 로마신화의 아프로디테, 비너스에 해당한다.

락슈미 여신에게는 보통 슈리마하데비Srimahadevi; '행복을 가져다주는 상서로운 위대한 여신'이라는 뜻라는 존칭을 쓴다.

불교에서는 락슈미 여신의 존칭 슈리마하데비를 길상천吉祥天이란 명호로 의역하여 수용하였다.

산스크리트Sanskrit; 범어/梵語; 고대 인도어로 '슈리Sri'는 '길하다, 상서롭다, 좋다, 운수대통이다, 행운이다; 상서로움, 순조로움, 좋은 일이 있을 조짐, 경사스러움, 축하할 만함 등'의 뜻이 있는데, 이 모두가 한문으로는 '길상吉祥'으로 번역된다.

락슈미는 연꽃Padma/빠드마; 홍련/紅蓮의 여신이다. 락슈미 여신이 연꽃에 앉거나 딛고 서서 바다 위에 떠올라 있는 모습은 불교에서 보살도상, 특히 수월관음도의 원형이 되었다.

또한 연화화생도蓮花化生圖: 법화경이나 무량수경에서 죽은 이가 서방극락정토의 연꽃 속에서 다시 태어나는 것을 나타낸 그림와 더 나아가 우리의 고전소설 심청전의 모티프가 되기도 하였다.

◀ 연꽃 속에서 생명이 태어나는 모티프는 연화화생도(왼쪽)와 우리의 고전소설에서도 등장하는데, 심청은 연꽃을 타고 바다 위로 떠오른다.

▲ 락슈미가 바다에서 탄생한 것처럼, 비너스도 바다에서 태어나며, 수월관음도 바닷가에서 태어난다.

◀ 바다 거품에서 태어난 여신 락슈미

▼ 바다 거품에서 태어난 여신 비너스
Aphrodite Anadyomene Gk. 79 CE
(Venus Rising From the Sea)

　힌두 창조신화에서 우주의 바다는 모든 생명의 근원지를 상징한다. 마치 태아가 어머니 자궁 속 양수에 떠 있으며 새로운 세상으로의 탄생을 기다리듯이, 비슈누 신과 그의 배우자 락슈미 여신도 그렇게 우유의 바다 위에 누운 채 떠돌며 새로운 세상의 창조시기를 기다리는 것이다.
　이처럼 창조신화에서 락슈미 여신은 우주의 바다, 즉 모태를 상징하며, 그리하여 락슈미 여신은 '세계의 어머니Lokamata/로카마타' 또는 '바다[물]에서 태어난 여인Jaladhija/잘라디자'이라는 별칭으로도 불리는 것이다.

　락슈미가 바다에서 탄생한 것처럼, 비너스도 바다에서 태어나며, 수월관음도 바닷가에서 태어난다.
　다시 말해 그리스 아펠레스Apelles의 〈아프로디테의 탄생〉과 보티첼리Sandro Botticelli의 〈비너스의 탄생〉 그리고 〈수월관음도〉는 모두 힌두 창세신화에 나오는 락슈미 여신의 탄생도를 원형으로 한 변주곡과 같은 것이다.

구체적으로 보자면, 락슈미는 압사라Apsara: 거품; 천녀/天女들처럼 바다를 휘저을 때 생긴 거품을 헤치고 나왔다.

힌두 미의 여신 락슈미가 거품에서 탄생한 것은 그리스 신화의 미의 여신 아프로디테로마의 비너스와 발생적 뿌리가 같다.

Aphrodite 역시 'aphros바다거품; sea foam'에서 유래한 것으로 '거품에서 태어났다risen from the foam'는 뜻이다.

일찍이 실크로드를 통해 이루어지던 동서양간의 문화교류는 알렉산더 대왕의 동방원정334~323 BCE으로 이른바 '문화의 고속도로'가 열리게 되었다. 이후 윤회사상을 비롯한 인도의 각종 종교철학사상과 신화가 대거 그리스로 유입되었던 것이다.

▲ 인디아 〈락슈미의 탄생〉의 이탈리아 버전 〈비너스의 탄생〉
- ○ 바다 위 연꽃 위에 서있는 락슈미 → 조개껍질 위에 서있는 비너스
- ○ 천상의 코끼리늘이 성수를 뿜어줌 → 천사들이 바림을 뿜어준다
- ○ 탄생시 천상에서 꽃송이들이 내림 → 탄생시 천상에서 꽃송이들이 내림

이처럼 그리스의 〈아프로디테의 탄생〉과 보티첼리(Sandro Botticelli)의 〈비너스의 탄생〉은 모두 인도신화를 원형으로 한 변주곡과 같은 것이다.

▲ 힌두 창조신화 우유의 바다 휘젓기에서의 〈락슈미의 탄생〉
바다 거품에서 물 위로 솟구치며 미의 여신 락슈미가 탄생하고 있다.

▲ 바다에서 떠오르는 〈비너스의 탄생〉과 〈수월관음도〉 ▼

부와 풍요, 행운, 그리고 미의 여신인 락슈미Lakshmi가 있는 곳이면 어디에나 부와 행운과 번영이 있다.

그러므로 여신은 인도에서 매우 폭넓게 숭배되며, 많은 상점이나 기업에 락슈미 여신의 사진이 걸려 있는 것을 볼 수 있다. 인도 여성들은 락슈미를 가장 이상적인 여인상으로 숭배하며, 실제로도 락슈미라는 이름을 가진 인도여성들이 많다.

인도에서는 '빛의 축제'라 불리는 디왈리Diwali; 디파발리/Deepavali; 힌두교에서 매년 10~11월 사이의 초승달 뜨는 날 전후로 닷새간 인도 전역에서 수많은 등불을 밝히고 힌두교의 신들에게 감사의 기도를 올리는 전통 축제; 해피 디왈리/Happy Diwali 기간 동안 황혼녘에 집, 사원 등의 건물 입구에 불을 밝혀 놓는다.

특히 셋째 날은 가장 중요한 날로 락슈미 푸자Lakshmi Puja/의식라고 하는데 저녁 때 상인들은 장부 위에 돈을 쌓아놓고 여신에게 예배드리며 여신이 많은 부를 축복하기를 기원한다.

◀ 랑골리

락슈미빠다 ▶

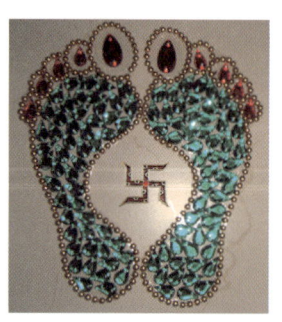

이날 가장 중요한 전통의식은 락슈미 여신이 집안으로 들어와 영원히 머물도록 집안을 청소하고, 랑골리(Rangoli; 본래는 color라는 뜻; 쌀가루, 색모래, 꽃잎 등의 안료를 사용하여 집 마당이나 거실바닥을 전통 문양과 그림으로 장식하는 인도전통 미술기법) 장식을 하고, 그리고 새벽 여명에 바닥에 집안으로 또는 금고로 안내하는 발자국을 그리는 것이다. 그리고 집안의 문을 열어두어 여신이 아무런 장애 없이 들어오도록 한다.

그러면 락슈미 여신이 한밤중에 이 발자국, 즉 슈리빠다(Shripada; Lakshmipada/락슈미빠다; Footprints of Lakshmi)를 따라 걸어 들어와 이 집에 영원히 살며 부와 풍요함, 행운의 축복을 준다.

 ## 트리무르티(Trimurti)와 트리데비(Tridevi)

힌두 트리무르티(Hindu Trimurti), 즉 힌두교 3주신(三主神)이란 브라흐마(Brahma), 비슈누(Vishnu), 시바(Shiva)를 가리키는 말이다.

산스크리트로 데바(Deva; God)는 남신, 데비(Devi; Goddess)는 여신이며, 마하데비는 위대한 여신(maha 「great」 +devi 「goddess」 이라는 뜻으로 비슈누 신의 배우자 여신 또는 시바 신의 배우자 여신을 가리킨다.

트리데비(Tridevi; the trinity of Hindu goddesses)는 말 그대로 '세 여신', 즉 힌두 3주신(三主神)인 브라흐마·비슈누·시바의 배우자들을 가리킨다.

▲ 왼쪽부터 브라흐마와 사라스바티, 비슈누와 락슈미, 시바와 파르바티

트리데비(Tridevi)를 이루는 세 여신
브라흐마의 배우자 사라스와티: 학문·예술 등의 문화적 성취의 여신
비슈누의 배우자 락슈미: 부·풍요·비옥함·생식력 등의 물질적 성취의 여신
시바의 배우자인 파르바티: 권능·영적인 힘·사랑 등의 영적 성취의 여신

 인도에서는 5세기경부터 샥티(Shakti; 우주의 여성적 창조력; 우주적 원초에너지/Primordial cosmic energy)를 최고의 존재(Supreme Being)로 인격화한 신을 숭배하는 샥티신앙(Shaktism/샥티즘)이 생겨나 여신숭배가 성황을 이루게 되었다.

샥티신앙에서 트리데비 세 여신은 하나로 결합한 존재로서 힌두교의 '위대한 신성한 어머니(Great Divine Mother)'라고 불린다.

| 힌두 창조신화에 나오는 힌두교 신들 ➡ 불교에 수용된 후의 신격 |

**7** 불의 신, 아그니(Agni)     ➡ 화천(火天), 화광존(火光尊)

아그니 신은 보통 전차나 숫양 또는 염소를 타고, 붉은 몸을 화염의 옷으로 감싸고, 7개의 혀와 2개의 얼굴을 가진 것으로 묘사되는데, 이것은 불길이 타오르는 모습을 묘사한 것이다.

아그니Agni는 불과 빛의 신이다. 아그니는 어둠을 밝히고 가정을 보호하는 수호신이며, 부정한 것을 정화하는 불이며, 브라만이 주재하는 제식의 불이고, 화장하는 불이기도 하다.

인간이 신들에게 제례의식Yajna/야즈나; 공희/供犧 또는 Homa; 호마護摩; votive ritual에서 제물을 바치면 아그니가 그 제물을 불로 태움으로써 그 화염이 하늘로 올라가 천상의 신들에게 도달하게 하는 역할을 한다.

즉, 인간이 제물을 바치는 뜻을 신에게 전달하여 소원을 들어주고 도움을 주도록 신들과 인간의 매개자 역할을 하는 것이다.

아그니 신은 브라흐마가 창조한 연꽃에서 태어났다는 말도 있고, 태양에서 태어났다는 전승도 있는데, 이것은 태양을 불의 상징으로 언급한 것이다.

또한 아그니 신이 돌에서 태어났다는 전승도 있는데, 이것은 고대인들이 부싯돌로 불을 일으킨 데서 유래한 것으로 생각된다.

'Agni아그니'라는 이름 자체도 '불fire', '불의 신God of fire'이라는 뜻이며 라틴어 'ignis이그니스: 불; fire'와 같은 어원을 가지고 있다. 영어 'ignition이그니션: 점화/點火'의 어원이기도 하다.

### Sanskrit

**Etymology**

From Proto-Indo-Aryan *agní*. Cognate with Latin *ignis*.

**Proper noun**

अग्नि • (Agní).

   1. Agni, god of fire

**Noun**

अग्नि • (agní) *m*

   1. fire, sacrificial fire

또한 아득히 먼 옛날, 그 멀고 먼 인도에서 불의 신 '아그니Agni'가 이러저러한 경로를 거쳐 한반도까지 들어와 우리말의 불 때는 곳의 입구를 가리키는 '아궁이'의 어원이 된 점도 의미심장하다.

저자가 어린 시절 할머니와 함께 아궁이 앞에 앉아 불을 때며 도란도란 이야기를 나누고 있을 때, 할머니께서 '아궁 신 님'이라는 용어를 쓰시던 기억이 난다. 지금 돌이켜 생각해보면 그 '아궁 신'이란 바로 '아그니 신'이었던 것이다.

불의 신 아그니는 원래 베다시대에는 인드라, 바루나Varuna: 물의 신와 함께 베다시대 최고의 삼신三神; the Vedic Trimurti; 베딕 트리무르티을 이루고 있었으나, 후에 힌두교의 삼주신三主神; the Hindu Trimurti; 브라흐마·비슈누·시바에 의해 그 지위에서 밀려났다.

고대의 인도아리아인들은 물론 오늘날 인도인들의 불에 대한 외경심은 매우 뿌리가 깊은데, 그것은 페르시아 조로아스터교Zoroastrianism; 배화교拜火敎의 영향이 크다.

그리하여 아그니 신은 베다시대 이후 오늘날까지도 결혼식이나 화장의식 등의 통과의례에서 빠지지 않는 중요한 증인으로 숭배되고 있다.

힌두교 성지 바라나시Varanasi; 베나레스/Benares의 갠지스 강변에 있는 마니카르니카 가트Manikarnika Ghat 노천화장터에서는 아그니의 불꽃이 수천 년 동안 이어오고 있다.

현대에 들어 인도에서 개발한 대륙간탄도미사일ICBM을 아그니라고 명명한 점도 불의 신 아그니에 대한 인도인들의 숭배의식과 정서를 보여주는 하나의 예일 것이다.

◀ 인도의 대륙간 탄도탄 아그니 발사장면
동체에 새겨져 있는 아그니라는 이름이 선명하다.

| 힌두 창조신화에 나오는 힌두교 신들 → 불교에 수용된 후의 신격 |

**⑧ 보디싸트바(Bodhisattva)** → 보살(菩薩)

힌두교 용어 보살菩薩; bodhisattva/보디샷트바; 구도자, 지혜를 가진 사람과 마하살麻賀薩; mahasattva/마하샷트바; 대보살, 구세주 시바 신(mahat)은 닐라칸타 시바 신의 명호이다.

페르시아 조로아스터교의 구세주 샤오샨트의 구원신앙이 인도로 유입되어 그 영향으로 힌두교에서 보살닐라칸타 시바 신; 청경 구세주의 구원신앙으로 발전하여 시바 신은 구도자Yogasvara/요가새바라이자 구세주Nilakantha mahasattva/마하샷트바로 나타난다.

힌두교에서 avalokitesvara, 즉 관자재, 관음은 시바 신과 비슈누 신에 대한 통칭이며, 보살 마하살은 시바 신의 명호이다.

원래 석가모니 부처님께서는 보살에 관하여 언급한 적이 없다. 그러나 석존의 열반 후, 힌두교의 보살개념이 유입되고 각 지역 토착 신들이 들어와 불교에도 많은 보살들이 생겨나게 되었다.

예를 들어, 사만타바드라Samanthabhadra는 보현보살로, 토속신 크시티가르바Ksitigarbha는 지장보살로, 만주슈리Manjusri는 문수보살로, 페르시아에서 들어온 마이뜨레야Maitreya는 미륵불로 불교에 수용되어 있다.

| 힌두 창조신화에 나오는 힌두교 신들 → 불교에 수용된 후의 신격 |

**⑨ 마이트리야 닐라칸타 보살** → 미륵보살(彌勒菩薩)
(Maitrya Nilakantha)

▲ 마이트리야 닐라칸타 시바 보디삿트바의 반가사유상(왼쪽)이 불교의 미륵 보살반가사유상(오른쪽)의 원형이다.

현행 신묘장구대다라니의 "매다리야 니라간타"식의 읽기는 진언은 원음대로 읽어야 한다는 불교의 주장에서 보더라도 엉터리 읽기이다.

이 문장은 정확한 산스크리트 원어로 읽으면 "마이뜨리-야 닐라깐타Maitriya Nilakantha; 자비심 깊은 푸른 목을 지닌 청경성존/青頸聖尊 시바 신이시여!"이다.

고대 페르시아 아케메네스 왕조시대Achaemenian dynasty, 559~330 BCE에 일어난 미트라교Mithraism/미트라이즘; 태양신교/太陽神敎에서는 태양신이자 빛의 신 미트라Mithra가 주신으로 신앙되었다.

동서양 문화교류의 길목인 페르시아에서 일어난 태양신교, 즉 미트라교는 동서양 양방향으로 퍼져나가며 동서양의 여러 종교에 큰 영향을 주었다.

동방으로는 미트라가 인도에서 마이트리maitri와 마이트리야Maitriya: Maitreya/마이트레야로 전개되었고, 이것이 불교에 수용되어 당래불當來佛: 미래불/未來佛인 미륵보살彌勒菩薩로 정착되었다.

미트라교는 서방으로는 알렉산더 대왕의 동방원정과 그 이후 중근동 방면으로 원정한 로마병사들이 미트라교에 대거 귀의함에 따라 유럽으로 도입되기에 이른다.

그리하여 미트라 신앙은 로마시대 후기에는 로마제국 전역에 넓게 퍼지게 되었으며 로마제국의 국교가 되었다.

그러나 로마시대 말기에 하층민을 중심으로 파고들며 번져나간 기독교와 경쟁관계에 있다가, 결정적으로 콘스탄티누스 황제가 기독교의 뼈대, 즉 사실상의 기독교를 만들면서 그 후 로마제국 정치권력의 힘을 입은 기독교에 밀려나게 되었다.

▲ 로마황제 아우렐리아누스(Aurelianus)의 상과 무적의 태양신(Sol Invictus)

▲ 태양신 미트라 상, 은판, 대영박물관

▲ Campus Martius 사원의 미트라 신상

▲ 뉴욕의 태양신 리버티

미트라교는 동서양 양방향으로 퍼져나가며 동서양의 여러 종교에 큰 영향을 주었다.

아래 도표에서 볼 수 있듯이, 페르시아 태양신 '미트라Mithra'가 불교에서는 미륵으로, 기독교에서는 메시아라는 이름으로 자리 잡게 되었다. ≪법화경과 신약성서 pp191-197 참조≫

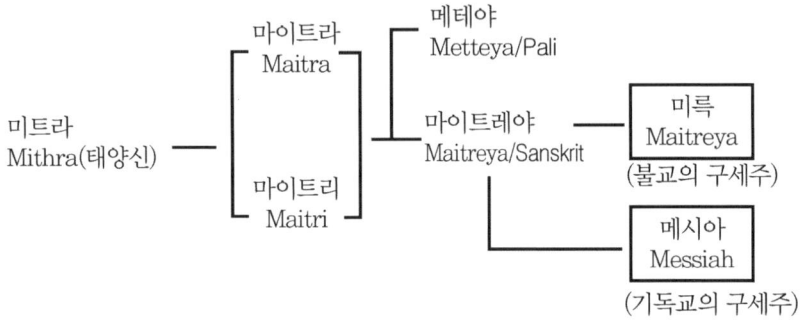

▲ 페르시아 태양신 미트라에서 미륵으로, 그리고 메시아로

여기서 불교의 구세주 미륵과 기독교의 구세주 메시아가 사실 같은 어원에서 출발하였다는 점은 흥미롭기는 하나 예수가 일찍이 동방에 유학하여 불교수행을 하였다는 사실에 근거하여 보면 그리 놀랄만한 일은 아니다.

기독교도들은 예수를 그리스도Christ: 구세주: Messiah/메시아로 믿고 있지만 얼마 전까지만 해도 실은 예수 자신이 일찍이 간다라와 인도, 티베트에 유학하여 불교를 공부한 사실에 경악하는 경우가 많았다. 오늘날에는 기독교도들에게도 비교적 잘 알려져 있는 내용이다.

특히 《도마복음서》에는 예수가 전하고 있는 불교적 가르침이 성서 편집자들에 의해 훼손되지 않고 원음 그대로 남아 있어 이러한 역사적 사실을 잘 말하여 주고 있는 것이다.
≪예수의 마지막 오딧세이, 법화경과 신약성서 pp10-19 참조≫

과거에는 불교와 기독교 사상이 이질적인 것으로 여겨졌으나 오늘날에는 기독교의 놀랄 만큼 많은 점들이 불교에서 온 사실이 속속 밝혀지고 있어 기존의 종교관에 많은 변화가 일어나고 있다. ≪법화경과 신약성서 pp54-67, 예수와 붓다 참조≫

고대 페르시아 태양신 '미트라Mithra'가 동방으로 전파되어 불교에서는 미륵으로, 기독교에서는 메시아라는 이름으로 자리 잡게 되었음은 앞에서 논하였다.

더욱 놀라운 점은 그뿐만 아니라, 고대 페르시아 태양신 '미트라Mithra'가 불교에서는 아미타불 사상으로, 기독교에서는 생명과 빛의 메시아사상으로도 자리 잡게 되었는데 그 점을 살펴보기로 하자.

첫째, 불교의 아미타불과 기독교의 그리스도Christ; 구세주; Messiah/메시아가 있는 방향이 같다.

경전에 의하면, 아미타불이 거주하는 극락세계인 서방극락정토the Pure Land of the West는 '서방십만억토西方十方億土'에 위치한다. 인도의 서쪽, 즉 페르시아이다.

한편 기독교 그리스도의 강생의 땅은 로마의 동쪽이다.

이처럼 불교의 구세주 아미타불과 기독교의 구세주 메시아 모두가 미트라 신이 거주하는 페르시아가 기점인 것이다.

둘째, 아미타불은 그리스도와 마찬가지로 '생명'이나 '빛'으로 불린다. 아미타불은 무량광의 구세주이시다.

그리스도 역시 무량광 아미타불과 마찬가지로 생명과 빛의 구세주로 묘사된다. 신약은 그리스도에 대해 "말씀 속에 생명이 있었으니 이 생명은 인간을 비추는 빛이었다.[요한복음 1:4]"라고 말하고 있다.
≪법화경과 신약성서 pp54-67, pp202-209 참조≫

| 힌두 창조신화에 나오는 힌두교 신들 → 불교에 수용된 후의 신격 |
| --- |

**❿ 데바(Deva; God)** → 천(天), 천신(天神)

데바Deva; God는 천계天界; Devaloka/데바로카에 사는 천신을 가리킨다. Deva는 산스크리트 「div-; 천상의; 신성한; 빛나는」에서 파생되었으며, 신을 뜻하는 그리스어 Theos테오스, 라틴어 Deus데우스와 같은 어원이다. ≪p31 데바(Deva)와 데비(Devi) 참조≫

불교에서는 인도의 토속신들과 정령들을 수용하여 호법신護法神; Dharmapala다르마팔라: 부처나 보살보다 위계가 낮은 불교의 수호신으로 삼았다. 데바는 호법신의 한 부류인 팔부신중八部神衆; 불법/佛法을 수호하는 8종의 신장/神將으로 천·용·야차·아수라·건달바·긴나라·가루라·마후라가를 말함; 특히 천과 용이 중심이 되므로 천룡팔부/天龍八部라고도 함에 천天으로 수용되었다.

어느 선승께서 개탄하시던 말씀이 생각난다.

"이렇게 잡다한 힌두 신들을 모시면서 부처님은 간데없고나! 석가모니 부처님께서 배척하신 힌두교 신들로 가득 찬 불보살 신앙들, 부처님께서 주문 따위로 궁극 열반에 이를 수 있다고 하셨던가? 외도 힌두교 신들과 사상을 받아들여 거기에 기도하면 효험을 본다고 하셨던가? 온통 힌두 신들이 불보살의 탈을 쓰고 있고나!"

| 힌두 창조신화에 나오는 힌두교 신들 → 불교에 수용된 후의 신격 |

**⑪ 나가라자 바수키**
(Nagaraja Vasuki)

→ 화수길(和脩吉) 용왕

▶ 화수길 용왕
보물1260호 공주 마곡사 석가모니불 괘불탱(부분)

　나가라자 바수키Nagaraja Vasuki; 뱀의 왕; 용왕는 힌두 창세신화 '우유의 바다 휘젓기Samudra manthan'에서 신과 아수라가 바다를 휘젓는데 긴 몸통이 밧줄로 이용된 성스러운 뱀이다.

　나가는 동아시아 지역으로 이동하면서 용龍이 된다. 용은 물속에 살면서 호풍환우呼風喚雨; 요술로 바람을 불러일으키고 비를 오게 함하는 능력을 가진 존재이다. 남성형은 나가Naga, 여성형은 나기니Nagini; 암나가라고 한다.

　힌두교의 바수키 역시 불교에 화수길 용왕和脩吉龍王이란 이름으로 수용되어 있다. 법화경과 대일경 등에는 8대 용왕이 나오는데, 바수키는 머리가 아홉 개 달린 9두용九頭龍이다.

　힌두 신화에서는 3 나가가 특히 유명하다. 바로 힌두 창세신화 첫머리에 등장하는 셰샤나가Sheshanaga; 아난타/Ananta, 우유의 바다를 저을 때 밧줄로 사용된 바수키Vasuki, 그리고 석가모니 붓다께서 나무 밑에서 명상을 할 때 폭풍우가 몰아치자 비바람을 막아 준 뱀 무찰린다Muchalinda이다.

힌두 창조신화에 나오는 힌두교 신들 → 불교에 수용된 후의 신격

● 나가 위의 비슈누 신　　　→ 나가 위의 붓다

▲ 뱀이 똬리를 틀고 그 위에 비슈누 신을 앉히고 등 뒤에서 광배처럼 7개의 머리로 외호하고 있다.
Badami, Karnataka, India

▲ 왼쪽의 나가 위에 앉은 비슈누 상을 본 뜬 나가 위의 붓다 상, 앙코르와트

→ 나가 위의 마하비라

나가 위에 앉은 자이나교의 ▶
교조 마하비라 상
Rajastan India 12C

거대한 뱀이 똬리를 틀고 그 위에 비슈누 신을 앉히고 등 뒤에서 광배처럼 7개의 머리로 외호하고 있는 상 역시 불교와 자이나교Jainism에서 그대로 모방하였다.

그런데 힌두교에서는 비슈누 신이 시간을 지배하는 신이므로 시간을 상징하는 뱀 위에 앉혀진 것이지만, 불교와 자이나교에서는 그 의미도 알지 못한 채 외형을 모방하는데만 급급하여 시간과는 아무런 상관도 없는 자신들의 교조들인 붓다와 마하비라를 뱀 위에 앉혀놓은 것이다.

불상뿐만 아니라 불교설화에도 힌두교의 나가 이야기가 불교식으로 재가공 되어 등장한다. 바로 무차린다Muchalinda 설화가 그것이다.

> 석가모니 부처님께서 보리수 아래서 수행하고 계실 때였다. 그 나무에는 거대한 뱀 나가naga; 뱀의 왕; 코브라; 용의 한 명인 무차린다Muchalinda가 살고 있었다. 그는 부처님의 위대함을 깨닫고 가만히 지켜보았다.
>
> 어느 날 부처님께서 명상에 잠겨 계실 때, 갑자기 심한 폭풍우가 불어 닥쳤다.
>
> 그러자 머리가 일곱 개 달린 코브라 무차린다는 자신의 코브라 목을 넓혀 우산처럼 만들어 부처님을 에워싸고 7일 동안 폭풍우로부터 보호하였다.

◀ 자신의 몸으로 에워싸 부처님을 외호하는 무차린다
Mucalinda Lake, Mahabodhi Temple, Bodhgaya, Bihar, India

> 마침내 날씨가 맑게 개자, 그는 인간의 젊은이로 변신하여 부처님께 예배하고 부처님에게 귀의하였다고 한다.

힌두교에서는 불교에서 이처럼 나가의 외호外護를 받는 비슈누 상을 붓다 상으로 대체시킨 점에 대해 별 저항감이 없다. 힌두교 입장에서는 붓다를 비슈누 신의 아홉 번째 화신化現; avatar/아바타으로 보고 있기 때문이다. 즉 붓다는 비슈누 신의 또 다른 모습에 불과하다는 것이 그들의 생각이다.

| 힌두 창조신화에 나오는 힌두교 신들 → 불교에 수용된 후의 신격 |

⑫ 아수라(Asura)   →   아수라, 수라(阿修羅)

자칭 '성스러운 민족아리안족/Aryans'이 고대 인도에 침입할 때 가지고 들어 온 그들의 종교는 조로아스터교Zoroastrianism; 신을 예배하는 매개체로 불을 사용할 뿐 불 자체를 숭배하는 것이 아니기 때문에 배화교/拜火敎라는 표현은 부정확한 표현였다.

이 조로아스터교의 하느님이자 선신善神이자 광명신인 아후라 마즈다Ahura Mazda는 베다시대에도 이름만 아수라로 변형된 채, 아리안족의 최고신으로 숭배되었다.

훗날 베다시대 후기에 피지배계층이었던 토착민족을 토대로 힌두교가 일어나면서 아수라는 브라흐마, 비슈누, 시바 등의 토착 힌두 신들에 밀려나 악마로 전락하게 되었다. ≪p33 참조≫

인도 신화에서는 인드라 신이 아수라의 하나뿐인 딸을 사모하다 납치하자, 아수라가 딸을 찾기 위해 전쟁을 일으킨다.

그러나 전쟁에서 패배한 아수라는 하늘에서 쫓겨나고 딸은 자살하였는데, 이때부터 아수라는 악신, 복수의 화신이 되었다고 한다. 그래서인지 고대 인도의 선신이었다가 후에 인드라 신불교에서의 제석천과 싸우는 우두머리 악신으로 표현된다.

아수라 역시 힌두교 신들을 거의 그대로 수용한 불교에 수용되어 팔부신중에 포함되어 있다.

**13** 명계의 대왕, 야마(Yama)　→　염마천(焰魔天; 야마천/夜摩天) 염라대왕(閻羅大王)

　야마Yama는 죽음과 사후세계에서의 재판을 관장하는 명계冥界의 왕이다. 그리스신화의 하데스Hades에 해당한다.
　태양신 수르야Surya의 아들이며, 몸은 푸른색으로 오랏줄과 곤봉으로 무장하고 들소를 탄다.

　인드라, 아수라, 바루나, 관음 등과 마찬가지로 이 야마 역시 페르시아에서 들어온 신으로 조로아스터교의 경전 젠드-아베스타Zend-Avesta에는 '이마Yima'라는 이름으로 나온다. 북유럽으로도 전파되었는데, 노르웨이에서는 '이미르Yimir'로 불린다.

　야마는 불교에 수용되어 염마천焰魔天; 야마천夜摩天, 도교에 수용되어서는 염라대왕閻羅大王으로 불린다.
　그가 사는 거주지는 나라카Naraka Skt; underworld; 지옥인데 이 나라카 역시 불교에 '나락那落; 奈落'으로 수용되어 있다. '나락으로 떨어지다'라는 말도 여기서 나온 것이다.
　동남아 이슬람권역에도 유입되어 '네라카Neraka'라고 불린다.

| 힌두 창조신화에 나오는 힌두교 신들 → 불교에 수용된 후의 신격 |

**14** 압사라(Apsara)  → 둔황의 비천(飛天)

→ 도교의 선녀(仙女)  → 비천(飛天; 천상의 무희)

"펄펄 눈이 옵니다.
하늘에서 눈이 옵니다.
하늘나라 선녀님들이
자꾸자꾸 뿌려줍니다."

"옛날 아주 먼 옛날
… 나뭇꾼과 선녀는 오래 오래
행복하게 살았답니다.…"

▲ 주악비천상(奏樂飛天像), 상원사 동종

힌두 창세신화 《사무드라 만탄Samudra Manthan; 우유의 바다 휘젓기》에서 압사라는 바다를 휘저을 때 생긴 거품에서 탄생했다. 이 천상의 무희들은 '물 위apsu/압수에서 태어났다sara/사라'는 뜻에서 압사라Apsara; 요정라고 불리며 흔히 신들을 즐겁게 해주는 역할을 한다. 서양신화에서의 님프, 요정에 해당한다.

압사라는 일찍이 도교에도 선녀仙女로 수용되었으며, 불교 속에서는 부처님의 법문 전후에 주악이나 공양을 올리는 모습으로 비천飛天으로 등장한다.

## ⑮ 천상의 악사 간다르바  → 건달바(乾達婆)

간다르바Gandharva는 반신반인의 정령으로, 인드라 신의 궁전에서 음악을 관장한다. 그는 천계의 음악가로서 신들을 위한 작곡가, 악사, 가수이며, 압사라들의 연인인 경우도 있다.

간다르바는 연예인의 속성 그대로 성애의 관련에서 떠나지 않으며 항상 여성을 쫓아다니는 모습으로 그려진다.

▲ 압사라를 유혹하는 간다르바

불교에는 건달바乾達婆라는 이름으로 수용되어 가수나 악사로서 여흥을 돋우는 연예신이나. 점잖지 못한 경멸직 속어로 소위 '띤따리' 신이다.

건달바는 노래와 연주 이외에는 일도 하지 않으며, 음식도 먹지 않고 향香만 먹는다고 하여 향신香神 또는 식향食香이라 한다. 우리말 건달이라는 말은 바로 여기서 유래하였다.

| 힌두 창조신화에 나오는 힌두교 신들 → | 불교에 수용된 후의 신격 |

**❶ 가루다(Garuda)** → 가루라(迦樓羅; 금시조)

▲ 용(龍)을 잡아먹는 가루다(금시조)
　　부석사 괘불탱화(부분) ▶

가루다는 산스크리트 어원 「gr; 삼키다」에서 온 것으로 '독수리'라는 뜻인데, 이름 그대로 숙적인 나가(Naga; 뱀; 용)를 잡아먹는 것으로도 유명하다.
그렇기 때문에 가루다는 사람을 뱀으로부터 지켜주는 성스러운 새로 여겨지고 있다.

　가루다는 힌두 최고신 비슈누와 그의 배우자 락슈미 여신의 바하나 Vahana; 탈 것, 즉 신이 타고 다니는 동물로서, 용도 잡아먹는 거대한 전설상의 조류의 왕이다.

　가루다 신화는 《리그베다》에 나오는 수파르나 Suparna; 아름다운 날개를 가진 자 신화에서 비롯된 것으로 여겨진다. 가루다는 전신이 금색으로 빛나기 때문에 금시조金翅鳥라고도 한다.

　가루다는 이슬람 신화에 나오는 전설상의 거조巨鳥 로크Roc에 비견되며, 중국에서는 대붕大鵬; Great Peng, 대붕금시명왕大鵬金翅明王; the Golden-Winged Illumination King 등으로 불린다.

　불교에는 팔부신중에 '가루라伽樓羅'로 수용되어 있다.

**17** 하누만(Hanuman) → 손오공(孫悟空)

하누만은 원숭이 신으로 인도의 대서사시 《라마야나》와 《마하바라타》는 물론 여러 푸라나에도 등장한다.

라마야나Ramayana: '라마 왕의 일대기'라는 뜻는 인도에서 가장 이상적인 왕으로 묘사되는 라마가 오늘날의 스리랑카에 사는 마왕 라바나Ravana에게 잡혀간 아내 시따Sita를 구해오기까지의 파란만장한 무용담을 담은 내용이다.

여기서 라마와 동맹을 맺은 원숭이 군단의 장군 하누만이 가공할 힘과 지략으로 크게 활약하며 변함없이 라마를 도와 악마 라바나를 죽이고 그의 아내 시타를 구해내게 한다. 그 보답으로 하누만은 라마에게서 영원한 젊음을 선물 받는다.

인도의 대서사시 라마야나와 마하바라타는 아시아 전체에 깊은 영향을 주었는데 중국 4대기서 중의 하나인 《서유기西遊記; Journey to the West》에도 반영되었다.

명나라 때 오승은吳承恩이 당 현장법사玄奘, 600~664가 인도에 가서 불전을 구해 돌아오기까지 겪었던 일들을 기록한 《대당서역기大唐西域記》

의 줄거리를 소설화하고, 라마야나에 등장하는 캐릭터 원숭이 하누만을 본떠서 손오공孫悟空; Sun Wukong을 만들었다는 것이 정설이다.

서유기에서는 힌두교의 원숭이 신 하누만이 불제자 손오공으로 각색되었다. 여기서 해공제일 수보리 존자가 손행자孫行者: 손오공에게 '오공悟空: 공/空을 깨닫다'이라는 불교 법명을 지어줄 뿐만 아니라, 신선 역할까지 하여 손오공에게 변신술과 근두운觔斗雲이라는 구름을 타고 나는 술법까지 가르쳐준다.

이처럼 유불선의 교리를 환幻타지와 배합시켜 놓았지만 가장 상위를 차지하는 종교는 어디까지나 불교이다. 천상계에서 난동을 부렸으나 도교의 옥황상제도 어찌지 못한 제천대성 손오공을 단번에 제압한 것은 부처님이라는 대목이 그 점을 보여주는 것이다. '뛰어봐야 부처님 손바닥 안'이라는 말도 바로 여기서 생겨난 것이다.

여기서 인도의 고대 서사시 《라마야나》와 《서유기》가 어떻게 동일한 패러다임, 동일한 모티프를 공유하고 있는지 살펴보기로 하자.

[라마야나]
○ 원숭이 장군 하누만이 천상계에서 신체를 자유자재로 바꾸고 바람을 타고 다니는 신통력으로 태양신을 괴롭히다가 하늘의 신 인드라에 의해 땅으로 추방됨.

[서유기]
○ 원숭이 대왕 손오공이 신통력으로 천상에서 복숭아 연회를 망쳐놓고 난동까지 부리고, 천신들을 괴롭히다가 부처님에 의해 땅으로 추방되어 오행산이라는 돌산에 갇히게 됨.

## 서유기의 손오공과 저팔계 사오정은 역사적 실존인물이었다!

당 삼장 현장법사가 천축으로의 여행을 시작한 직후, 세상물정에 어수룩한 승려인 그는 사기꾼을 만나 완전히 탈탈 털리고 말았다. 이런 기막힌 상황에서 그는 부처님의 가피(加被)로 최대 후원자인 고창국왕(高昌國王; 오늘날 위구르 투루판/Uyghur Tulufan) 국문태(麴文泰)를 만나게 된다.

현장에게 크게 매료된 국왕은 그와 의형제를 맺고, 천축왕복 20년간의 비용을 후원하고 또한 인도행의 어려움을 고려하여 수행할 시종제자 4명을 붙여준다. 현장이 시종제자로 거둔 이들은 각각 오공(悟空), 오능(悟能), 오정(悟淨), 오혜(悟慧)로, 모두 깨달을 오(悟)자가 법명에 돌림자로 들어가 있는 승려들이다. 실제로는 제자가 4명이었지만 4는 중국 발음으로 '죽을 사(死)'와 발음이 같기 때문에 이를 회피하여 서유기에서는 3명으로 축소된다. 오공은 원숭이 손오공, 오능은 돼지 저팔계, 오정은 물요괴 사오정이다.

서유기는 현장 일행이 경전을 구하는 대업을 완수하고 모두 무사히 당나라로 귀국하며, 그 공덕으로 모두가 성불하는 해피엔딩으로 끝난다.

그러나 역사 속의 오능[저팔계]과 오정[사오정]은 파미르고원을 넘는 과정에서 고창[투루판]이라는 더운 지역 출신인 이들은 혹독한 추위를 감당하지 못하고 죽고 만다. 오능는 가는 도중 얼음절벽 위에서 떨어지는 얼음에 맞아 죽었고, 오정은 추위 속에서 자다가 동사했다고 기록은 전한다. 오능과 오정은 인도에는 가보지도 못하고 열반한 것이다. 실제의 역사 속에는 이와 같은 비극적 아픔이 숨어 있다. 오공과 오혜는 현장을 끝까지 모시고 그들의 고향인 고창국으로 돌아와 그곳에 남아있게 되었다.

그래도 소설 속에서는 손오공·저오능·사오정이 모두 무사히 당나라로 귀국하고 경전을 구해온 공덕으로 성불하는 것으로 끝났으니 그 넋일망정 위로를 받는 것 같아 그나마 다행이라 할까.

지금까지 앞에서 살펴 본 바와 같이, 불교에서는 입으로는 브라흐만-힌두교를 외도外道; 불교 이외의 종교(를 받드는 이); 바르지 아니한 길라 공박하면서도 실제로는 힌두교 신들을 불교의 신격으로 대거 수용하고 있다. 실로 이것은 이율배반적인 행태行態; 행동하는 양상가 아닐 수 없다.

시바 신은 실로 황당하였을 것이다. 15억의 힌두교인들에 의해 최고의 신 하느님Aryavalokitesvara; 聖觀自在; 세상을 굽어 살펴보시는 하느님으로 숭배되는 자신이 어느 날 눈을 떠보니 자신도 모르는 사이에 불교에 수용되어 관세음보살의 변화신인 천수관음 또는 청경관음으로 이름이 바뀌어 있으니 말이다.

▲ 힌두교의 청경관자재보살 시바 신

▲ 불교에 수용된 후의 청경관음보살

한편 힌두교인들 역시 불교에서 저지르는 이러한 무단수용 및 격하, 심각한 불경不敬이자 신성모독神聖冒瀆; blasphemy 행위를 가만히 보고만 있지는 않았다.

힌두교에서는 불교의 교조 석가모니 붓다를 시바 신보다 하위의 신으로 만들어 버렸다. 즉 붓다를 힌두교 비슈누 신의 수많은 화신化身; avatar/아바타 중의 하나아홉 번째 화신 붓다로 수용해버렸다.

▲ 아주대대학원장 목영일 저

기독교 역시 이와 같은 종교 교조의 격하현상을 두려워해왔다. 그리하여 기독교에서는 예수가 인도·간다라·티베트에 유학하여 불교수행을 한 사실을 집요하게 은폐하려 해왔다.

그것이 바로 신약성서에서 18년간의 예수생애에 관한 기록이 단 한 줄도 남김없이 완전히 삭제된 이유이다.

만일 예수가 인도·간다라·티베트에 유학하여 불교수행을 한 사실, 다시 말해 '예수가 불교를 배워갔다'라는 사실이 밝혀지게 되면, 예수를 인류의 구세주라고 주장해 온 기독교의 기만이 폭로되고, 예수를 기독교 최고의 존재로 섬기고 있는 기독교는 불교보다 하위의 종교로 전락하게 되기 때문이다.

오늘날에는 기독교에서의 의도와는 달리, 예수가 인도·간다라·티베트에 유학하여 불교수행을 한 사실은 물론, 유학을 다녀 온 경로까지도 소상하게 밝혀지고 있다.

사료들도 간헐적으로 계속 발견되고 있어 학자들 사이에서는 연구가 활발하게 계속되고 있다.

# 8장

## 《신묘장구대다라니》에 나오는 불교에 수용된 힌두교 용어와 상징들

　어느 종교든 다른 종교와 접촉하고 서로 영향을 주고받으며 어느 정도 동화되는 것은 피할 수 없는 문화적 현상이다. 힌두교와 그 생성의 토양을 함께 한 불교 역시 그러하였다.

　불교 대승경전의 편집자들이 불교의 위상을 올리고자 불·보살들을 중심으로 한 법화, 화엄 세계를 장엄하기 위한 소재로 힌두 신들은 물론, 힌두교 용어와 상징들을 대거 수용하였음은 이미 충분히 논하였다.

　그러나 여기서 일어나는 심각한 문제는 힌두교 용어와 상징들을 무분별하게 대거 수용함으로써 부처님 가르침의 본질을 흐리게 하고 더 나아가 불교의 근간을 흔드는 폐단을 낳은 점이다.

　그러면 여기서 불교에 수용된 힌두교 용어와 상징들을 몇 가지만 간단히 살펴보기로 한다.

예를 들어, 힌두교의 암리타가 불교에는 감로로 수용되었으며, 108번의 만트라 염송은 108배로, 싸나타나 다르마Sanatana Dharma; 영원한 진리; Hinduism/힌두이즘는 달마達磨로 수용되었다.

힌두교의 옴과 스와스티카swastika; 卍도 불교에 그대로 수용되어 마치 불교의 전유물이나 불교의 상징인양 쓰이고 있다.

힌두교의 만트라는 주呪 또는 진언眞言으로, 힌두교의 상징 연꽃은 불교의 상징으로, 시바 신의 요가자세 빠드마사나Padmasana는 불보살이 앉는 자세인 연화좌로, 힌두교, 자이나교, 티베트 고유의 민족종교인 본교Bonism; 뵌교의 4종교의 성지 수메루 산Parvat Sumeru은 불교의 수미산須彌山으로, 힌두교의 용어 트리비샤tri-visa; 삼독/三毒는 삼독으로 수용되었다.

힌두교의 바하나vahana; 탈 것; 힌두 신들이 타고 다니는 동물 형식 역시 그대로 불교에 수용되었는데, 문수보살은 사자를, 보현보살은 코끼리를 타는 형식으로 번안되었다.

이러한 예는 이 밖에도 수없이 많다. 그러나 모두 다루기에는 너무 방대한 양이어서 여기서는 대표적인 예 몇 가지만을 다루기로 하고 보다 많은 내용은 다음 책에서 계속하기로 기약한다.

| 힌두 창조신화에 나오는 힌두교 신들 ➔ 불교에 수용된 후의 신격 |

**1** 암리타(Amrita)　　　➔　감로(甘露)

▲ 천상의 의사이자 아유르 베다의 신 단반타리가 암리타가 든 병 쿰바(Kumbha)를 들고있다.

▲ 감로가 든 병 칼라샤(kalasha)를 손에 들고 있는 아미타 좌상

힌두 창조신화에서 신들은 악마들과 힘을 합쳐 우유의 바다를 휘저어 불사의 영약 암리타Amrita; elixir of life; nectar of immorality를 얻어낸다.

산스크리트 Amrita or Amrit; Amata/Pali의 문자 그대로의 뜻은 '불멸, 불사amrita: a- 「without; not」 + mrt 「death」 ; immortality'이다. 어원적으로 Amrita는 그리스신화에서 신들이 마시는 영생불사의 신주神酒 암브로시아ambrosia와 어원과 뜻이 같은데, 이것은 인도유럽어족이라는 테두리에서 보면 쉽게 이해될 수 있다.

리그베다Rig Veda에는 암리타가 소마soma로도 나와 있는데, 소마에는 다른 뜻들도 있어 혼동을 주기 쉽다. 그러므로 여기서 soma의 동음이의어를 정리하여 혼동을 막고자 한다.
　소마: ① 신들이 마시는 영생불사의 음료수, 신주, 넥타
　　　　② 달의 신
　　　　③ 희생제를 수호하는 브라흐만들의 왕

암리타는 브라흐만-힌두교의 것이지만 불교와 시크교에서도 수용하였는데, 그 의미를 변형시켜 사용하고 있다.

불교에는 감로甘露로 수용되어 있다. 그런데 불교에서 감로는 불법佛法, 즉 부처님의 가르침을 의미한다.

《천수경 신묘장구대다라니》에도 감로법이 나온다.

18 「사라사라 시리시리 소로소로」
『싸라 싸라 씨리 씨리 쓰루 쓰루』
Sara sara Siri siri suru suru

《감로의 법을 주소서!
지혜의 빛이 모든 곳에 이르게 하소서!》

청법가의 한 대목에도
"… 사자좌에 오르사 감로법을 주소서! 법을 설하옵소서!"라는 구절이 나온다.

불법을 감로법이라 하는 이유는 우리 석가모니 부처님의 가르침이야말로 중생을 해탈케 하는 영원한 생명을 가진 진리의 가르침이기 때문이다.

암리타는 시크교Sikhism에도 수용되어 있다. 여기서 암리타 타는 암릿 상카르Amrit Sanchar라 불리는데, 새로운 신도들이 입단할 때 관수식灌水式; 세례에 사용되는 신성한 물을 가리킨다.

시크교도들은 이 성수를 뿌리는 정화의 식을 하는 동안 신의 이름을 염송한다.

| 힌두 창조신화에 나오는 힌두교 신들 ➡ 불교에 수용된 후의 신격 |

❷ 108번의 만트라 염송  ➡ 불교에서의
   (astottarazata chanting)     108배(拜; prostration)

인도에서는 108은 고대로부터 신성한 수로 여겨져 108 염주<sub>mala;</sub> prayer beads를 돌려가며 만트라를 108번 염송한다.

시바 신의 시종자도 108명이었으며 요가자세에도 108가지<sub>108 yoga poses</sub>가 있다.

힌두성전 베다의 수학자들은 108을 우주창조의 기본 원리로 보았다. 예를 들어, 태양, 달, 지구의 서로 간의 평균 거리는 그 각 천체의 직경의 108배이다.

- 태양의 직경<sub>1,392,000km</sub>은 지구직경<sub>12,756.28km</sub>의 108배이다.
- 지구에서 태양까지의 평균거리<sub>149,597,870.691km</sub>는 태양 직경의 108배 107.469를 반올림하면 108이다.

- 지구에서 달까지의 평균거리<sub>384403km</sub>는 달 직경 <sub>3474km</sub>의 108배 110.651로, 2.65의 오차이다.

위의 계산에서 나타나는 미세한 오차는 오차가 아니라 1만년에 11%가 달라지는 천체의 궤도변화를 감안해보면 오히려 베다시대 당시에는 정확한 계산이었다는 것을 알 수 있다.

고대 인도인들의 이러한 놀라운 천문학적 수준에 입이 딱 벌어질 뿐이다. 실로 108이 우주창조의 단위인 것이다.

캄보디아 앙코르와트의 유명한 유해교반 부조에서도 108명의 선신들devas과 악마들asuras이 우유의 바다를 저어 영생불사의 영약 아므리타를 얻기 위해 밧줄을 당기고 있다.

베다시대에 이러한 108의 개념이 정착된 후, 약 1000년 뒤 불교에도 수용되었다.

불교에서의 108은 인간이 겪게 되는 온갖 번뇌를 가리킨다. 원래 108이란 모두를 뜻하는 수였다. 불경상윳따 니까야Saṃyutta Nikāya 36.22 앙굿따라 니까야(Aṅguttara Nikāya 4.199)에는 108 번뇌가 다음과 같이 설명되어 있다.

$$6\text{(감각기관: 안이비설신의)} \times 3\text{(고/苦·락/樂·불고불락/不苦不樂)} = 18\text{가지}$$
$$\times 2\text{(탐/貪·불탐/不貪)} = 36\text{가지}$$
$$\times 3\text{(과거·현재·미래)} = 108\text{가지 번뇌}$$

사찰에서는 아침저녁으로 종을 108번 치는데 그 까닭은 바로 이 108번뇌에서 벗어나라는 의미이다.

본디 우리민족 고유의 중요한 수는 삼칠일$3 \cdot 7 = 21$일로, 108이란 수의 개념은 낯선 것이었다. 우리 조상들은 중요한 일이 일어나면 그 날로부터 세 번의 7일이 지나갈 때까지 삼갔다.

우리 조상들은 연중 어느 때라도 볼 수 있는 북두칠성이 곧 하늘을 상징하는 것으로 인간의 운명을 좌우한다고 여기고 섬기면서 점차 칠성신앙七星信仰으로 발전하였다.

힌두 창조신화에 나오는 힌두교 신들 ➔ 불교에 수용된 후의 신격

❸ 옴(AUM; OM)　　　　➔ 불교에서의 옴(唵)

많은 불교인들이 '옴AUM; OM; 唵/'머금을 암'자로 나타냄'자가 불교의 상징인줄로 알고 있지만, 사실은 힌두교의 상징이다.

옴은 인도에서 고대로부터 각종 종교의식에서 암송하는 베다나 진언의 서두에 놓이며, 결혼식과 같은 통과의례 의식에서 그리고 요가와 같은 명상적 영적 활동 중에 사용되는 신성한 주문 음절이다.《p209 옴 해설 참조》

힌두교에서 옴은 가장 중요한 영적 상징들 중 하나다. 우파니샤드에 따르면, 옴은 우주의 원초적 소리를 응축한 신비한 음절이다. 옴은 아트만Atman; 내적 자아; ; 유아/有我; 진아/眞我; 참나과 브라흐만Brahman; 궁극적 실체, 우주 전체, 진리, 신, 우주 원리이 둘이 아니라는 범아일여梵我一如 사상을 소리로 나타낸 것이다.

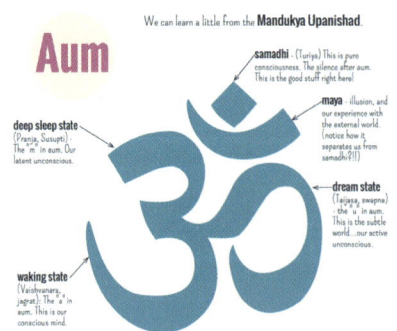

### AUM의 5부 명칭과 상징

① Samadhi(Turiya); 삼매의 상태
② Maya; 환상, 외부세계를 상징
③ M: 깊은 무의식의 상태
④ U: 활동적인 무의식의 상태
⑤ A: 깨어있는 의식의 상태

옴은 힌두교의 상징이다. 그러나 인도대륙에서 자생한 종교들인 불교, 자이나교Jainism, 시크교Sikhism가 힌두교의 많은 것들을 가져갔 듯이, 힌두교의 옴 역시 가져다 각자의 필요에 따라 상을 변형시키고 나름의 의미를 부여하여 사용하고 있다.

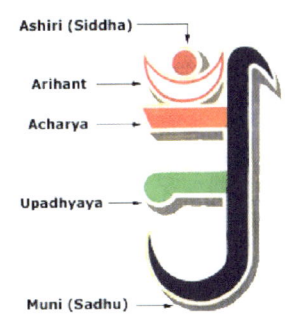

▲ 자이나교에서의 옴

▲ 시크교에서의 옴

시크교의 구루무키(Gurmukhi) 문자로 쓴 옴

옴은 힌두교에서 신성한 음이며 영적 의미를 지닌다. 옴은 아트만Atman; 내적 자아; 유아/有我; 진아/眞我; 참나과 브라흐만Brahman; 궁극적 실체, 우주 전체, 진리, 신, 우주 원리이 하나라는 범아일여 사상을 나타내는 소리이다.

그런데 이것은 부처님의 핵심 가르침 중의 핵심인 무아無我; anatman/안아트만; non-self와 정반대되는 사상이다.

붓다의 가르침인 무아는 힌두교의 범아일여梵我一如 사상에 기반을 둔 유아有我; 진아/眞我; 참나; true self와는 상반된 사상으로 결코 양립 할 수 없는 것이다.

따라서 부처님의 가르침인 무아를 따르는 불교인이라면 힌두교 범아일여의 유아有我; 진아/眞我; 참나를 상징하는 옴자를 사용해서는 안 된다.

현실적으로 옴 문양은 부적 등은 물론 반지, 목걸이, 펜던트, 스티커 등으로도 제작되어 우리 일상에 깊이 침투해 있다.

| 힌두 창조신화에 나오는 힌두교 신들 → 불교에 수용된 후의 신격 |

④ 다르마(dharma) → 달마(達磨)

다르마Dharma Skt.; dhamma/담마 Pali는 법칙, 정의, 진리, 도덕적 사회적 의무 등의 의미를 가진 중요한 종교적 개념이다.

다르마라는 말은 이미 베다 종교에서 사용되었으며 그 의미와 개념은 수천 년에 걸쳐 진화하였다.

본래 베다시대에는 우주와 자연의 질서와 순환의 규칙성을 '리따Rita; universal law; cosmic order; truth'라고 불렀는데, 베다시대 이후 '리따Rita'는 '다르마dharma; 법칙, 진리'라는 용어로 대체되면서 이 의미가 확대되어 법칙, 정의, 진리, 도덕적 사회적 의무를 포함하게 된다.

다르마dharma의 반대말은 아다르마adharma이다. 법칙, 정의, 도리, 의무 등을 가리키는 다르마에 대응해 무질서, 악, 의무 불이행, 올바르지 못한 행위 등을 가리키며 '비법非法'이라고 번역한다.

20세기 중반 아프가니스탄 칸다하르에서 바위에 새겨진 아쇼카 왕의 칙령Kandahar Edict of Ashoka, 258 BCE의 명문이 발견되었다. 이 명문은 산스크리트Sanskrit; 범어/梵語; 고대 북부 인도어, 아람어Aramaic; BCE 8세기 이후 사용된 국제 통상 용어 및 외교 용어; 예수도 이 언어를 썼음, 그리스어의 3개 언어로 쓰여 있다.

이 바위 명문에 따르면, 산스크리트 다르마를 의미하는 그리스어는 Eusebeia유세베이아로 쓰여 있다.

◀ 아프가니스탄 칸다하르에서 발견된
아쇼카 왕의 칙령의 명문
Kandahar Edict of Ashoka, 258 BCE
이 바위 명문에는 다르마(dharma)가 그리스어로는
Eusebeia(유세베이아)로 적혀있다.

불교에서는 다르마가 법칙, 정의, 진리 등과 같은 힌두교에서의 의미보다는 불법佛法; 붓다의 가르침; 연기법을 의미한다.

자이나교에서는 다르마가 티르탕카라Tirthankara; '나루를 만드는 자'라는 뜻; 조사(祖師); 지나(Jina; '승리자')라고도 함; 깨달음에 의해 불사/不死의 경지에 도달한 24명의 자이나교 성인/聖人들의 가르침을 의미한다. 즉 인간의 정화와 도덕적 탈바꿈에 관한 교리를 의미한다.

시크교에서 다르마는 말은 올바른 길이라는 뜻이다.

힌두교라는 이름은 영국인들이 인도를 식민지로 삼으면서 자의적으로 붙인 것이다. 당시 영국인들은 인도를 힌두스탄Hindustan이라 부르고 인도인들의 종교를 힌두교Hinduism라 불렀다.

인도인들끼리는 힌두교를 본래의 이름인 싸나타나 다르마Sanatana Dharma; eternal law; 영원한 법칙; 영원한 진리라고 부른다. 이름이 무엇이든 싸나타나 다르마, 즉 힌두교는 수천 년 동안 존재해 왔다. '힌두교라는 명칭은 틀린 것이다'라는 말은 틀린 말이다.

이러한 배경지식을 알고 나면, 우리가 익히 알고 있는 중국 선종의 초조初祖 달마대사의 인도 이름인 보디 다르마Bodhi Dharma; 보리달마/菩提達磨가 한층 더 가까이 다가온다. 달마대사 이래 역대조사들의 전등에 얽힌 흥미진진한 비화에 대해서는 본 저자의 또 다른 저서 《혜능 일대기로 읽는 육조단경》이 도움이 될 것이라 확신한다.

| 힌두 창조신화에 나오는 힌두교 신들 → 불교에 수용된 후의 신격 |
|---|

5️⃣ 연꽃은 힌두 신들의 상징　→　연꽃은 불교의 상징

　연꽃은 한국인들에게는 마치 불교의 상징으로, 불교와 동격인양 인식되고 있지만, 사실은 불교가 성립되기 전부터 고대 인도의 여러 종교에서 종교적 상징으로 사용되고 있었다.

　힌두 창조신화에 나오는 신비적 상징주의 가운데 우주의 바다를 떠돌며 잠자는 비슈누Vishnu; 나라야나/Narayana 신의 배꼽에서 연꽃이 솟아나고 그로부터 창조가 시작된다. 여기서 연꽃을 우주 창조와 생성의 의미를 지닌 꽃으로 믿는 연화사상蓮華思想이 시작되었다.

　힌두신화에서 연꽃은 비슈누 신과 그의 배우자 락슈미 여신을 상징한다. 비슈누 신은 '연꽃의 눈을 가진 분Lotus-Eyed One'으로도 불리며, 청련uthpala/웃팔라은 비슈누 신(의 피부색)을 상징한다.

　홍련padma/빠드마은 락슈미 여신을 상징한다. 그녀의 별칭은 '연꽃padma', '연꽃 위에 앉아 있는 여인Padmalaya'이다.

　연꽃은 또한 브라흐마, 사라스와티, 쿠베라 등의 신들에 대한 공경의 상징으로도 사용된다.

힌두 창조신화에서 연꽃을 타고 바다 위로 떠오르는 락슈미 여신의 탄생은 불교에서 부처님께 귀의하여 가르침을 받아들이고 실천하면 서방정토에 왕생할 때 연꽃 속에서 다시 태어난다는 연화화생蓮花化生의 의미로 발전되었다.

여기서 한자의 철자 '蓮花'와 '蓮華'의 선택에 주의할 필요가 있다. 연화蓮花는 형상이 있어 만지거나 볼 수 있는 실제의 연꽃을 지칭하며, 한편 연화蓮華는 상징적인 세계와 불교의 인과를 설명할 때 쓰이는 추상적 연꽃을 가리킨다.

중생이 사바세계의 고해에서 벗어나 극락정토에 왕생하여 다시 태어나기 위해서는 모태母胎가 필요하다. 그러므로 창조와 생성의 의미를 지닌 연꽃이 그 모태의 상징이 된 것이다.

락슈미는 연꽃Padma/빠드마; 홍련/紅蓮의 여신이다. 락슈미 여신이 연꽃에 앉거나 딛고 서서 바다 위에 떠올라 있는 모습은 불교에서 보살도상, 특히 수월관음도의 원형이 되었다.

또한 연화화생도蓮花化生圖: 법화경이나 무량수경에서 죽은 이가 서방극락정토의 연꽃 속에서 다시 태어나는 것을 나타낸 그림와 더 나아가 우리의 고전소설 심청전의 모티프가 되기도 하였다.

수월관음이 연꽃을 딛고 바다 위에 서 있는 것이나 심청이 연꽃을 타고 바다위로 떠오르는 것 역시 연화화생인 것이다.

◀ 연화화생 와당 북위
용문석굴

◀ 연화화생
프란티섹 쿠프카
Frantisek Kupka, Czec
The Lotus Soul, 1898

| 힌두 창조신화에 나오는 힌두교 신들 ➔ 불교에 수용된 후의 신격 |

**6** 스와스티카(swastika)  ➔  만(卍)

스와스티카는 힌두교 비슈누 신의 가슴털이 만卍자 모양을 하고 있었던 것에서 비롯되었다고 한다. 베다에서 처음 언급되었으며, 길상吉祥; 행운, 번영, 좋은 일이 있을 조짐, 상서로움을 뜻한다. 산스크리트 swastika의 문자 그대로의 뜻은 su「good」+ asti「to be」, 즉 '상서로운auspicious', '길조인fortunate' 등이다.

스와스티카의 기원은 신석기시대인 BCE 6,000년경까지 거슬러 올라가는데, 바위나 동굴벽화에서도 발견된다. 고대 인더스문명에서는 스와스티카 인장이 발견되었으며, 오랫동안 인도의 여러 종교에서 상서로움의 상징으로 사용되어 왔다.
인도 이외에 바이킹이나 그리스 등지의 유럽에서도 장식적, 종교적 문양으로 사용되었다.

힌두교의 종교적 상징 스와스티카는 행운, 태양Surya/수르야, 창조주 브라흐마 등을 상징하며, 또한 힘의 상징이자 행운의 신 가네샤Ganesha의 상징이기도 하다.

힌두교인들과 자이나교인들 사이에서는 행운, 번영, 상서로움 등을 가져다줌을 뜻하는 스와스티카가 회계장부의 첫 페이지, 문이나 문지방 등에 사용된다.

▲ 힌두교의 우향 스와스티카　　▲ 자이나교의 우향 스와스티카　　▲ 불교의 좌만자　　▲ 한국불교 삼보륜

　　스와스티카는 브라흐만-힌두교는 물론 불교와 자이나교의 신성하고 상서로운 상징적 문양으로도 간주되고 있다.
　　힌두교와 자이나교에서는 시계방향으로 회전하는 卐우향 스와스티카; 우만자/右卍字가 주로 쓰이는 반면, 불교에서는 반시계방향으로 회전하는 卍좌향 스와스티카; 좌만자/左卍字가 주로 쓰인다.

　　현재 만卍자는 한국인들에게는 친숙한 불교의 상징으로 인식되고 있다. 불교의 건축이나 예술에도 만卍자가 널리 사용되고 있다.
　　그러나 이미 앞에서 보았듯이, 스와스티카는 인도의 여러 종교에서 종교적 상징으로 사용되고 있다. 결코 불교만의 상징이 아니다. 이것은 힌두교의 잔재이다. 가능하면 사용하지 않는 것이 좋다는 의견이 크게 대두되고 있는 까닭이다.

　　대신에 현재 우리나라 사찰에서 널리 사용하고 있는 원이삼점圓伊三點: 원융삼점/圓融三點: 큰 원에 점 세 개를 그린 것: 삼보륜/三寶輪을, 또는 불교기를 사용하는 것이 바람직할 것이다.

　　그뿐만이 아니라 스와스티카는 제2차 세계대전 당시 악명 높은 나치독일의 엠블럼 하켄크로이츠Hakenkreuz로도 사용되어 극도로 혐오하는 상징이 되었다. 이런 이유로 서양의 많은 국가에서는 스와스티카 사용이 금지되어 있다.

| 힌두 창조신화에 나오는 힌두교 신들 → 불교에 수용된 후의 신격

**7** 트리-비샤(tri-visa)   → 불교의 삼독(三毒)

◀ 힌두교의 Bhavacakra(생사륜)
▲ 불교에서 모방한 생사륜(부분도)
탐(돼지)·진(뱀)·치(닭)의 순서가 틀림

힌두 창조신화에 바탕을 둔 《신묘장구대다라니》에는 '우유의 대양, 끄시로다Ksiroda'를 휘젓는 과정에서 생겨난 치명적인 맹독 할라할라가 3독三毒; tri-visa/뜨리위샤; 탐/貪·진/瞋·치/痴으로 비유적으로 등장하고 있다.

이처럼 불교에서 쓰는 3독이라는 용어도 힌두교에서 온 것인데, 탐욕貪慾; lobha, 진에瞋恚; dosa, 우치愚癡; moha를 가리킨다.

---

14 「Raga-visa vinasaya / 라-가 위샤 위나-샤야」
15 「Dvesa-visa vinasaya / 드웨샤 위샤 위나-샤야」
16 「Mohacala-visa vinasaya / 모하짤라 위샤 위나-샤야」

《탐욕의 독을 소멸케 하옵소서!
노여움의 독을 소멸케 하옵소서!
어리석음의 독을 소멸케 하옵소서!》

---

《밀린다팡하Milinda Panha》에서는 이와 같이 말하고 있다.
"오, 비구들이여, 무위법이란 무엇인가? 그것은 탐욕의 소멸이며, 진에瞋恚; 노여움의 소멸이며, 우치愚癡; 탐욕과 진에에 가려 사리분별에 어두운 것의 지멸이다. …" [SN Ⅳ, 359]

### 8 힌두 신들의 바하나(vahana) → 불보살들의 바하나

▲ 사자를 탄 두르가 여신

▲ 사자를 탄 문수보살

힌두신화에서 신들은 각자의 바하나<sup>vahana; 탈 것; 힌두 신들이 타고 다니는 동물; mount; vehicle</sup>가 있다.

창조의 신 브라흐마의 바하나는 함사<sup>Hamsa; 거위 또는 백조</sup>이며, 비슈누 신의 바하나는 가루다<sup>Garuda; 금시조</sup>이며, 시바 신의 바하나는 신성한 흰 황소 난디<sup>Nandi</sup>이다.

힌두교 인드라 신이 타고 다니는 바하나인 6아<sup>六牙; 상아 6개</sup>의 흰 코끼리가 그대로 불교 보현보살의 바하나인 6아<sup>六牙</sup>의 흰 코끼리로 수용되었음은 이미 앞에서 여러 번 언급하였다.

힌두 여신 두르가<sup>Durga</sup>가 자신의 바하나 사자를 타는 상은 불교에서는 문수보살<sup>Manjusri/만주슈리</sup>이 사자를 타는 상으로 변용되었다.

◀ 신들의 바하나

여덟 명의 신들이 각자의 바하나를 타고 있다.
가루다, 공작, 황소, 거위[백조], 들소, 코끼리, 사자 등이다.

# 제 5 부
# 신묘장구대다라니의 불편한 진실

# 9장

## 《신묘장구대다라니》의 불편한 진실

 **《신묘장구대다라니》, 불편한 진실을 넘어 배신감으로**

《천수경千手經》은 우리나라 불제자들이 가장 많이 애송하는 경전이다. 천수경은 불교의식에도 빠짐없이 들어가며, 신심 깊은 불제자들은 거의 매일 천수경을 독송한다.

그 가운데 가장 중시하며 널리 외우는 천수경의 핵심 진언이 바로 '신묘장구대다라니'이다.

이처럼 천수경과 천수다라니千手陀羅尼, 즉 신묘장구대다라니神妙章句大陀羅尼는 우리 불교인들의 신행 생활에 있어서 불가분의 관계에 있다.

신묘장구대다라니는 천수경의 요체인 긴 주문인데, 천수경에는 그 밖에도 짧은 주문인 진언들도 들어있다.

그런데 천수경의 진언과 신묘장구대다라니는 해석하지 않고 독송만 하는 것이 관행으로 전해 내려왔다.

그 결과, 신묘장구대다라니가 어떠한 내용인지를 알고 있는 사람은 많지 않다. 대부분의 사람들은 신묘장구대다라니가 천수경에 들어 있느니 만큼 천수관음께 대원력을 베푸사 우리의 소구소망을 이루게 해주십소사 기원하는 주문이겠거니 하는 정도로 짐작하고 있을 뿐이다.

그런데 신묘장구대다라니의 내용이 힌두교의 시바 신, 비슈누 신, 인드라 신에 대한 귀의문이자, 예경禮敬; 경건한 마음으로 예배함을 드리고 찬양하는 예찬문이자, 간구의 발원문이라는 것을 우리 불제자들이 알게 된다면 어떻게 될까?

우리 불제자들이 당혹감과 허탈감, 그리고 믿음의 근간이 무너지는 듯한 상실감과 자괴감에 빠져드는 것은 물론 한국 불교계 역시 일대 혼란에 휩싸이게 되는 상황을 피할 수 없을 것이다.

항간에 '불편한 진실'이라는 말이 있다. 진실을 알고 나면 오히려 불편해진다는 뜻이다. 바로 신묘장구대다라니가 그렇다.

우리 불교인들의 생활경전인 천수경에 실려 있고 모든 법회의식에서 독송되고 있을 뿐만 아니라 신심 있는 사람이라면 늘 암송하고 있는 신묘장구대다라니가 시바 신에 대한 귀의문이자 예찬문이라는 사실을 알게 되면 불편해진다는 뜻이다.

아니 불편함을 넘어 '배신감'을 느끼게 된다. 그것은 은폐되어 있던 진실이 폭로됨에 따른 반작용인 것이다.

그래서인지 예로부터 신묘장구대다라니의 뜻이나 해석에 대해 질문하면 돌아오는 대답은 한결같이 '진언이나 다라니는 뜻을 해석하지 말고 외우는 것이다'라는 막연한 대답이거나, '뜻을 알게 되면 상을 만들어내게 된다'느니 '5종불번五種不飜; 당 현장삼장이 제시한 것으로, 진언

제5부 《신묘장구대다라니》의 불편한 진실 | 297

이나 다라니 등 주문을 번역하지 않는 5가지 이유'이란 명분을 방패막이로 삼아 그 뒤에서 궁색한 변명을 하거나 얼버무리며 합리화를 시도하는 미봉책이어 왔다.

그러나 현대에 들어와 베다Veda: 힌두교의 종교적 지식을 집대성한 경전으로, 인도 최고의 문헌, 라마야나Ramayana: 힌두교의 경전에 준하는 대서사시, 푸라나Puranas와 같은 힌두교 성전, 힌두교 관련문헌과 인도문학서적들이 번역되면서 거기에 들어있던 신묘장구대다라니 관련 내용들이 밝혀질 수밖에 없게 되었다.

그리하여 마침내 드러난 신묘장구대다라니의 놀라운 정체는 힌두 신들에게 귀의하고 찬양하고 발원하는 예찬문이다.

신묘장구대다라니는 먼저 힌두 삼신, 즉 비슈누 신·시바 신·인드라 신에게 귀의하고, 그 다음 관자재보살, 즉 비슈누 신과 시바 신에게 탐·진·치 삼독三毒: 탐/貪·진/瞋·치/癡라는 용어도 힌두교에서 온 것을 소멸해 주십사 기도하며, 이어서 자신의 소망을 발원하고, 끝으로 다시 한 번 힌두 삼신에게 귀의함을 밝히며 마무리 짓는 형식으로 되어있는 귀의문이자, 예찬문이자, 발원문인 것이다.

신묘장구대다라니가 해석되면서 우리가 지금껏 믿고 기도해왔던 천수관음의 실체가 실은 힌두 신들이라는 사실이 속속 밝혀지고 신묘장구대다라니의 정체가 드러나 우리 불제자들을 당혹감과 허탈감, 그리고 믿음의 근간이 무너지는 듯한 상실감과 자괴감에 빠지게 만든다.

예를 들어, 신묘장구대다라니 등장하는 관자재보살 천수관음이 푸른 목구멍의 신이라거나 천수관음이 멧돼지의 형상이나 반인-반사자의 기괴한 모습으로도 나온다. 심지어는 천수관음이 살생을 하여 흑사슴이나 호랑이를 죽여 그 가죽을 몸에 두르거나 깔고 앉아있는 모습으로도 나온다.

이처럼 신묘장구대다라니에서는 천수관음이 우리들에게 낯설고 너무나 이질적인 모습으로 등장하는 이유는 무엇인가?

그것은 신묘장구대다라니 속에 나오는 관음은 우리가 믿고 기도해 왔던 불교의 천수관음이 아닌 힌두 신들이기 때문이다. 그것도 한 분이 아니라 세 분의 힌두 신들이다. 석가모니 부처님께서 물리치시던 외도 힌두교의 신들이다. 이것이 기막힌 사실인 것이다.

● 천 개의 팔과 눈을 가진 힌두교 천수천안 시바 신

→ 불교에 수용된 천수관음

원래 힌두교에서 아발로키테스바라(Avalokitesvara)의 문자 그대로의 뜻은 '세상을 굽어 살피시며 스스로 계시는 절대자(Lord Who Looks Down the World), 즉 하느님'이라는 뜻이다.

불교에서는 이 아발로키테스바라(Avalokitesvara)를 가져다 한문으로 '관자재(觀自在)' 또는 관세음(觀世音)으로 번역하여 그 본래의 위격(位格; 지위와 품격)인 '힌두교 최고의 하느님'이 아니라 부처님보다 아래 단계인 '보살'로 격하시켜 수용하였다. 이처럼 불교에 수용된 이후, 인도에서의 원 뜻과는 전혀 다르게 왜곡 변질되어있다.≪pp158~159 관자재 상세해설 참조≫

또 시바 신에 대한 예경 존칭어인 보디싸트바(bodhisattva; 보살/菩薩)와 마하싸트바(mahasattva; 마하살/摩賀薩); 대보살; 시바 신/mahat의 존칭어) 역시 마찬가지로 불교에 수용되어 본래의 시바 신과는 전혀 무관한 다른 신격과 의미로 왜곡 변질되어버렸다.≪p157 보살·마하살 상세해설 참조≫

이처럼 천수다라니가 힌두 신들에 대한 귀의문이자, 예찬문이자, 발원문이라는 사실이 밝혀지면서 당황하고 혼란스러워 하는 불교신자들도 적지 않다. 지금까지 믿어왔던 신앙의 체계가 뿌리 채 흔들리게 되기 때문이다.

　비록 신묘장구대다라니의 뜻은 알지 못하더라도 그저 일심으로 지송하기만 하면 소원성취하고 좋은 일이 생길 것이라 믿고 열심히 외워왔는데, 그 다라니의 내용이 힌두교 신들을 찬탄하는 것이라는 사실을 알게 된 것이다. 이때 한꺼번에 몰려오는 그 당혹감과 허망함은 얼마나 크겠는가? 실로 청천벽력이 아닐 수 없는 것이다.

　분명한 것은 천수경의 신묘장구대다라니는 부처님의 가르침이 아니라는 사실이다. 부처님께서는 신묘장구대다라니를 설하지 않으셨다.

　이와 같은 여러 가지 이유 때문에, 최근 천수경에서 신묘장구대다라니를 삭제해야 마땅한 것이지 여부를 결정하는 문제가 도마 위에 오르고 있다.

　이미 일부 의식 있는 스님들은 신묘장구대다라니 대신 나한기도나 반야심경 등을 채택하여 사용하고 있으며, 신묘장구대다라니의 폐지 내지는 수정을 촉구하고 있다.

　새로운 사실이 밝혀지면 오류는 즉시 과감하게 청산해야 한다. 무지한 맹신의 종교, 비논리적인 종교, 타성에 젖어 시대 변화에 적응하지 못하는 늙고 완고한 종교는 위험하다.

　더구나 맹신에 발목이 잡혀 눈앞에 보이는 사실마저 부정하고 여전히 옛날의 무지한 사람들이 만들어 놓은 오류에 집착하는 종교는 오늘날 과학시대를 살아가는 현대인들에게 외면 받고 필연적으로 도태되고 만다.

석가모니 부처님과 예수의 가장 큰 차이점은 무엇인가? 그것은 진리를 추구하는 자세에 있다. 즉 철저한 진리에 바탕을 두는가, 무조건적 믿음에 두는가에 있다.

기독교는 맹신盲信: 옳고 그름을 가리지 않는 무조건적 믿음; blind faith의 종교이다. 예수는 자신을 따르는 자들에게 무조건적 믿음을 강요한다.

그와 정반대로 부처님께서는 맹신을 철저히 배격하셨다.

✝ … 도마가 이르되 … 내 손가락을 그 못 자국에 넣으며 내 손을 그 옆구리에 넣어 보지 않고는 (예수의 부활을) 믿지 아니하겠노라 … 예수께서 … 도마에게 이르시되 네 손가락을 이리 내밀어 내 손을 보고 네 손을 내밀어 내 옆구리에 넣어 보라 … 너는 나를 보고야 믿느냐 보지 않고도 믿는 자가 복이 있느니라 하시니라."
[요한복음 20:25-29]

☸ 오, 나의 제자들이여, 나의 가르침을 무비판적으로 받아들이지 말라. 의심하고, 철저하게 따져보고, 확인하여 확신하고, 그러고 나서 나의 가르침을 받아들여라." [앙굿다라니까야]

위대한 진리의 교사 부처님께서는 지극히 냉철하고 과학적인 진리에의 접근방식을 강조하셨다. 역대조사와 위대한 선지식들도 부처님의 말씀이라고 해서 무조건적으로 따르지 않았다. 그들은 철저하게 따져보고 나서 받아들였다.

우리가 살아가고 있는 오늘날에도 위대한 진리의 교사와 맹신을 부추기는 사기꾼들의 말은 여전히 혼재하고 있다. 우리는 어느 쪽을 택해야 할 것인가?

#  석가모니 부처님께서도 배격하셨던 신묘장구대다라니

석가모니 부처님께서 창시하신 불교는 철저한 무신론적 자력종교이다. 부처님은 타력신앙을 거부하셨다. 불교는 브라흐만-힌두교의 유신론적 타력신앙을 뒤엎은 석가모니 부처님의 혁명이었다.

석가모니 부처님께서는 신을 믿는 행위나 주술을 배격하셨다. 석가모니 부처님에게 있어서 종교는 진언이나 다라니 같은 주술적 기도가 아니라 인생을 예지로서 통찰하는 철학적 사고의 결과로서 깨달은 진리였던 것이다.

따라서 불교 교단이 성립된 초기 불교에서는 기복적인 주문을 외우는 것과 비법秘法; 밀교에서 행하는 호마/護摩, 염송/念誦 등을 금지하였다. 초기 경전에도 주술과 비법을 금지하는 내용이 나온다.

사분율四分律; 출가한 승려가 불법/佛法을 수행하는데 필요한 계율을 자세히 기록한 불교의 율전/律典에서는 "세속[힌두]의 주술이나 비법을 행하면 바일제波逸提; 산스크리트어 payattika 팔리어 pacittiya의 음사. 구족계를 어긴 6가지 죄 중의 하나니라"라고 하였다.

소부小部; Khuddaka nikaya에서도 "세속[힌두]의 명주와 비법은 축생학이다"라고 하였다.

이처럼 부처님께서 진언과 다라니를 배격하신 이유는 자신의 근본 자성을 찾으라는 불교의 가르침과는 정반대로, 외부적인 신의 힘에 맹목적으로 의지하려는 타력적 태도를 갖게 되기 때문이었다.

많은 사람들이 천수다라니, 즉 신묘장구대다라니가 천수관음의 보살행을 찬탄하는 발원문쯤으로 착각하고 있지만 사실 알고 보면 시바 신을 비롯한 힌두교 신들의 덕과 위업을 찬양하는 예찬문이자, 귀의문이자, 발원문인 것이다.

천수다라니의 주된 내용은 시바 신이 중생을 구원하고자 자기희생적으로 우주의 맹독을 마셨는데, 그 맹독으로 말미암아 그의 목구멍이 검푸르게 물들어 Nilakantha; 청경/靑頸; 푸른 목구멍란 명호를 갖게 된 바, 주主; Lord 성관자재 시바 신의 중생을 위한 자비행과 위신력에 대하여 찬탄하고, 그에게 귀의하여 피난처로 삼고자 한다는 것이다.

이처럼 천수다라니의 내용은 '유신론적'이며 '타력적他力的'인 힌두교의 교리를 고스란히 담고 있는 것으로서 부처님의 근본 가르침과는 정면으로 배치되는 것을 알 수 있다.

불법승佛法僧; 붓다/Buddha · 담마/Dhamma · 상가/Snagha 삼보三寶를 귀의처로 삼는 대신, 힌두교의 닐라칸타 관자재Nilakantha Avalokitesvara; 청경관음; 시바신을 귀의처이자 피난처로 삼고 있다. 또한 부처님께서 유훈으로 남기신 '자등명 법등명自燈明 法燈明; 자신을 등불로 삼아 의지하고, 법을 등불로 삼아 의지하라'이라는 자력종교의 가르침에도 정면으로 배치되는 것이다.

그럼에도 불구하고 오늘날 한국불교에서는 여전히 법회의식을 행할 때마다 "나모라 다나다라…"로 시작되는 천수다라니가 울려 퍼지고 있다.

불경에도 타력종교의 진언이나 다라니 염송이 무용한 것임을 지적하는 부처님의 말씀이 나온다.

> [세존] "촌장이여, 예를 들어 한 사람이 커다란 돌을 깊은 호수에 던져 넣고 많은 사람이 모여 '커다란 돌이여, 떠올라라. 커다란 돌이여, 떠올라라'하고 기도하고 찬탄하고 합장하고 순례한다면, 촌장이여, 그 돌이 물속에서 떠오르겠는가?"
>
> [촌장] "세존이시여, 그렇지 않습니다."
>
> [상윳따니까야/Samyutta Nikaya; 잡아함경 S42:6]

이 경전에 따르면, 아무리 진언이나 다라니를 외울지라도 인과의 필연성에 따라 돌덩이는 가라앉게 마련이며, 주문 따위로 다르마 dharma; 자연법칙를 벗어나게 할 수는 없다는 가르침이다.

힌두교의 진언眞言; 만트라/mantra; 주/呪과 다라니dharani; 대주/大呪 역시 불교에 수용되었는데, 특히 밀교에서 진언수행은 중요한 부분을 차지하고 있다. 진언을 도교에서는 주문呪文이라고 한다.

지식수준이 낮은 사람들은 불교경전을 읽기가 어렵다. 이런 현실 타개책이 만트라와 다라니를 외우는 수행이다. 그러므로 사람들의 교육수준이 낮은 곳에서 밀교적 수행법이 성행한다. 오늘날에도 지적수준이 높고 선불교가 발달한 승가에서보다는 세속의 일반인들 사이에서 신묘장구대다라니가 주로 독송되는 것도 그러한 이유에서 비롯된 것이다.

밀교의 즉신성불卽身成佛; 도를 깨달으면 이 몸이 바로 부처가 됨 역시 진언이나 다라니와 같은 주문을 일심으로 외워서 수행자의 행위와 말과 생각이 부처와 하나가 될 때, 수행자는 곧 현재 살아 있으면서, 부처가 된다는 가르침이다.

석가모니 부처님 재세 시의 근본불교는 분명히 신을 인정하지 않으며 스스로의 청정한 생활을 실천하고 법을 구현해 나아가는 가운데 자신을 완성시켜가는 수행의 불교였다.

그러나 그 후 힌두교에 지속적으로 노출되면서 오염되고 변질되었다. 예를 들어, 힌두교 신들이 대거 불교에 유입되어 각종 불보살이라는 신격들로 탈바꿈하여 무신종교 불교는 사실상 유신종교로 변질되었다.

불교에 유입되어 각종 불보살의 옷을 입은 채 불교에서 자리를 차지하고 있는 사실상의 힌두 신들은 석가모니 부처님께서 배격하셨던 대상들이다.

불보살의 옷을 입은 힌두 신들에게 염불하고, 구원을 바라고, 무엇을 도와 달라고 기도하는 것 모두가 타력신앙의 현상들이다.

이처럼 오늘날 불교는 '대승불교의 옷을 입은 힌두교'로 전락하였다. 겉은 불교, 속은 힌두교인 것이다.

불교는 본래의 부처님의 수행종교로 돌아가야 한다. 불교에 침투하여 오염시키고 있는 힌두교 요소들을 제거하고 진정한 부처님의 가르침으로 돌아가야 한다.

힌두교 다라니인 신묘장구대다라니, 불보살의 옷을 입은 힌두 신들, 이 모두가 석가모니 부처님께서는 배격하셨던 외도 힌두교의 것들이다. 이러한 유신종교 힌두교에 의한 오염 때문에 불교는 온갖 귀신을 섬기는 미신에 찌든 종교라고 손가락질을 당하고 있는 것이다.

지금, 우리가 사는 시대의 불교는 우리가 책임을 져야 한다. 한번 망쳐놓으면, 고치는 데는 아주 긴 시간과 노력이 필요하게 된다. 더 늦기 전에 불교는 과감한 새 출발을 해야 한다.

뜻에 무지한 상태로 다라니를 외워온 관행의 폐해들

《신묘장구대다라니神妙章句大陀羅尼》는 천수경의 요체이다. 그럼에도 불구하고, 신묘장구대다라니가 이 땅에 전해진 이래로 단순히 독송만을 반복하는 관행이 이어져 왔을 뿐 원문에 다가서려는 시도는 충분치 못하였다.

물론 거기에는 그간 5종불번五種不翻; 진언이나 다라니 등 주문을 번역하지 않는 5가지 이유 등을 금과옥조처럼 여겨 온 결과, 다라니에 대한 번역이나 해석이 제대로 이루어지지 못하였던 탓이 있던 것도 사실이다.

 **5종불번(五種不翻)**

당 현장삼장(玄奘三藏: 602~664)은 5가지 이유를 들어 진언이나 다라니를 해석하거나 번역하기 곤란함을 지적하고 있는데, 이를 5종불번(五種不翻; 다라니를 번역할 수 없는 5가지 이유)이라 한다.

① 비밀고불번(秘密故不翻): 다라니는 비밀의 법이므로 번역하면 신비성과 미묘성이 줄어들기 때문에 번역할 수 없다.
② 다함의고불번(多含意故不翻): 다라니의 글자에는 수많은 뜻을 내포하고 있어서 번역하면 그 뜻이 손상된다.
③ 차방무고불번(此方無故不翻): 다라니는 인도 고유의 것으로 당나라에는 그 예가 없으므로 번역이 불가능하다.
④ 순고고불번(順古故不翻): 오랜 사용으로 거의 토착어가 되어 사람들이 그 뜻을 알 수 있기 때문에 번역하지 않는다.
⑤ 존중고불번(尊重故不翻): 다라니에는 제불보살의 불가사의한 위신력이 깃들어 있는 것으로 풀어 해석하면 그 위신력이 손상될 수 있으므로 번역하지 않고 원음대로 읽는 것이 바람직하다.

≪법화경과 신약성서, 법진·이원일 공저 p473 참조≫

신묘장구대다라니는 해석도 하지 말고, 뜻도 알려고 하지 말고 외우라고 한다. 오로지 일념으로 염송하라고 한다.

사람들은 흔히 말한다.

"뜻을 알지 못하여도 오직 일심으로 지극하게 신묘장구대다라니를 독송하면 지혜와 자비의 광명에 바로 연결된다."

그렇다면 그것은 힌두교 신들의 지혜와 자비의 광명이라 하지 않을 수 없는 것이다. 신묘장구대다라니는 힌두교 신들에 대한 귀의문이자 예찬문이기 때문이다.

불교인들 사이에서는 신묘장구대다라니의 신통 묘용한 힘이나 가피력을 입는 많은 이야기들이 전해 내려온다. 특히 효성·수월·용성·상월·광덕·숭산 스님 등 한국 선지식들의 신묘장구대다라니 수행과 깨달음 영험담은 빠지지 않는다.

그렇다면 신묘장구대다라니를 독송하여 신통묘용의 영험이나 가피加被: 불보살이 자비를 베풀어 중생에게 힘을 줌를 입었다면 그것 역시 힌두교 신들에 의한 영험이나 가피를 입은 것이라고 하는 것이 정확한 표현이 아니겠는가?

우리는 신묘장구대다라니의 내용에 무지해야 하는가? 유행가조차도 그 가사를 알고 그 뜻을 음미하며 부를 때 그 노래에 감정을 실어 더 잘 부를 수 있다. 하물며 다라니이랴?

다라니란 그 내용을 알고 뜻을 되새기며 찬양하고 기원할 때 더욱 신심이 깊어지는 법인데, 신묘장구대다라니는 그 뜻도 모르고 무조건 독송한다는 자체가 불합리함을 피할 길이 없다.

신묘장구대다라니는 해석 하지 않는 것이 마치 불문율처럼 여겨져 그 뜻을 알 수 있는 길이 원천적으로 봉쇄되었다. 그리하여 다라니를 외우다보면 누구든지 한 번쯤은 그 뜻을 몰라 답답함이나 궁금증을 느껴보지 않은 사람은 없을 것이다.

오랜 세월동안 번역과 해석 없이 신묘장구대다라니를 독송만하다 보니 오히려 그로 인한 문제점과 폐해가 생기는 것은 너무나 당연한 일일 것이다.

대표적인 문제점과 폐해로는 첫째, 단순히 되풀이하여 외우는 무지한 독송, 둘째, 기복신앙의 도구로 전락한 점, 셋째, 해석하지 말라 하니까 오히려 제멋대로의 해석들이 난무하게 된 점, 넷째, 원음과는 너무나 동떨어지게 달라져버린 발음, 다섯째, 가장 심각한 문제점으로는 신묘장구대다라니는 부처님 성전에서는 도저히 독송할 수 없는 불경한 내용이라는 점 등을 들 수 있다.

첫째, 다라니가 지닌 뜻도 모르는 상태에서 산스크리트 주문을 외우자니 자신의 입으로 수없이 반복하여 독송하면서도 신묘장구대다라니를 구성하는 32개의 문장이 어디서 시작하여 어디서 끝나는 것인지도 모를 뿐 아니라 그것이 무슨 뜻인지 짐작조차 하지 못하는 답답한 상황이다.

더 놀라운 점은 사람들은 이러한 상황을 당연시하고 관행으로 여기며 문제의식조차 느끼지도 못하고 있다는 점이다.

그러다 보니 '나모라 다나다라 나막알야 …'를 '나몰라 다몰라 나만알랴 …' 라는 식의 우스갯소리까지 나오게 되었다.

다라니를 외우기만 하면 불보살님들의 가피를 입는다면, 독송하는 사람들이나 그저 입으로만 소리를 흉내 내는 앵무새들이나 모두 별반 차이 없이 동시에 성불하거나 가피를 입는다 해야 할 것이다. 다라니의 뜻을 모르기는 매한가지니 말이다.

둘째, 신묘장구대다라니의 해석을 기피한데서 비롯된 부작용은 또 있다. 바로 기복신앙의 도구로 전락한 점이다.

신묘장구대다라니의 뜻을 모르는 사람들에게, 신묘장구대다라니라는 제목은 말 그대로 신묘한 힘이 서려있는 주문으로 여겨져 그들을 기복신앙으로 이끄는데 일조하고 있다.

신묘장구대다라니가 마치 만사형통의 주문 내지는 만병통치의 주문으로 받아들여져, 입시철만 되면 밤새워 신묘장구대다라니를 독송하고 3000배를 올리는 것이 관습이 되었다.

부처님께 3000배를 올리는 것이야 불제자로서 갸륵하다 하겠으나, 부처님께서 혁파하고 물리치셨던 외도 힌두교의 신들을 찬양하고 기도하는 신묘장구대다라니를 밤새도록 독송하는 것이 과연 올바른 신행생활인지를 되돌아보아야 할 것이다.

또한 불제자들을 올바른 신행생활로 이끌어야 할 사찰에서 오히려 부처님이 아닌 외도 힌두교 신들에 대한 귀의문이자 예찬문이자 발원문인 신묘장구대다라니를 독송하는 소위 '신묘장구대다라니 108독송 철야기도회' 등과 같은 행사가 행하여지고 있는 기가 막히는 관행을 시급히 혁파해야 할 것이다.

물론 이런 철야기도회로 신도들을 모으는 일은 불사에 도움이 되겠으나 다만 기도문의 선택은 올바른 것이어야 한다는 뜻이다. 가령 힌두교 신을 찬양하는 예찬문이자 발원문인 신묘장구대다라니 대신에 나한기도나 반야심경, 광명주 등의 대안을 택하는 것이 바람직할 것이라 생각된다.

셋째, 언제부터인가 신묘장구대다라니를 해석하지 말라하니까 오히려 제멋대의 해석들이 난무하고 있는 실정이다.

무엇보다 심각한 폐해는 원문과는 다른 자의적 해석을 제멋대로 붙여놓아 원 뜻을 본질적으로 왜곡하는 경우이다. 이와 같이 원문의 뜻을 왜곡하고 잘못된 정보로 사람들을 오도하는 경우가 많아 우려하지 않을 수 없다.

## '아버지 가방에 들어가신다' 식의 신묘장구대다라니 독송

불교에서는 진언이나 다라니에 대해 흔히 이렇게 말한다.

"TV나 라디오 등이 주파수가 맞아야 제대로 작동하는 것과 마찬가지로 진언이나 다라니에 숨어있는 신통 묘용한 힘이 제 역할을 하도록 하려면 정확하게 발음하여야 한다. 그러면 그 소리파장이 우주에 두루 편재하고 계시는 모든 불보살님들과 주파수가 맞아 감응하고 공명하여 진언 공덕을 성취하고 가피를 받게 된다."

그러나 말만 그러할 뿐 현실을 보면 오늘날 신묘장구대다라니의 독송발음은 원음과는 너무나 동떨어지게 달라져버렸다.

7세기경 불교의 한 갈래인 밀교가 일어나면서 이 힌두교 다라니가 밀교에 수용되었다.

본디 범어梵語; Sanskrit로 되어있던 이 다라니가 중국으로 전래되어 한문으로 음역音譯; phonetic translation되는 과정에서 그 음가音價가 크게 달라졌고, 그것이 다시 우리나라에 들어와서는 우리 식 발음으로 또 한 차례 변형을 겪었다.

그 결과, 오늘날 우리가 독송하는 신묘장구대다라니는 띄어 읽기의 잘못, 단어와 단어 사이의 연음현상과 그에 따른 발음의 변이와 왜곡 또는 누락 등으로 원래의 범음梵音과는 심각한 차이를 보이고 있는 실정이다.

예를 들어, 다음 신묘장구대다라니의 도입부를 보기로 하자.

| [범어원음] | Namo ratna trayaya | Namah aryavalokitesvaraya |
|---|---|---|
| | 나모 라뜨나 뜨라야야 | 나마하 아리야왈로끼떼슈와라야 … |
| [현행독송] | 나모라 다나다라 | 나막알야 바로게제 새바라야 … |

범어 다라니의 원음과 현행독송을 비교해보면 '아버지가 방에 들어가신다'가 아니라 '아버지 가방에 들어가신다' 식으로 그 발음이 원음과는 너무나 동떨어지게 달라져 버렸다.

신묘장구대다라니의 대비신력과 위신력을 위해서는 그 신통묘용을 담고 있는 원음 그대로 정확히 읽어야한다며 해석마저도 금한 신묘장구대다라니를 지금 이토록 엉터리로 독송하고 있는 실정이다.

심지어는 원음이 완전히 변형되어 있어 전혀 딴소리를 하는 부분도 많다.

> [범어원음]  Dhru dhru vijayantae maha-vijayantae
> 　　　　　드후루 드후루 위자얀떼 마하-위자얀떼
> [현행독송]  도로　　도로　　미연제　마하미연제

'드후루 드후루'가 '도로도로'이며 '위자얀떼'가 '미연제'란다. 미연제가 사성제 같은 무슨 교리이름처럼 들려 마하미연제라 하니 무슨 위대한(마하가 '크다'라는 뜻인 것은 대체로 알고 있으니) 교리인가 하고 생각하는 신도들도 있다.

실태가 이러하니 석가모니 부처님께서 신묘장구대다라니를 들으신다면 도대체 한국의 불제자들이 무엇을 독송하고 있는 것인지 과연 짐작이나 하실 수 있을지 의문이 들 지경이다.

본디 만트라와 다라니는 그 출발지인 힌두의 종교제의에서 발음을 있는 그대로 정확히 해야 하는 것이나.

그러나 뜻도 모르고 띄어 읽기도 잘못된 채로 '아버지 가방에 들어가신다' 식으로 무조건 독송만 하는 한심하고 우스꽝스러운 상황이 계속되고 있건만 이를 지적하고 고치고자 하는 사람도 없는 한심한 상황이어 왔다, 적어도 지금까지는.

# 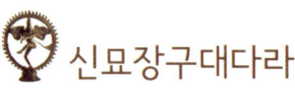 신묘장구대다라니는
## 부처님 성전에서는 도저히 독송할 수 없는 불경한 내용

정말로 심각한 문제는 신묘장구대다라니는 부처님 성전에서는 도저히 독송할 수 없는 불경不敬한 내용이라는 사실이다.

신묘장구대다라니는 우리 불교의 부처님이나 천수관음보살님을 찬탄하는 기도문이 아니라, 외도 힌두교의 청경관음 시바 신을 비롯한 힌두교 신들에 대한 귀의문이자, 그들의 덕과 위업을 찬양하는 예찬문이자, 간구의 발원문이다.

사실이 이러하건만, 오늘도 많은 사람들이 그 뜻을 알지 못하기에 부처님이나 천수관음의 위신력이나 가피력이 서려있는 기도문인줄로 알고 정성을 다하여 외우고 있다.

> ⑩ 『위자얀떼 마하-위자얀떼; vijayantae maha-vijayantae』
> 《승리자시여, 위대한 승리자인드라 신이시여!》
>
> ㉑ 『싯드하-요게스와-라야 닐라깐타야; siddha-yogesvaraya Nilakanthaya』
> 《요가를 성취하신 자재자 청경성존靑頸聖尊; 시바 신이시여!》
>
> ㉒ 『와라하 무카 씽하 무카야; Varaha-mukha simha-mukhaya』
> 《산돼지 얼굴, 사자 얼굴로 현신하시는 분비슈누 신이시여!》

힌두 신들이라면 석가모니 부처님께서 단호히 물리치셨던 삿된 외도의 신들이 아닌가?

그렇다면 부처님의 성전에서 외도 힌두 신들을 찬양하고, 힌두 신들에게 귀의하고, 기도하고 발원하는 내용인 신묘장구대다라니를 독송하는 것은 그야말로 부처님에 대한 더 없이 큰 불경不敬이요, 모독이 아닌가?

혹자는 말한다. "부처님 전에서 비록 힌두교의 신들을 예찬하는 신묘장구대다라니를 독송하지만 그것은 어디까지나 정신통일을 하는 수단으로만 사용할 뿐이다"라고.

그렇다면 생각해 볼 일이다. 비록 마음은 부처님과 천수관음님께 있을지라도, 부처님 전에서 입으로 힌두 신들을 찬양하는 다라니를 독송하는 것은 부처님에 대한 불경不敬이 아닌가? 정녕 부처님에 대한 크나큰 모독이 아닌가?

우리는 종종 뜻이나 정신이 중요한 것이지 그 형식이나 격식은 중요하지 않은 것이라고 주장하는 사람들을 본다.

과연 그러한가? 격식이란 바로 정신이나 혼을 담는 귀중한 그릇이다. 정신과 격식은 서로 분리될 수 없는 것이다. 우리가 예불을 드릴 때 여법하게 격식을 갖추어 예불을 행하는 것도 그 깍듯한 격식 속에 부처님께 향하는 우리의 지극정성과 공경이 담겨 있기 때문이다. 격식은 곧 정성과 공경을 표현하는 방법 중의 하나이다.

일찍이 한국이 일제의 지배 하에서 신음하고 있을 때, 음악가 안익태 선생은 당시 해외교포들이 올드 랭 사인Auld Lang Syne 스코트어로 '오랜 옛날부터/old long since'라는 뜻의 곡조에 가사를 붙여 애국가로 부르는 것을 보고서 크게 개탄하였다.

비록 이 애국가[올드 랭 사인]에 애국하는 충정을 실어 부른다하나 본디 그 곡은 망국의 비애를 실은 스코틀랜드 민요이니, 결국 애국가가 아닌 망국가였기 때문이었다. 이를 안타깝게 여겨 선생은 1935년 현재의 애국가 곡을 작곡하였다.

비록 입으로는 힌두교의 신들을 예찬하는 신묘장구대다라니를 독송하지만 마음만은 부처님과 천수관음님께 있다는 말은 논리가 빈약한 변명에 불과하다.

##  신묘장구대다라니는 벌거숭이 임금님

신묘장구대다라니의 실상이 명백히 드러남에 따라 불가피하게 신묘장구대다라니의 존폐 내지는 수정이나 교체 등 앞으로 그 향방을 결정해야 할 문제가 수면 위로 떠오르고 있다.

이제 한국 불교는 커다란 선택의 기로에 서게 되었다. 힌두 신들에 대한 예찬문임을 알면서도 이러한 껄끄러운 문제 내지는 소위 불편한 진실을 묻어둔 채 현행의 다라니 독송을 계속하던가, 폐지하던가, 아니면 힌두 신들의 명호와 그 관련 어구들을 부처님의 명호와 부처님 관련 어구들로 교체하여 사용하던가 하는 등의 선택이 있을 것이다.
어떤 선택을 하던 그것은 전적으로 불교계 모두의 몫이다.

한 어린 아이가 "임금님은 벌거숭이다!"라고 외치기 전까지는 사람들은 깨닫지 못하였다, 임금님이 벌거벗고 있다는 사실을!

▲ 벌거숭이 임금님(The Emperor's New Clothes), 안데르센

직접 두 눈으로 사실을 보고 있으면서도 진실에 눈감고 있던 청맹과니눈뜬장님; 당달봉사 같던 사람들은 한 어린 아이의 진실의 외침소리에 단체 최면에서 일제히 깨어났던 것이다.

언제까지나 손바닥으로 하늘을 가릴 수는 없다. 누군가는 '임금님은 벌거숭이다!'라고 직언直言; 곧은 말; 옳고 그른 것에 대하여 자신이 생각하는 바를 기탄없이 말함 해야 하지 않겠는가!

이 책의 저술에 들어가기 전, 저자는 석가모니 부처님께 올리는 삼천배의 혼몽한 속에서 '외치라! 크게 외치라!'는 부처님의 또렷한 답을 들었다.

과거 불교가 이 땅에 전래되던 당시에는 문화의 전달에 긴 과정과 시간이 걸리는 시대였다. 그러나 오늘날은 교통과 정보통신의 발달로 세계가 글로벌화 되어 모든 정보에 실시간으로 접할 수 있고 공유화 되는 시대이다.

이러한 정보의 홍수시대에 불교 역시 이와 같은 거센 정보화와 글로벌화의 물결에서 자유로울 수 없다. 이제 더 이상 신묘장구대다라니의 실체를 숨길수도 없게 되었다. 인터넷을 비롯한 각종 대량매체에서는 신묘장구대다라니에 관한 사실을 밝히는 정보가 봇물 터지듯 쏟아져 나와 실상이 명백히 드러나 안 보려 해도 안볼 수 없게 되었다. 이제는 더 이상 선택을 미룰 수 없는 때가 되었다. 지금이 바로 그 때이다.

물위에 던져진 작은 돌 하나가 일으킨 파동이 일파만파를 일으키며 퍼져나가듯이, 이 책의 출간으로 시작된 신묘장구대다라니에 대한 논의가 불교의 발전을 위하여 범불교적인 진지한 논의를 촉발케 하는 계기가 되리라 기대해 본다.

# 참고문헌

Arvind Sharma (2000), Classical Hindu Thought: An Introduction. Oxford University Press ISBN 978-0-19-564441-8

Avari, Burjor (2007), India: The Ancient Past, London, Routledge. ISBN 978-0-415-35616-9

Barbara Holdrege (2012), Veda and Torah: Transcending the Textuality of Scripture, State University of New York Press, ISBN 978-1438406954

Brian Morris (2005), Religion and Anthropology: A Critical Introduction, Cambridge University Press, ISBN 978-0521852418

Bryant, Edwin (2001), The Quest for the Origins of Vedic Culture, Oxford University Press, ISBN 0-19-513777-9

Caillat, Colette (2003b), Jainism and Early Buddhism: Essays in Honor of Padmanabh S. Jaini, Jain Publishing Company, ISBN 978-0-89581-956-7

Charles Russell Coulter; Patricia Turner (2013), Encyclopedia of Ancient Deities. Routledge. ISBN 978-1-135-96390-3

Chatterjee, Asim Kumar (2000), A Comprehensive History of Jainism: From the Earliest Beginnings to AD 1000, Munshiram Manoharlal, ISBN 978-81-215-0931-2

David Kinsley (1988), Hindu Goddesses: Visions of the Divine Feminine in the Hindu Religious Tradition, University of California Press. ISBN 978-0-520-90883-3

Denise Cush; Catherine Robinson; Michael York (2012), Encyclopedia of Hinduism. Routledge. ISBN 978-1-135-18979-2

Flood, Gavin D. (1996), An Introduction to Hinduism, Cambridge University Press, UK

George M. Williams (2008), Handbook of Hindu Mythology. Oxford University Press. ISBN 978-0-19-533261-2

H. Zimmer, The Art of Indian Asia, vol. 1, 2. Princeton University Press, New Jersey 1983

Holt, John C. (2013), The Buddhist Visnu: Religious Transformation, Politics, and Culture, Columbia University Press

Hopkins, Thomas J. (1971), The Hindu Religious Tradition, Belmont, California, Wadsworth Publishing Company

J. L. Brockington (1998), The Sanskrit Epics, BRILL Academic ISBN 90-04-10260-4

James G. Lochtefeld (2002), The Illustrated Encyclopedia of Hinduism: A-M, The Rosen Publishing Group ISBN 978-0-8239-3179-8

James Lochtefeld (2002), Om, The Illustrated Encyclopedia of Hinduism, Vol. 2: N-Z, Rosen Publishing ISBN 978-0823931804

John Dowson, Hindu Mythology and Religion, Delhi: Rekha Printers Ltd, 1989

Julius Lipner (1994), Hindus: Their Religious Beliefs and Practices, Routledge ISBN 978-0-415-05181-1

Kinsley, David (1998), Hindu Goddesses: Visions of the Divine Feminine in the Hindu Religious Tradition, Motilal Banarsidass Publ. ISBN 978-81-208-0394-7

Karel Werner, Symbols in Art and Religion, Delhi: Motilal Banarsidass, 1990

Klostermaier, Klaus K. (2007), A survey of Hinduism. State University of New York Press, Albany ISBN 0-7914-7081-4

Krishna, Nanditha (2009), Book of Vishnu, Penguin UK

Leighton, Taigen Dan (1998), Bodhisattva Archetypes: Classic Buddhist Guides to Awakening and Their Modern Expression, New York, Penguin Arkana ISBN 0140195564

Lokesh Chandra (1984), The Origin of Avalokitesvara. International Association of Sanskrit Studies XIII (1985-1986)

Lokesh Chandra, The Thousand-Armed Avalokiteśvara, Delhi: IGNCA/abhinav Pub. 1988.

Mallory, J.P.; Douglas Q. Adams, The Encyclopedia of Indo-European Culture (1997), Fitzroy Dearborn Publishers, London

Max Muller, The Upanishads, Part 2, Maitrayana-Brahmana Upanishad, Oxford University Press

Monier-williams, Monier, Sir, A Sanskrit–English Dictionary, University of Washington Archives

Roshen Dalal (2010), Hinduism: An Alphabetical Guide. Penguin Books ISBN 978-0-14-341421-6.

Roshen Dalal (2010), The Religions of India: A Concise Guide to Nine Major Faiths, Penguin Books India ISBN 978-0-14-341517-6

Singh, Khushwant (2006), The Illustrated History of the Sikhs, India, Oxford University Press ISBN 978-0-19-567747-8

Stella Kramrisch (1994), The Presence of Siva, Princeton University Press ISBN 978-0691019307

Stephanie W. Jamison; Joel P. Brereton (2014), The Rigveda: 3-Volume Set, Oxford University Press ISBN 978-0-19-972078-1

Stephen P. Huyler (2002), Meeting God: Elements of Hindu Devotion, Yale University Press ISBN 978-0-300-08905-9

Studholme, Alexander (2002), The Origins of Om Manipadme Hum: A Study of the Karandavyuha Sutra, State University of New York Press

Sullivan, Bruce M. (2001), The A to Z of Hinduism, Scarecrow Press

Thomas Berry (1996), Religions of India: Hinduism, Yoga, Buddhism. Columbia University Press ISBN 978-0-231-10781-5

Tracy Pintchman (2001), Seeking Mahadevi: Constructing the Identities of the

Hindu Great Goddess, State University of New York Press ISBN 978-0-7914-5007-9

W. Owen Cole; Piara Singh Sambhi (2005), A Popular Dictionary of Sikhism: Sikh Religion and Philosophy, Routledge, UK ISBN 978-1-135-79760-7

Wendy Doniger (1999), Merriam-Webster's Encyclopedia of World Religions, Merriam-Webster ISBN 978-0-87779-044-0

Wendy Doniger O'Flaherty (1981), Siva: The Erotic Ascetic, Oxford University Press ISBN 978-0-19-972793-3

Zimmer, Heinrich Robert (1983), Myths and Symbols in Indian Art and Civilization, Princeton University Press ISBN 978-0-691-01778-5

도서출판 블루리본 발간도서 중 참고로 한 문헌

목영일, 예수의 마지막 오딧세이, 도서출판 블루리본, 2009

민희식 · 법진 · 이원일 공저, 법화경과 신약성서, 도서출판 블루리본, 2007

법진 · 이원일 공저, 금강반야바라밀경, 도서출판 블루리본, 2006

법진 · 이원일 공저, 성경 속의 성, 도서출판 블루리본, 2012

법진 · 이원일 공저, 성서의 뿌리, 도서출판 블루리본, 2008

법진 · 이원일 공저, 십육대아라한예찬, 도서출판 블루리본, 2008

법진 · 이원일 공저, 예수와 붓다, 도서출판 블루리본, 2007

법진 · 이원일 공저, 천수경, 도서출판 블루리본, 2009

법진 · 이원일 공저, 혜능 일대기로 읽는 육조단경, 도서출판 블루리본, 2015